건축 · 인테리어인을 위한

AutoCAD

김 기 임 저

도서
출판

머리말

AutoCAD 프로그램은 1982년에 처음 소개되어 도스(Dos) 환경에서부터 윈도우(Windows) 환경에 이르기까지 지속적으로 개발되었으며, 현재 23회에 걸친 업그레이드를 통해 AutoCAD 2009까지 소개되었다. 이와 같은 사실에서도 알 수 있듯이 현재 다양한 산업 분야에서 활용되고 있으며, 가장 기본적인 그래픽 프로그램으로 사용되고 있다. 특히 건축 · 인테리어 디자인 분야에서는 도면 작업뿐만 아니라 프레젠테이션을 위한 투시도 작업에도 이용되고 있다. 건축과, 실내건축과의 교과과정에 필수과목으로 지정되어 있는 대학이 대부분일 정도로 AutoCAD는 보편화되어 있다. 이에 따라 AutoCAD 관련 서적도 적지 않으나 대부분이 명령어 해설에 집중되어 있으며, 명령어를 활용하여 실습할 수 있는 도면 위주의 서적은 부족한 것이 현실이다. 이 책은 건축전문 분야의 도면을 이용하여 AutoCAD 명령어들을 익힘과 동시에 실무에서 다루는 내용을 미리 학습함으로써 단순히 프로그램의 기능을 학습하는 차원이 아닌 건축도면을 이해하는 데 도움을 줄 수 있도록 구성되어 있다. 또한 필자의 강의 경험을 바탕으로 AutoCAD를 개설한 학교에서 교재로 사용할 수 있도록 교과과정을 고려하여 구성하였으며, 본문에 실린 예제 역시 실무에서 사용하는 도면을 위주로 하되 학생들이 쉽게 이해할 수 있는 도면을 선별하여 수록하였다. 이 책을 통하여 AutoCAD를 이해하고 실무도면을 그리는 데 도움이 될 수 있기를 바란다.

이 책의 구성은 다음과 같다.

Part 1 AutoCAD의 개념 이해
Part 2 AutoCAD 2D 기능 - 건축 · 인테리어 분야의 평면도, 입면도, 배치도 작성
Part 3 AutoCAD 3D 기능 - 건축물 내 · 외부 투시도 작성
부록 Toolbar

이 책이 나오기까지 애써주신 도서출판 대가 김호석 사장님 및 편집부 직원들께 깊은 감사의 뜻을 전합니다.

2009년 1월 저자 씀

차례

Part 3 교과과정-3D

Part 1

AutoCAD의 이해

AutoCAD의 이해

AutoCAD

- AutoCAD란?
- AutoCAD의 Version
- AutoCAD의 구성

1. AutoCAD란?

AutoCAD란 미국의 Autodesk사가 개발하여 1982년 12월 무역전시회를 통해 소개된 CAD 프로그램이다. CAD란 'Computer Aided Design' 또는 'Computer Aided Draft'의 약자로서 '컴퓨터를 이용한 설계'를 의미한다. 즉 컴퓨터를 활용하여 각종 도면작업을 수행해 내는 프로그램이라는 의미이다.

건축 · 인테리어 디자인 분야에서의 AutoCAD 이용률은 거의 90% 이상을 차지하고 있으며, 이는 앞으로 디자인 관련분야, 특히 건축 · 인테리어 분야에서 일하고자 하는 이들에게 AutoCAD 프로그램이 얼마나 중요한가를 나타내는 수치이기도 하다. **'전산응용건축제도'**, **'전산응용기계제도'** 등의 자격증은 물론 사설기관에서도 AutoCAD 프로그램을 사용하여 도면을 작성하도록 하고 있으며, 이에 따른 자격증을 부여하고 있다. 이는 오늘날 AutoCAD 프로그램이 건축 · 인테리어 디자인 분야 외의 산업 전반에 걸쳐 활용되고 있음을 알 수 있는 일례이다.

AutoCAD 프로그램은 성능 향상을 위해 지속적으로 업그레이드되었으며, 현재 AutoCAD 2009까지 소개되어 있다.

2. AutoCAD의 Version

Version이란 프로그램의 지속적인 성능 향상에 대한 단계별 구분을 의미한다.새롭게 업그레이드된 프로그램을 동일한 프로그램의 이름으로 부를 경우 이전의 것과 구분하기 위해서 프로그램 이름 뒤에 Version을 붙여 사용한다.

Photoshop 5.5, 3D Studio MAX 3.1, Colleldraw 8.0과 같이 숫자로 표기하기도 하고, Window 2000, AutoCAD 2009와 같이 연도로 표기하기도 한다.

일반적으로 동일한 이름을 가진 프로그램에 있어서 숫자가 높은 것이 가장 최근에 업그레이드된 프로그램이다.

◉ AutoCAD의 Version

Version	향상된 성능의 내용	발표
Version 1.0(Release 1)	• AutoCAD 프로그램 처음 소개	1982.12.
Version 1.2(Release 2)	• Dimensoin 기능 추가	1983.03.
Version 1.3(Release 3)	• Change, Snap, Plot 등의 기능 강화	1983.08.
Version 1.4(Release 4)	• Line, Zoom, Text 등의 기능 강화 • Hatch, Fillet 등의 기능 추가	1983.10.
Version 2.0(Release 5)	• Text Style, Linetype 등의 기능 강화 • Mirror, Osnap 등의 기능 추가	1984.10.
Version 2.1(Release 6)	• Plot, Fillet 등의 기능 강화 • Chamfer, 외부명령실행 등의 기능 추가	1985.05.
Version 2.5(Release 7)	• Dimensoin, Text, Layer 등의 기능 강화 • Undo, Chprop, 편집명령어 등의 기능 추가	1986.06.
Version 2.7(Release 8)	• Zoom, View, Area 등의 기능 강화 • 3Dline, 3Dface 등의 기능 추가	1987.04.
Release 9	• Release 9로 작업된 파일은 모든 컴퓨터에서 호환 • 사용자 인터페이스, 객체선택, 객체스냅 기능 강화	1987.09.
Release 10	• 3차원 명령어의 기능 강화	1988.10.
Release 11	• Dimensoin, Textedit, Zoom 등의 기능 강화 • Tilemode, Network 등의 기능 추가	1990.10.
Release 12	• Dos와 Window 운영체제에서 실행	1992.06.
Release 13	• Preview 기능 추가	1994.11.
Release 14	• Window 운영체제	1997.05.
AutoCAD 2000(Release 15)	• Viewports, Plot, 단축메뉴 등의 기능 강화 • 실시간 3D 웹을 통한 파일접근 등의 기능 추가	1999.04.
AutoCAD 2000i(Release 16)	• 인터넷과 통합	2001.04.
AutoCAD 2002(Release 17)	• Head-up Design 작업이 가능	2002.08.
AutoCAD 2004(Release 18)	• 설계 데이터 관리 기능과 공유기능 보강	2003.04.
AutoCAD 2005(Release 19)	• 레이어과 3D 렌더링 보강	2004.03.
AutoCAD 2006(Release 20)	• 포트폴리오 제작	2005.03.
AutoCAD 2007(Release 21)	• 3D 기능 향상 • PDF 게시	2006.03.
AutoCAD 2008(Release 22)	• 3D 기능 강화(MAX, Inventor 기능) • 데이터 압축률 강화	2007.03.
AutoCAD 2009(Release 23)	• 제도의 생산성 개선	2008.03.

3. AutoCAD의 구성

3.1 AutoCAD 2D : 2D 평면상에서 2차원 도면작업

3.1.1 AutoCAD의 그리기 명령어

2D 평면상에서 도면작업시 기본적으로 Object를 그려내는 명령어

- Line / Circle / Rectangle / Ellipse / Arc Polyline / Polygon / Point

3.1.2 AutoCAD의 편집 명령어

2D 평면상에서 그리기 명령어로 그려낸 Object를 편집하는 명령어

- Erase / Copy / Move / Rotate / Mirror / Array Trim / Extend / Fillet / Chamfer / Stretch Offset / Change / Scale / Break / Divide / Pedit

3.1.3 AutoCAD의 도면관리 명령어

그려놓은 도면을 보다 풍부하게 표현하고 관리하는 명령어

- Text / Hatch / Dimension / Layer / Plot Wblock / Block / Insert / Attribute / Layout

3.1.4 AutoCAD의 그리기 보조 명령어

도면을 그리고 편집할 때 보다 편리하게 작업하도록 해주는 보조 명령어

- Limits / Osnap / Grid / Ortho / Zoom / Viewports List / Dist / Area / Regen / Redraw / UCS

3.2 AutoCAD 3D : 3D 공간상에서 3차원 도면작업

3.2.1 AutoCAD의 Surface 명령어

3D를 구성하는 면의 형태가 Surface (속이 비어있는 면을 가진 3D)

- 3Dface / Pface / Rulesurface / Revsurface / Tabsurface / Edgesurface

3.2.2 AutoCAD의 Solid 명령어

3D를 구성하는 면의 형태가 Solid (속이 채워져 있는 면을 가진 3D)

3.2.3 AutoCAD의 3D 편집 명령어

3D Object를 편집하는 명령어

- Aline / Mirror3d / Rotate3d / 3Darray / Soildedit

Part 2

교과과정-2D

AutoCAD의 화면구성 1 Week

- AutoCAD의 화면구성
- File 저장/열기

1주 **AutoCAD의 개념 익히기**

1 AutoCAD 화면구성

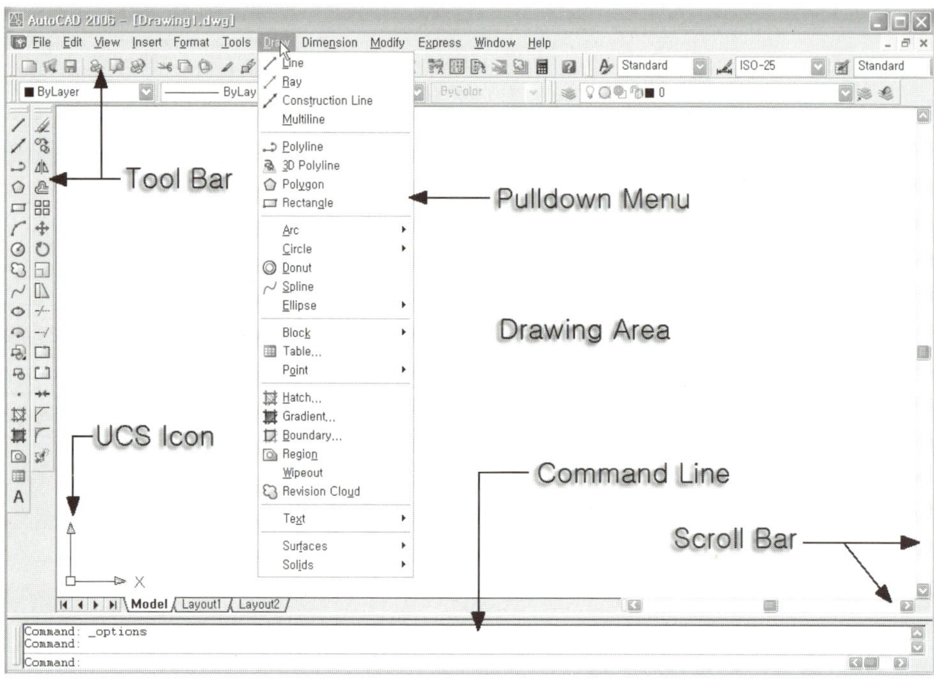

- **Pulldown Menu** - 접이식 명령어
- **Tool Bar** - 도구막대 : 명령어의 아이콘화
- **Command Line** - 명령어 입력 : AutoCAD 프로그램과의 대화영역
- **Scroll Bar** - 화면이동 막대 : 마우스를 이용하여 화면 이동
- **UCS Icon** - User Coordinate System : 사용자 정의 좌표계 아이콘
- **Drawing Area** - 도면작업 영역 : 도면을 그리는 작업 영역

2 OPen File ▶ Open 열기

작업한 도면을 여는 명령어

Commend : Open Enter↵

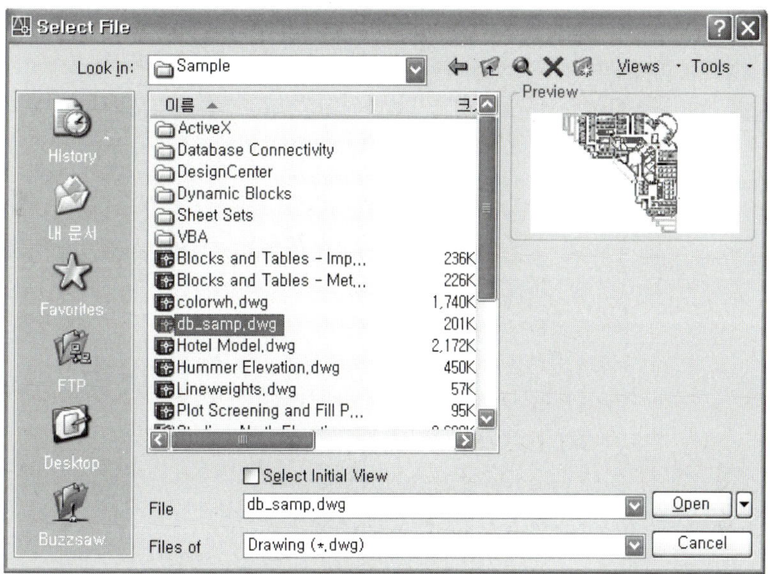

- **위치** - 폴더 선택
- **파일 이름** - 불러들이고자 하는 파일이름 설정
- **파일 형식** - 불러들이고자 하는 파일의 확장자 설정
- **Preview** - 미리보기

작업한 도면을 저장하는 명령어

Commend : **Save** Enter↲

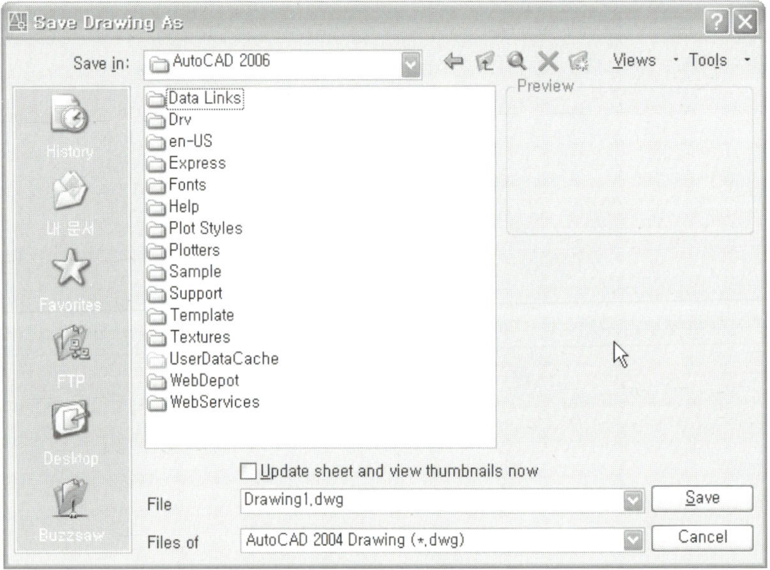

- **저장위치** - 파일을 저장하고자 하는 폴더 선택
- **파일 이름** - 저장하고자 하는 파일이름 설정
- **파일 형식** - 저장하고자 하는 파일의 확장자 설정

선 그리기

2 Week

- Limits
- Zoom
- Line
- Erase
- Undo
- Redo
- Object Snap

2주 선연습

1 Limits Format ➡ Drawing Limits 도면영역

작업하고자 하는 도면의 영역을 설정하는 명령어

Commend : Limits [Enter↵]

Option

- Specify lower left coner :
  설정하고자 하는 영역을 사각형으로 보고 좌측 하단부의 좌표값을 입력하는 옵션
- On / Off : on 상태일 경우 설정된 영역밖에서의 작업이 불가능한 옵션

Reset Model space limits:

Specify lower left corner or [ON/OFF] 〈0.0000,0.0000〉: 0,0 [Enter↵]

← 좌측 하단부 좌표값 입력

Specify upper right corner 〈420.0000,297.0000〉: 297,210 [Enter↵]

← 우측 상단부 좌표값 입력

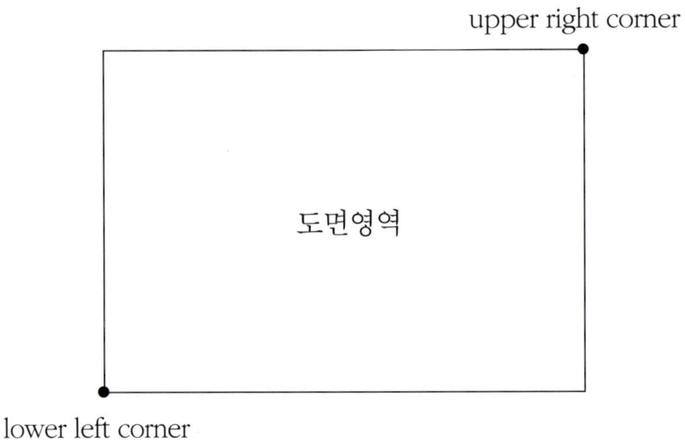

upper right corner

도면영역

lower left corner

2 Zoom View ▶ Zoom / All 전체보기

설정한 Limits 영역만큼의 크기를 화면에 모두 표현하는 Zoom명령어의 하위 옵션

Commend : Zoom [Enter↵]

Specify corner of window, enter a scale factor (nX or nXP), or [All/Center/Dynamic/Extents/Previous/Scale/Window/Object] 〈real time〉:

All [Enter↵] ← All 옵션 선택

3 Line Draw ▶ Line 선

선을 그리는 명령어

Commend : Line [Enter↵]

Option

- **point** : 점을 임의로 마우스로 클릭하여 선을 그리는 옵션 ← 마우스로 클릭
- **절대좌표** : xy평면상의 절대좌표 값을 입력하여 선을 그리는 옵션 ← 10,10
- **상대좌표** : 시작점을 클릭한 후 상대좌표값을 입력하여 선을 그리는 옵션 ← @10,10
- **상대극좌표** : 시작점을 클릭한 후 선의 크기와 각도를 입력하여 선을 그리는 옵션 ← @10〈0

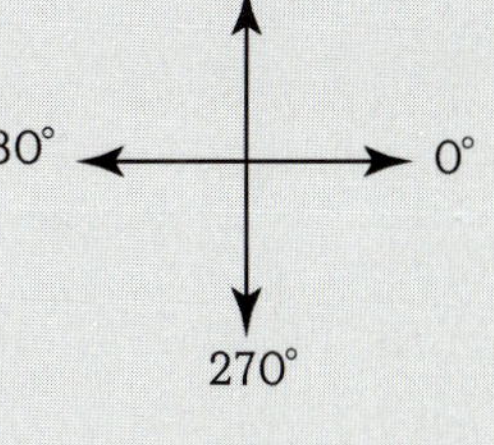

cf) 절대좌표와 상대좌표는 @(골뱅이)로 구분하고, 크기와 방향의 각도의 구분은 〈 (꺽쇠)로 구분

LINE Specify first point: **Point 1** Enter↵ ← 선의 시작점을 임의로 클릭

Specify next point or [Undo]: **Point 2** Enter↵ ← 선의 끝점을 임의로 클릭

Specify next point or [Undo]: **Point 3** Enter↵

← 더 이상 그릴 선이 없으면 Enter↵ 하거나

← point2를 선의 시작점으로 하는 선의 끝점을 임의로 클릭

Command : **Line** Enter↵

LINE Specify first point: **10,10** Enter↵ ← 선의 시작점을 절대좌표값으로 입력

Specify next point or [Undo]: **10,10** Enter↵ ← 선의 끝점을 절대좌표값으로 입력

Specify next point or [Undo]: Enter↵ ← 더 이상 그릴 선이 없으면 Enter↵

Command : **Line** Enter↵

LINE Specify first point: **Point** Enter↵ ← 선의 시작점을 임의로 클릭

Specify next point or [Undo]: **@100,100** Enter↵

← 선의 끝점을 상대좌표값으로 입력

Specify next point or [Undo]: Enter↵ ← 선 그리기 작업 종료

Command : **Line** Enter↵

LINE Specify first point: **Point** Enter↵ ← 선의 시작점을 임의로 클릭

Specify next point or [Undo]: **@100<0** Enter↵

←선의 끝점을 크기와 각도로 입력

Specify next point or [Undo]: Enter↵ ← 선 그리기 작업 종료

4 Erase Modify ➡ Erase 지우기

이미 그려놓은 Objsect를 지우는 명령어

Commend : **Erase** Enter↵

Option

Object 선택방벙

- **마우스 클릭** : 지우고자 하는 Object를 마우스로 하나하나 선택하는 옵션
- **Window** :
  실선으로 된 Window창을 만들어 그 창안에 모두 포함되는 Object를 선택하는 옵션
- **Cross** : 점선으로 된 Cross 창을 만들어 그 창안에 걸치는 모든 Object를 선택하는 옵션

Select objects : ← 지우고자 하는 Object 선택
Select objects : ← 지우고자 하는 Object 선택
Select objects : ← 지우고자 하는 Object 선택
Select objects : Enter↵ ← 더 이상 지우고자 하는 Object가 없으면 Enter↵

5 Undo Edit ➡ Undo 작업취소

바로 전 단계에서 실행한 명령어가 수행한 작업을 취소하는 명령어

Commend : Undo [Enter↵]

6 Redo Edit ➡ Redo 취소복구

Undo 명령어를 사용하여 취소된 작업을 단 1회에 한하여 복구하는 명령어

Commend : Redo [Enter↵]

7 Object Snap End / Mid / Int 점찾기

선이나 원 등을 그릴 때 특정 Object의 끝점, 중간점 등의 특정점을 찾는 명령어로 Commend상에서 사용하는 명령어는 아니며 Point를 정확히 찾고 싶을 때 사용하는 도면 보조 명령어

- END point : 끝점 - 선과 호 등의 끝점
- INTersection point : 교차점 -선과 선, 선과 원 등의 교차점, 모서리점
- MID point : 중간점 - 선의 중간점

Command : Line Enter↵

LINE Specify first point: Mid Enter↵ ← Object의 중간점을 찾겠다는 명령
LINE Specify first point: mid of ← Object의 중간부분에 마우스 커서를 놓음

Specify next point or [Undo]: End Enter↵ ← Object의 끝점을 찾겠다는 명령
LINE Specify first point: end of ← Object의 끝부분에 마우스 커서를 놓음

Specify next point or [Undo]: Int Enter↵ ← Object와 Object의 교차점을 찾겠다는 명령
LINE Specify first point: int of ← Object와 Object의 교차점에 마우스 커서를 놓음

Specify next point or [Undo]: Enter↵ ← 더 이상 그릴 선이 없으면 Enter↵

예제 2-1 선연습 I

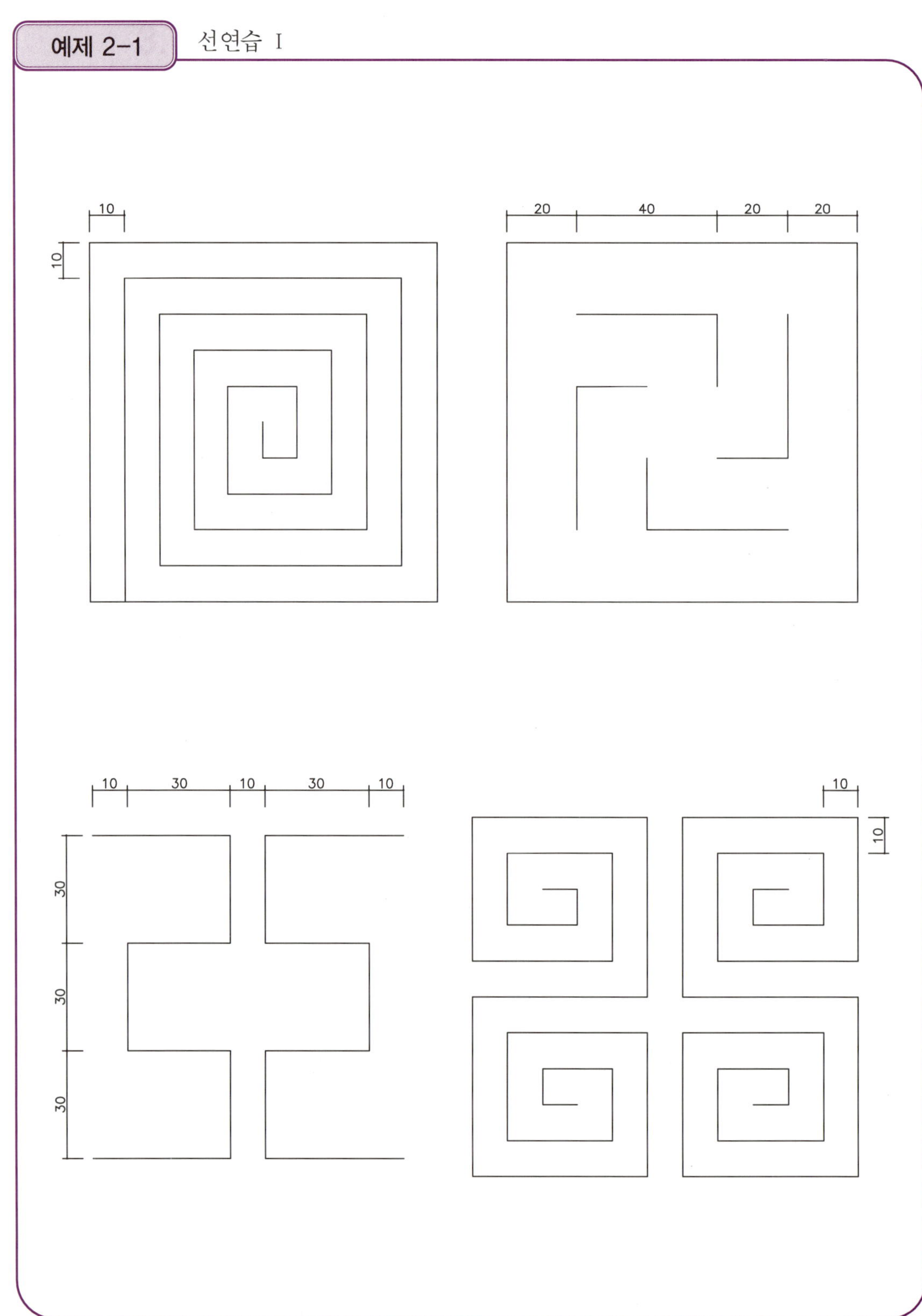

예제 2-2 선연습 II

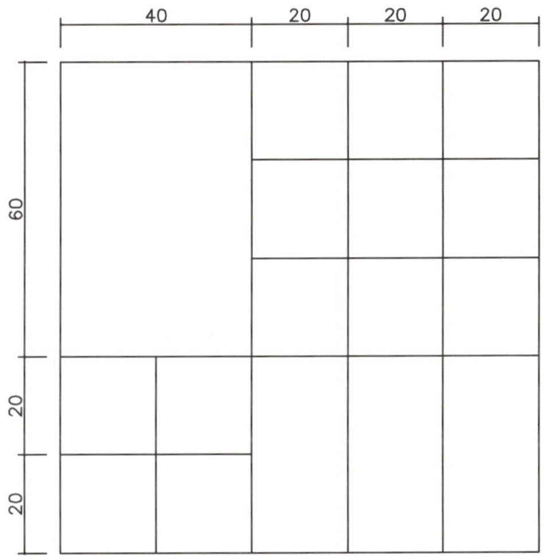

40 20 20 20
60 20 20

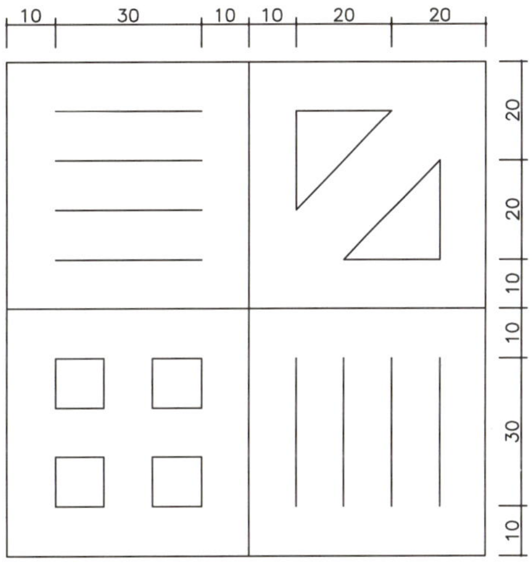

10 30 10 10 20 20
20 20 10 10 30 10

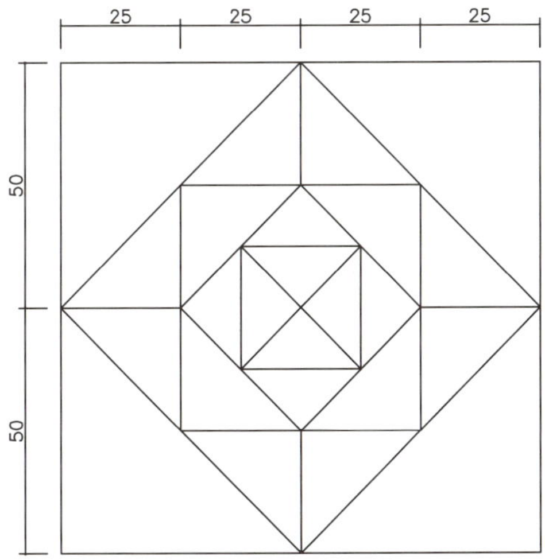

25 25 25 25
50 50

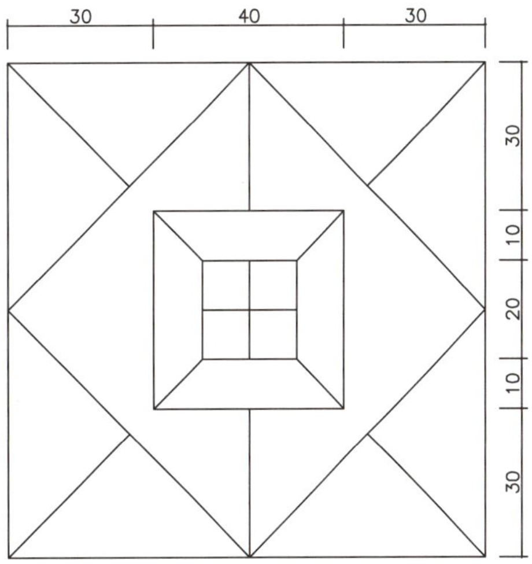

30 40 30
30 10 20 10 30

예제 2-3 선연습 III

원과 사각형 그리기

3 Week

- Circle
- Rectangle
- Grid
- Snap
- Object Snap Ⅱ

3주 원/사각형 연습

1 Circle Draw ➲ Circle / Radius, Diameter 원

원을 그리는 명령어로 원점과 반지름 / 원점과 지름을 이용하여 원을 그리는 옵션

Commend : **Circle** Enter↵

Option

- **Specify center point for circle** : 원점을 가지고 원을 그리는 옵션
  - **Radius** : 원점과 반지름을 가지고 원을 그리는 옵션
  - **Diameter** : 원점과 지름을 가지고 원을 그리는 옵션

Specify center point for circle or [3P/2P/Ttr (tan tan radius)] : **Point**
← 원점 클릭하거나
← 원점의 좌표값 입력
Specify radius of circle or [Diameter]: **10** Enter↵ ← 원의 반지름값 입력

Command : **circle** Enter↵

Specify center point for circle or [3P/2P/Ttr (tan tan radius)] : **Point**
← 원점 클릭하거나
← 원점의 좌표값 입력
Specify radius of circle or [Diameter] 〈5.0000〉: **D** Enter↵
← Diameter 옵션 선택
Specify diameter of circle 〈10.0000〉: **10** Enter↵ ← 원의 지름값 입력

2 Rectangle Draw ▶ Rectangle 사각형

사각형을 그리는 명령어로 사각형의 네 개의 꼭지점 중에서 서로 마주 보는 두 점(대각꼭지점)을 이용하여 사각형을 그리는 옵션

Commend : Rectangle [Enter↵]

Option

- Specify first corner point :
  사각형의 모서리가 이루는 각이 90°인 사각형을 그리는 옵션
- Chamfer : 사각형의 모서리를 일정한 길이만큼 따내는 옵션
- Elevation : 사각형의 Z축 위치를 설정하는 옵션
- Fillet : 사각형의 모서리를 일정한 반지름값만큼 둥글게 깍아내는 옵션
- Thickness : 사각형을 두께를 주는 옵션
- Width : 사각형의 평면상에서의 굵기를 주는 옵션

Specify first corner point or [Chamfer/Elevation/Fillet/Thickness/Width] : Point
← 사각형의 꼭지점 한 점을 클릭하거나
← 사각형의 꼭지점 한 점의 좌표값 입력
Specify other corner point : @30,30 [Enter↵] ← 사각형의 대각 꼭지점의 좌표값 입력

Command : Rectang [Enter↵]

Specify first corner point or [Chamfer/Elevation/Fillet/Thickness/Width]: C [Enter↵]
← Chamfer 옵션 선택
Specify first chamfer distance for rectangles 〈0.0000〉: 3 [Enter↵]
← 첫 번째 모따기 값 입력
Specify second chamfer distance for rectangles 〈3.0000〉: 3 [Enter↵]
← 두 번째 모따기 값 입력
Specify first corner point or [Chamfer/Elevation/Fillet/Thickness/Width]: Point
← 사각형의 꼭지점 한 점을 클릭

Specify other corner point : @30,30 Enter↵
  ← 사각형의 대각 꼭지점의 좌표값 입력

Command : Rectang Enter↵

Specify first corner point or [Chamfer/Elevation/Fillet/Thickness/Width]: F Enter↵
  ← Fillet 옵션 선택
Specify fillet radius for rectangles ⟨0.0000⟩: 3 Enter↵
  ← 깍아낼 모서리의 반지름값 입력
Specify first corner point or [Chamfer/Elevation/Fillet/Thickness/Width]: Point
  ← 사각형의 꼭지점 한 점을 클릭
Specify other corner point : @30,30 Enter↵
  ← 사각형의 대각 꼭지점의 좌표값 입력

3 Grid Tools ▶ Drafting Settings ▶ Snap & Grid 모눈

도면작업의 보조 기능으로 정해진 Limits 영역에 표시되는 모눈 – 기능키 F7

Commend : Grid Enter↵

Option

- Specify grid spacing(X) : 모눈 간격을 설정하는 옵션
- ON : Grid를 화면상에 표현하는 옵션
- OFF : Grid를 화면상에 표현하지 않는 옵션
- Snap : Snap 간격과 같은 간격으로 Grid를 표현하는 옵션
- Aspect : Grid의 수평/수직의 간격값을 각각 다르게 설정할 수 있는 옵션

Specify grid spacing(X) or [ON/OFF/Snap/Aspect] 〈10.0000〉: 2 Enter↵
← 모눈간격 입력

Command : Grid Enter↵

Specify grid spacing(X) or [ON/OFF/Snap/Aspect] 〈10.0000〉: ON Enter↵
← On 옵션 선택

Command : Grid Enter↵

Specify grid spacing(X) or [ON/OFF/Snap/Aspect] 〈10.0000〉: OFF Enter↵
← Off 옵션 선택

Command : Grid Enter↵

Specify grid spacing(X) or [ON/OFF/Snap/Aspect] 〈10.0000〉: S Enter↵
← Snap 옵션 선택

Command : Grid Enter↵

Specify grid spacing(X) or [ON/OFF/Snap/Aspect] 〈10.0000〉: A Enter↵
← Aspect 옵션 선택

Specify the horizontal spacing(X) 〈0.0000〉: 5 Enter↵ ← 수평 모눈 간격 입력

Specify the vertical spacing(Y) 〈0.0000〉: 10 Enter↵ ← 수직 모눈 간격 입력

4 Snap　Tools ○ Drafting Settings ○ Snap & Grid　스냅

설정된 Snap 간격으로만 마우스 포인터가 움직이도록 하는 도면작업의 보조기능 – 기능키 F9

Commend : Snap Enter↵

Option

- Specify grid spacing(X) : 스냅 간격을 설정하는 옵션
- ON : Snap을 사용한다는 옵션
- OFF : Snap을 사용하지 않는다는 옵션
- Aspect : Snap의 수평/수직이 90° 각도로 스냅 간격을 설정하는 옵션
- Rotate : Snap을 설정된 각도만큼 회전시키는 옵션
- Style : Snap의 수평/수직의 각도를 설정하는 옵션
  - Standard : Snap의 수평/수직이 90° 각도를 이루는 옵션
  - Isometric : Snap의 수평/수직이 60° 각도를 이루는 옵션
- Type : Grid와 Polar Traking으로 설정하는 옵션

Specify snap spacing or [ON/OFF/Aspect/Rotate/Style/Type] 〈10.0000〉: 2

Enter↵ ← 스냅 간격 입력

Command: Snap Enter↵

Specify snap spacing or [ON/OFF/Aspect/Rotate/Style/Type] 〈2.0000〉: ON

Enter↵ ← On 옵션 선택

Command: Snap Enter↵

Specify snap spacing or [ON/OFF/Aspect/Rotate/Style/Type] 〈2.0000〉: OFF

Enter↵ ← Off 옵션 선택

Command: Snap [Enter↵]

Specify snap spacing or [ON/OFF/Aspect/Rotate/Style/Type] 〈2.0000〉: A [Enter↵] ← Aspect 옵션 선택

Specify horizontal spacing 〈2.0000〉: 10 [Enter↵] ← 간격입력

Specify vertical spacing 〈2.0000〉: 10 [Enter↵] ← 간격입력

Command: Snap [Enter↵]

Specify snap spacing or [ON/OFF/Aspect/Rotate/Style/Type] 〈2.0000〉: R [Enter↵] ← Rotate 옵션 선택

Specify base point 〈0.0000,0.0000〉: Point [Enter↵] ← 회전시키기 위한 기준점 선택

Specify rotation angle 〈0〉: 45 [Enter↵] ← 회전각도 입력

Command: Snap [Enter↵]

Specify snap spacing or [ON/OFF/Aspect/Rotate/Style/Type] 〈2.0000〉: S [Enter↵] ← Style 옵션 선택

Enter snap grid style [Standard/Isometric] 〈I〉: i [Enter↵] ← Isometric 옵션 선택

Specify vertical spacing 〈2.0000〉: 5 [Enter↵] ← 간격입력

Command: Snap [Enter↵]

Specify snap spacing or [ON/OFF/Aspect/Rotate/Style/Type] 〈5.0000〉: T [Enter↵] ← Type 옵션 선택

Enter snap type [Polar/Grid] 〈Grid〉: P [Enter↵] ← Polar 옵션 선택

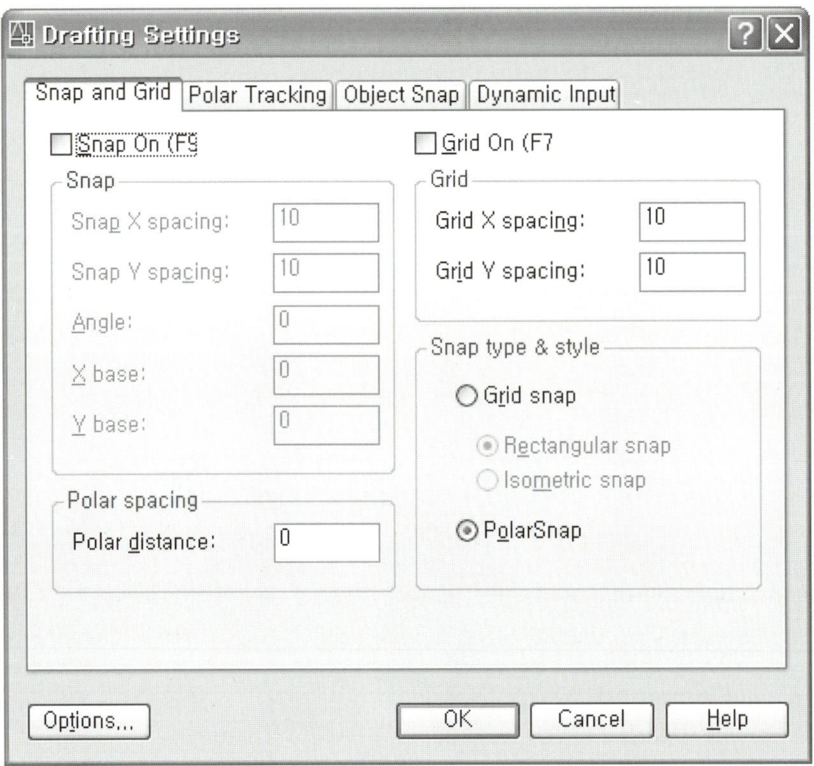
Drafting Settings
Snap and Grid
Polar Tracking
Object Snap
Dynamic Input
Snap On (F9
Grid On (F7
Snap
Snap X spacing:
10
Snap Y spacing:
10
Angle:
0
X base:
0
Y base:
0
Grid
Grid X spacing:
10
Grid Y spacing:
10
Snap type & style
Grid snap
Rectangular snap
Isometric snap
PolarSnap
Polar spacing
Polar distance:
0
Options...
OK
Cancel
Help

5 Object Snap Cen / Qua / Per 점찾기

선이나 원 등을 그릴 때 특정 Object의 끝점, 중간점 등의 특정점을 찾는 명령어로 Commend상에서 사용하는 명령어는 아니며 Point를 정확히 찾고 싶을 때 사용하는 도면 보조 명령어

- **END** point : 끝점 - 선과 호 등의 끝점
- **INT**ersection point : 교차점 -선과 선, 선과 원 등의 교차점, 모서리점
- **MID** point : 중간점 - 선의 중간점
- **CEN** ter point : 중심점 -호나 원의 중심점
- **QUA** drant point : 사분점 - 원과 호의 0(3시), 90(12시), 180(9시), 270(6시)도의 사분점
- **PER** pendicular point : 수직점 - 한 점에 선택한 도면요소의 수직의 위치점
- **NEA** r point : 근처점 - 선, 호, 원 등의 지정한 임의의 점
- **INS** ertion : 삽입점 - 문자, 블록의 삽입점
- **NODE** : 절점 - Aperture 안에 있는 가장 가까운 Point entity

Command : **Line** Enter↵

LINE Specify first point: **Cen** Enter↵ ← Object의 원점을 찾겠다는 명령
LINE Specify first point: cen of ← Object에 마우스 커서를 놓음

Specify next point or [Undo]: **Qua** Enter↵ ← 원의 사분점을 찾겠다는 명령
LINE Specify first point: qua of ← Object의 사분점에 마우스 커서를 놓음

Specify next point or [Undo]: **Per** Enter↵ ← Object의 직교점을 찾겠다는 명령
LINE Specify first point: per of ← Object의 직교 부분에 마우스 커서를 놓음

Specify next point or [Undo]: Enter↵ ← 더 이상 그릴 선이 없으면 Enter↵

예제 3-1 사각형 I

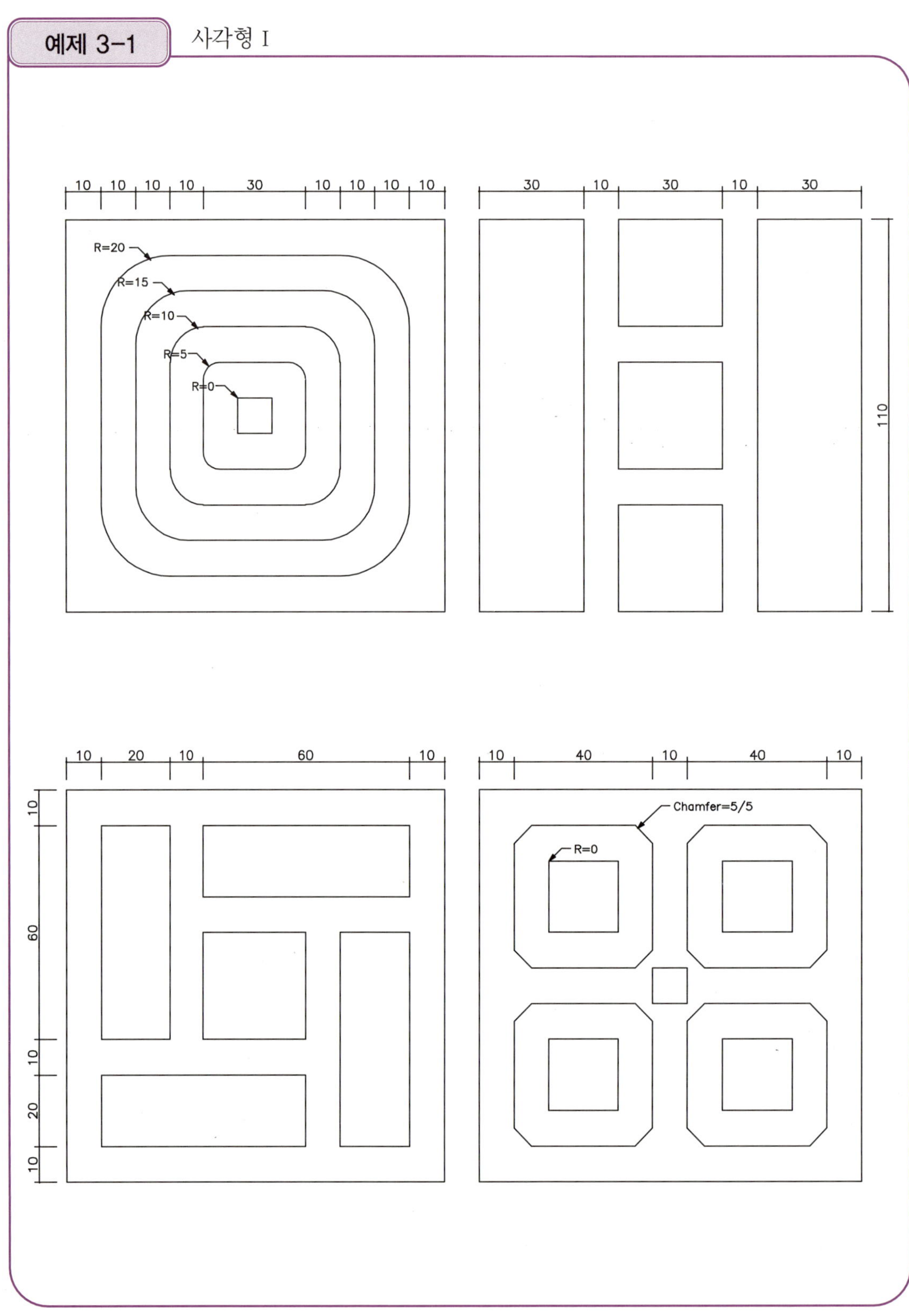
10
10
10
10
30
10
10
10
10
R=20
R=15
R=10
R=5
R=0
30
10
30
10
30
110
20
60
Chamfer=5/5
40

예제 3-2 사각형 II

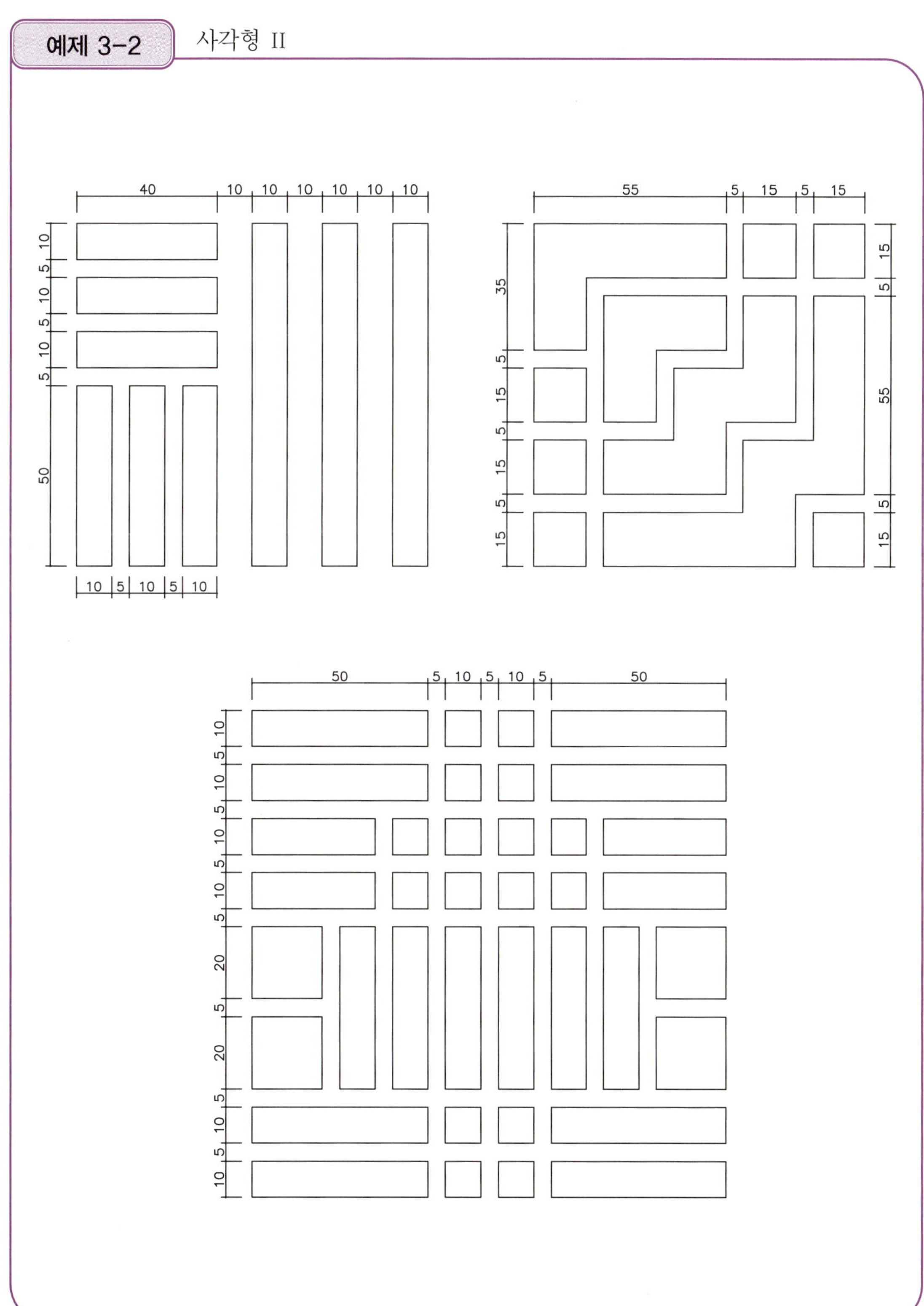
40
10
10
10
10
10
10
10
5
10
5
10
5
50
10
5
10
5
10
55
5
15
5
15
35
5
15
5
15
5
15
15
5
55
5
15
50
5
10
5
10
5
50
10
5
10
5
10
5
10
5
20
5
20
5
10
5
10

예제 3-3 원

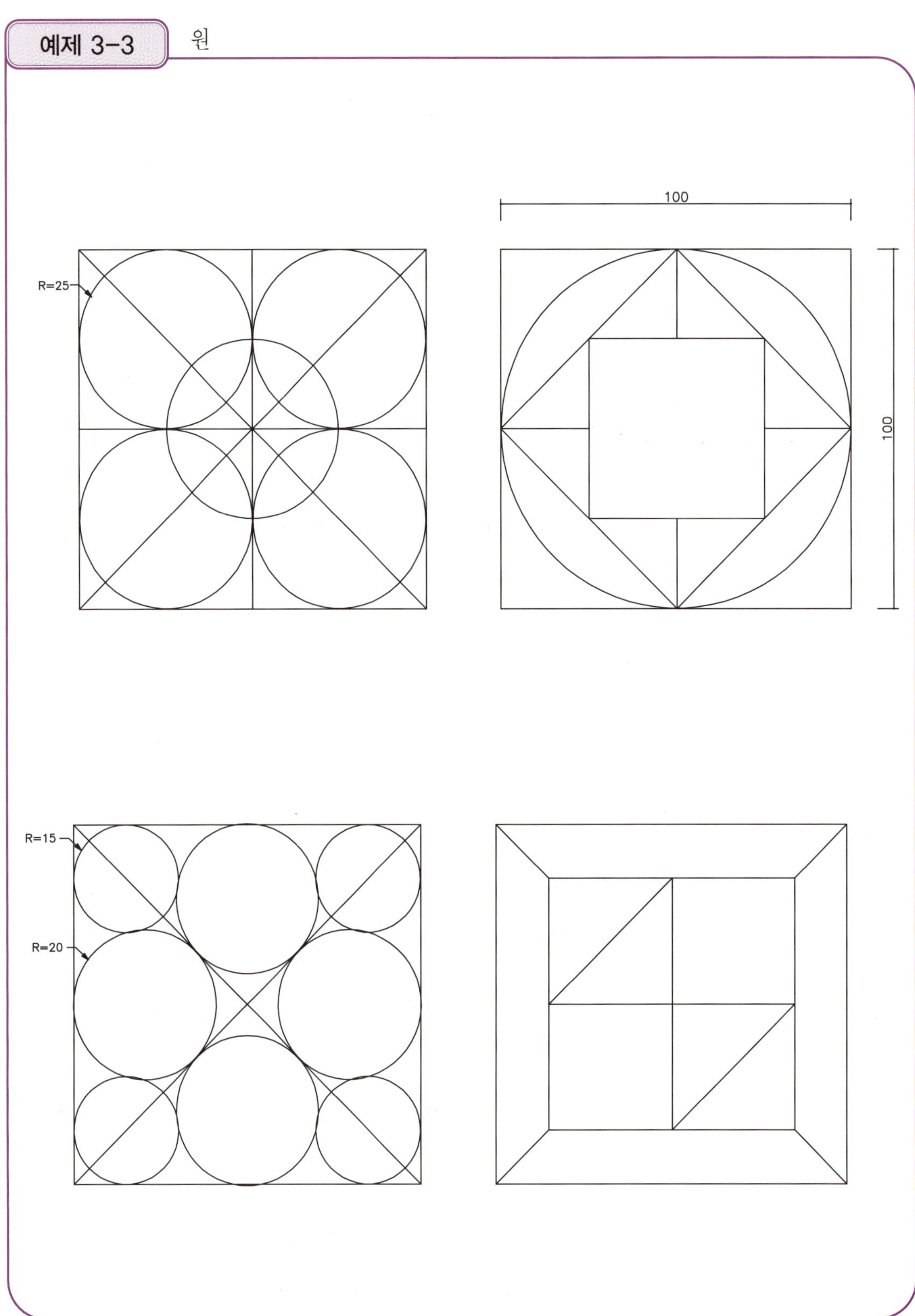

소파 그리기

4 Week

- Circle Ⅱ
- Arc
- Offset
- Fillet
- Zoom Ⅱ

4주 소파

1 Circle Draw ➡ Circle / 2P, 3P, TTR 원

원을 그리는 명령어로 두 점 / 세점 / 접점을 이용하여 원을 그리는 옵션

Commend : Circle [Enter↵]

Option

- 2P : 두 점 사이의 거리를 지름으로 하는 원을 그리는 옵션
- 3P : 지정하는 세점을 지나는 원을 그리는 옵션
- TTR : 두 개의 접선과 (Tangent) 반지름을 이용하여 원을 그리는 옵션

Specify center point for circle or [3P/2P/Ttr (tan tan radius)] : 2P [Enter↵]

← 2P 옵션 선택

Specify first end point of circle' s diameter: Point1 [Enter↵]

← 두 점 중에서 한 점을 클릭

Specify second end point of circle' s diameter: Point2 [Enter↵]

← 남은 다른 한 점을 클릭하거나

← 원의 지름값 입력

Command : Circle [Enter↵]

Specify center point for circle or [3P/2P/Ttr (tan tan radius)] : 3P [Enter↵]

← 3P 옵션 선택

Specify first point on circle: Point1 ← 원을 지나는 세 점 중에서 한 점을 클릭

Specify second point on circle: Point2 ← 원을 지나는 두 번째 점을 클릭

Specify third point on circle: Point3 ← 원을 지나는 세 번째 점을 클릭

Command : Circle Enter↵

Specify center point for circle or [3P/2P/Ttr (tan tan radius)] : T Enter↵

← TTR 옵션 선택

Specify point on object for first tangent of circle: Point1

← 원에 접하는 첫 번째 접선 위의 한 점을 클릭

Specify point on object for second tangent of circle: Point2

← 원에 접하는 두 번째 접선 위의 한 점을 클릭

Specify radius of circle : 20 Enter↵ ← 원의 반지름값 입력

2 Arc Draw ▶ Arc / 3Point 호

호를 그리는 명령어로 세점을 이용하여 원을 그리는 옵션

Commend : Arc Enter↵

Specify start point of arc or [CEnter]: Point1 Enter↵ ← 호의 시작점을 클릭

Specify second point of arc or [CEnter/ENd]: Point2 Enter↵

← 호의 두 번째 점을 클릭

Specify end point of arc: Point3 Enter↵ ← 호의 끝점을 클릭

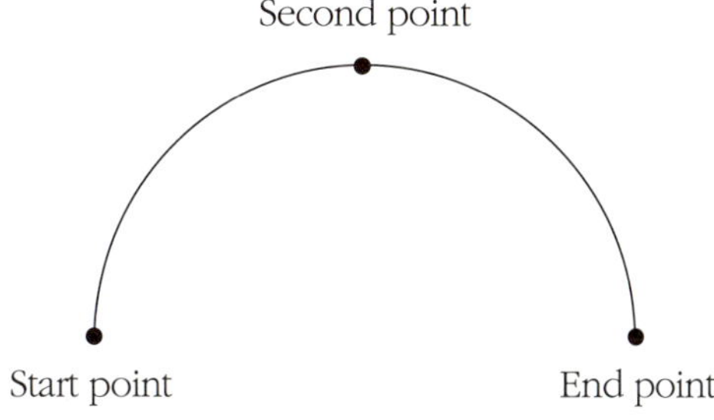

3 Offset　Modify ➡ Offset　간격복사

이미 그려놓은 Object를 일정한 간격만큼 복사해서 옮기는 명령어

Commend : Offset [Enter↵]

Specify offset distance or [Through/Erase/Layer] 〈Through〉: 10 [Enter↵]
　← 복사할 간격 입력

Select object to offset or 〈exit/undo〉: ← 복사할 Object를 선택
Specify point on side to offset: ← 옮겨놓을 방향에 마우스 클릭
Select object to offset or 〈exit/undo〉: ← 복사할 Object를 선택
Specify point on side to offset: ← 옮겨놓을 방향에 마우스 클릭
Select object to offset or 〈exit/undo〉: [Enter↵]
　← 더 이상 Offset 할 Object가 없으면 종료 [Enter↵]

4 Fillet　Modify ➡ Fillet　모따기

반지름값을 주어 교차된 두 개의 선을 정리하는 명령어

Commend : Fillet [Enter↵]

Option

- **Select first object** : 모따기할 Object를 선택하는 옵션
- **Undo** : 이전 단계로 되돌리는 옵션
- **Polyline** : Polyline으로 이루어진 Object의 모든 모서리를 한번에 정리하는 옵션
- **Radius** : 모따기 호의 반지름값을 설정하는 옵션
- **Trim** : 모따기를 할 때 모서리를 자를 것인지에 대한 여부를 묻는 옵션
- **Multiple** : 두 세트 이상의 도면에서의 모따기 옵션

Current settings: Mode = TRIM, Radius = 10.0000

Select first object or [Undo/Polyline/Radius/Trim/Multiple]:

← 모따기할 첫 번째 Object 선택

Select second object: ← 모따기할 두 번째 Object 선택

Command : Fillet Enter↵

Current settings: Mode = TRIM, Radius = 10.0000

Select first object or [Undo/Polyline/Radius/Trim/Multiple]: P Enter↵

← Polyline 옵션 선택

Select 2D polyline: ← Polyline으로 이루어진 Object 선택

4 lines were filleted

Command : Fillet Enter↵

Current settings: Mode = TRIM, Radius = 10.0000

Select first object or [Undo/Polyline/Radius/Trim/Multiple]: R Enter↵

← Radius 옵션 선택

Specify fillet radius ⟨10.0000⟩: 20 Enter↵ ← 반지름값 입력

Command : Fillet Enter↵

Current settings: Mode = TRIM, Radius = 10.0000

Select first object or [Undo/Polyline/Radius/Trim/Multiple]: T Enter↵

← Trim 옵션 선택

Enter Trim mode option [Trim/No trim] ⟨Trim⟩: N Enter↵

← No Trim 옵션 선택

Select first object or [Undo/Polyline/Radius/Trim/Multiple]:

← 모따기할 첫 번째 Object 선택

Select second object: ← 모따기할 두 번째 Object 선택

5 Zoom View ➡ Zoom 확대/축소

화면을 자유롭게 확대 축소해서 보는 명령어

Commend : Zoom Enter↵

Option

- All : 전체 - Limits로 설정된 부분 모두를 화면상에 표현하는 옵션
- Extents :
  범위 - 그려진 Object 모두를 Limits와 관계없이 화면에 꽉 차게 표현하는 옵션
- Previous : 이전 - 현재 화면의 바로 이전 화면을 표현하는 옵션
- Window : 창 - 두 점을 이용하여 설정된 창 크기만큼의 화면을 표현하는 옵션
- Object : 선택한 Object를 드로잉 영역 가운데에 가장 크게 표현하는 옵션

Command: Zoom Enter↵

Specify corner of window, enter a scale factor (nX or nXP), or

[All/Center/Dynamic/Extents/Previous/Scale/Window/Object] 〈real time〉:

E Enter↵ ← Extents 옵션 선택

Command: Zoom Enter↵

Specify corner of window, enter a scale factor (nX or nXP), or

[All/Center/Dynamic/Extents/Previous/Scale/Window/Object] 〈real time〉:

P Enter↵ ← Previous 옵션 선택

Command: Zoom Enter↵

Specify corner of window, enter a scale factor (nX or nXP), or
[All/Center/Dynamic/Extents/Previous/Scale/Window/Object] 〈real time〉:

W Enter↵ ← Window 옵션 선택

Specify first corner: Point1 Enter↵ ← 사각형 창의 한 꼭지점 클릭

Specify opposite corner: Point2 Enter↵ ← Point1의 대각 꼭지점 클릭

Command: Zoom Enter↵

Specify corner of window, enter a scale factor (nX or nXP), or
[All/Center/Dynamic/Extents/Previous/Scale/Window/Object] 〈real time〉:

O Enter↵ ← Object 옵션 선택

예제 4-1 원

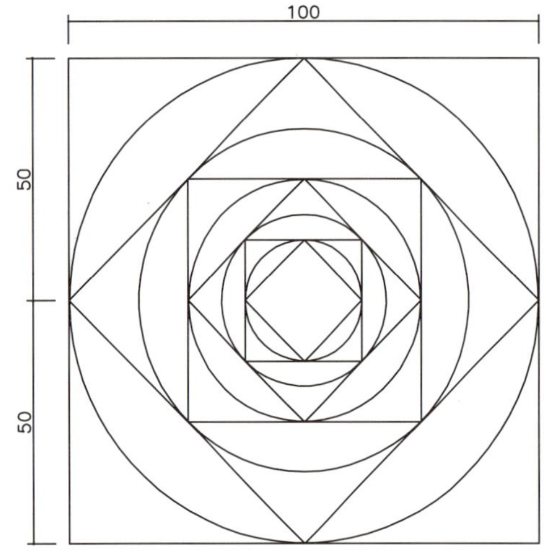
100
50
50

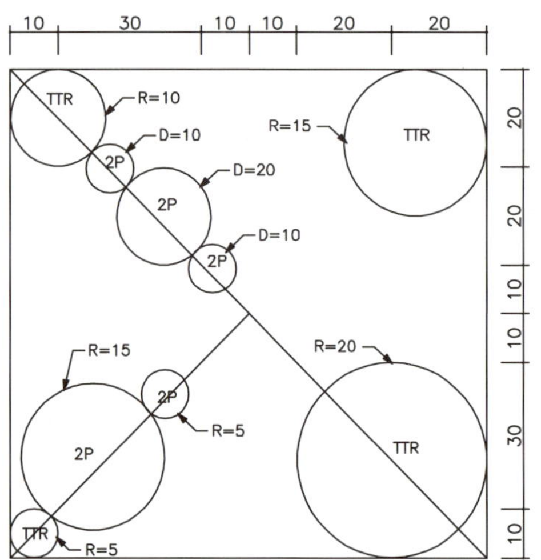
10
30
10
10
20
20
TTR
R=10
D=10
2P
D=20
2P
D=10
2P
R=15
TTR
R=15
2P
R=5
2P
TTR
R=5
R=20
TTR
20
20
10
10
30
10

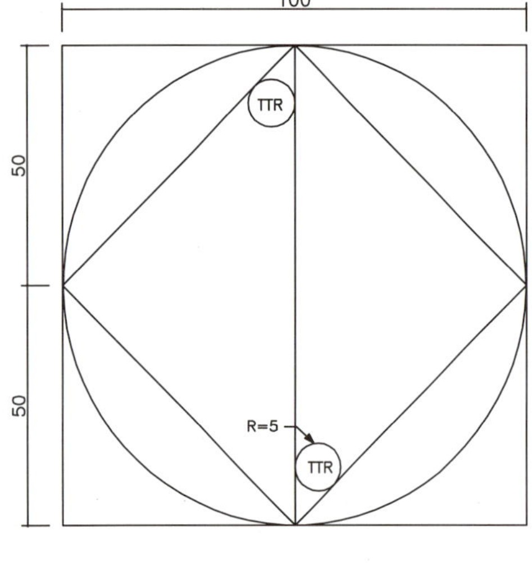
100
50
50
TTR
R=5
TTR

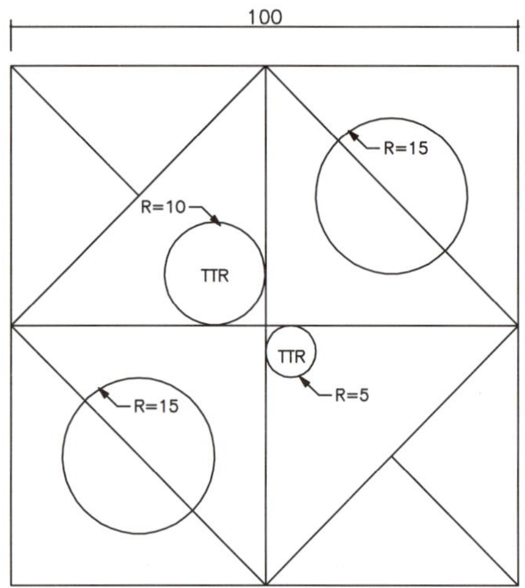
100
R=15
R=10
TTR
TTR
R=5
R=15

예제 4-2 소파 I

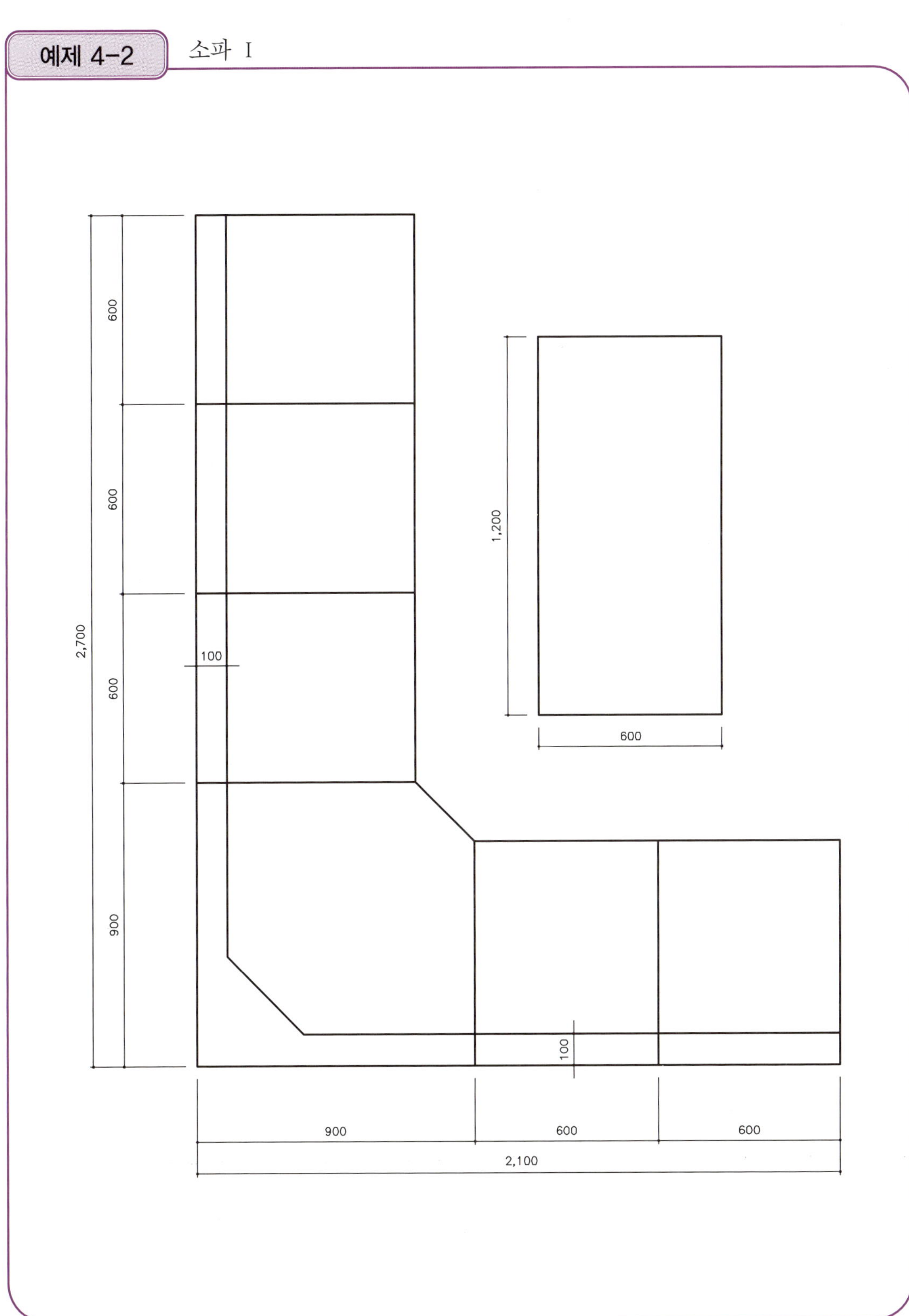

예제 4-3 소파 II

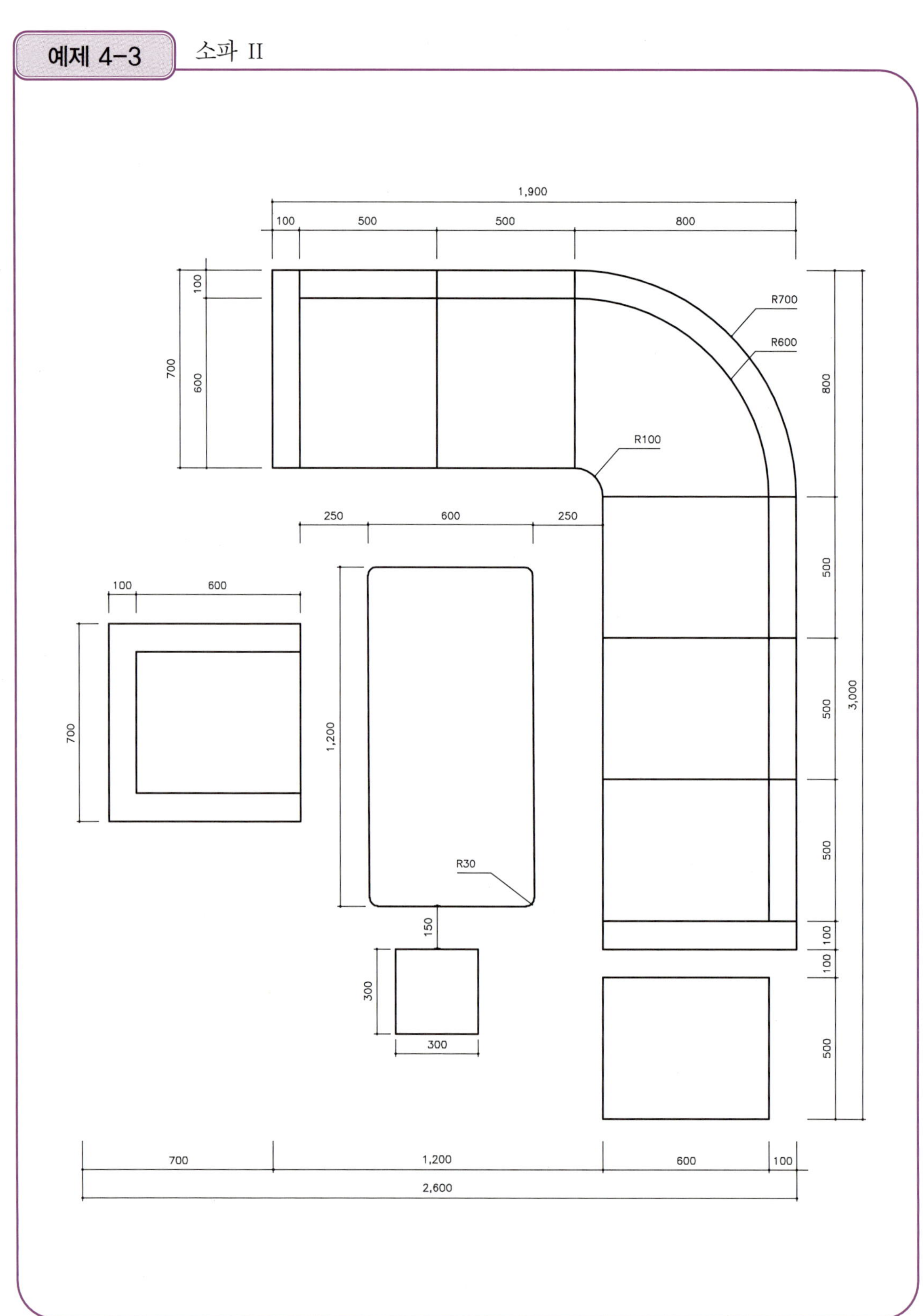
1,900
100
500
500
800
100
600
700
R700
R600
800
R100
250
600
250
100
600
700
1,200
R30
150
300
300
500
500
500
3,000
100
100
500
700
1,200
600
100
2,600

예제 4-4 소파 III

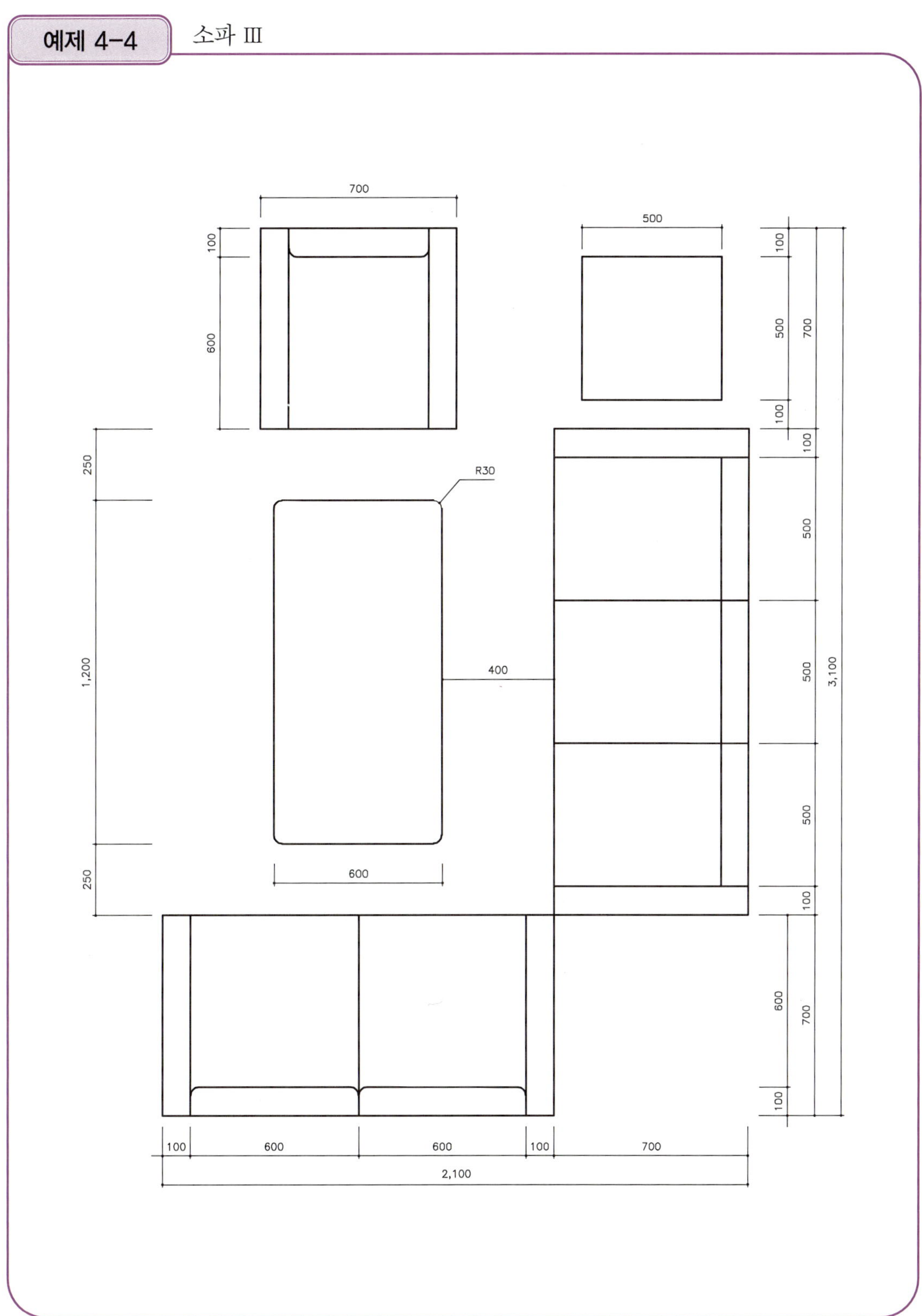
700
500
100
600
100
500
700
100
100
250
R30
500
1,200
400
500
3,100
500
250
600
100
600
700
100
100
600
600
100
700
2,100

예제 4-5 소파 IV

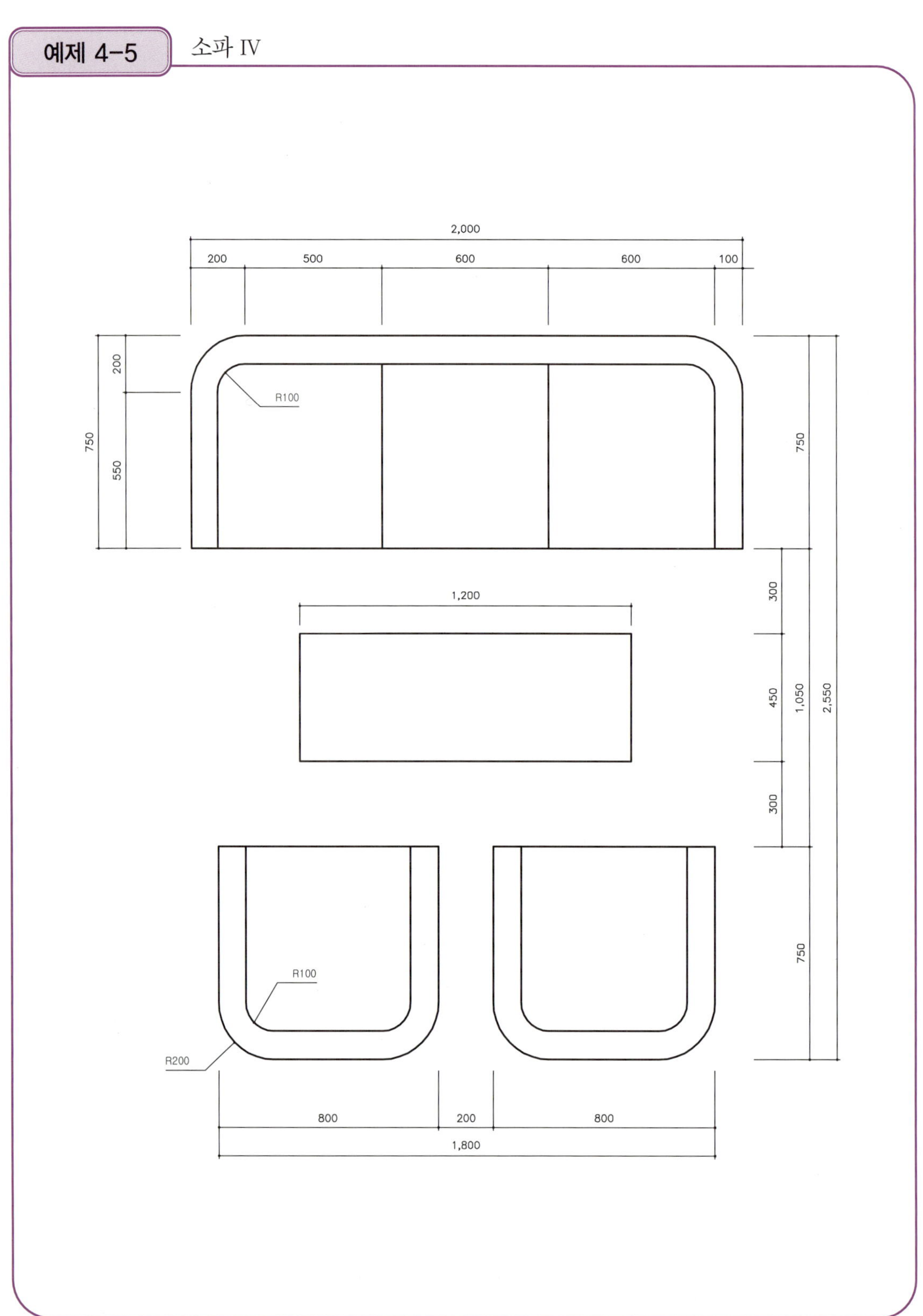
2,000
200
500
600
600
100
200
550
750
R100
750
1,200
300
450
1,050
2,550
300
750
R100
R200
800
200
800
1,800

예제 4-6 소파 V

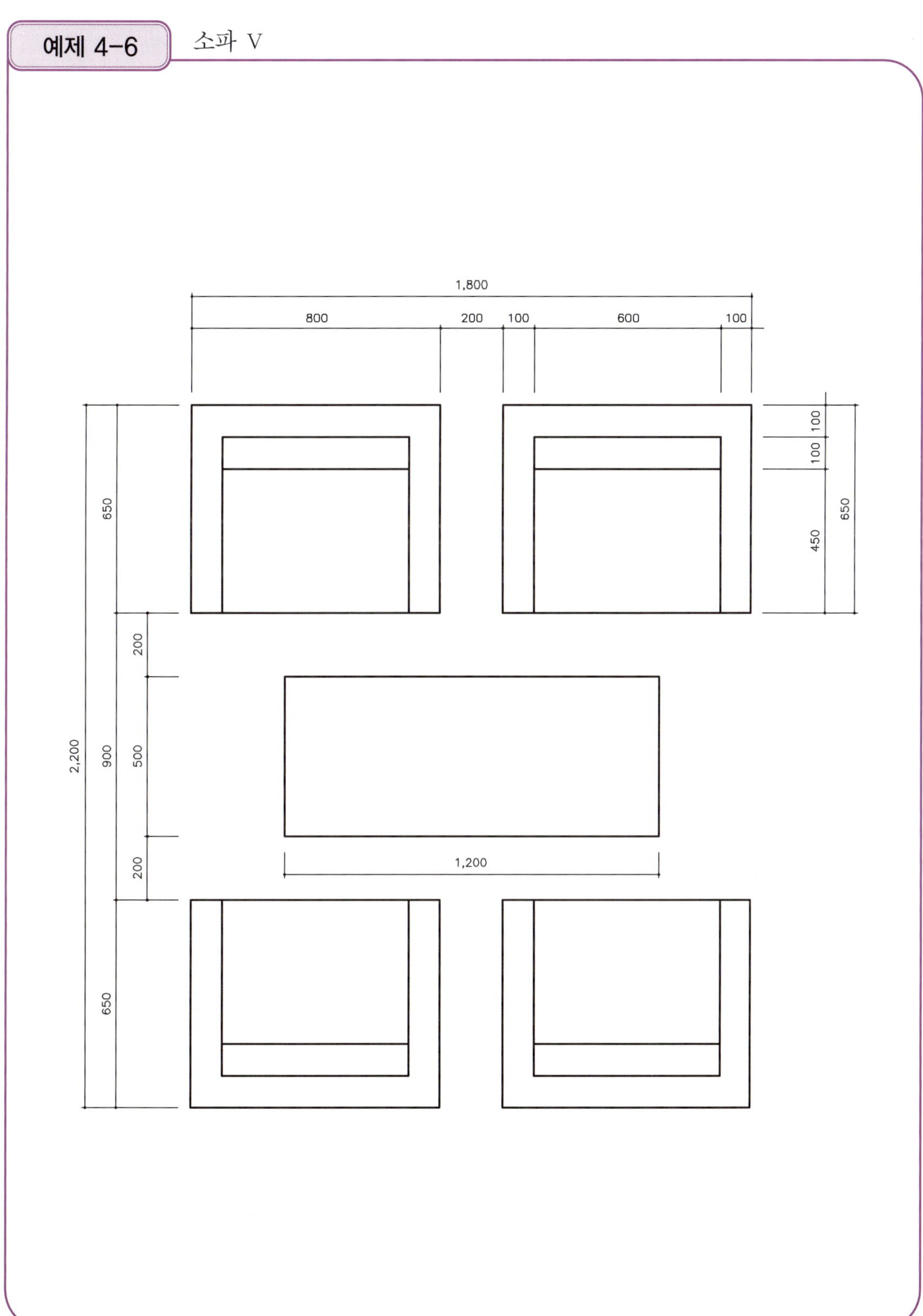
1,800
800
200
100
600
100
100
100
450
650
650
2,200
900
200
500
200
1,200
650

예제 4-7 소파 VI

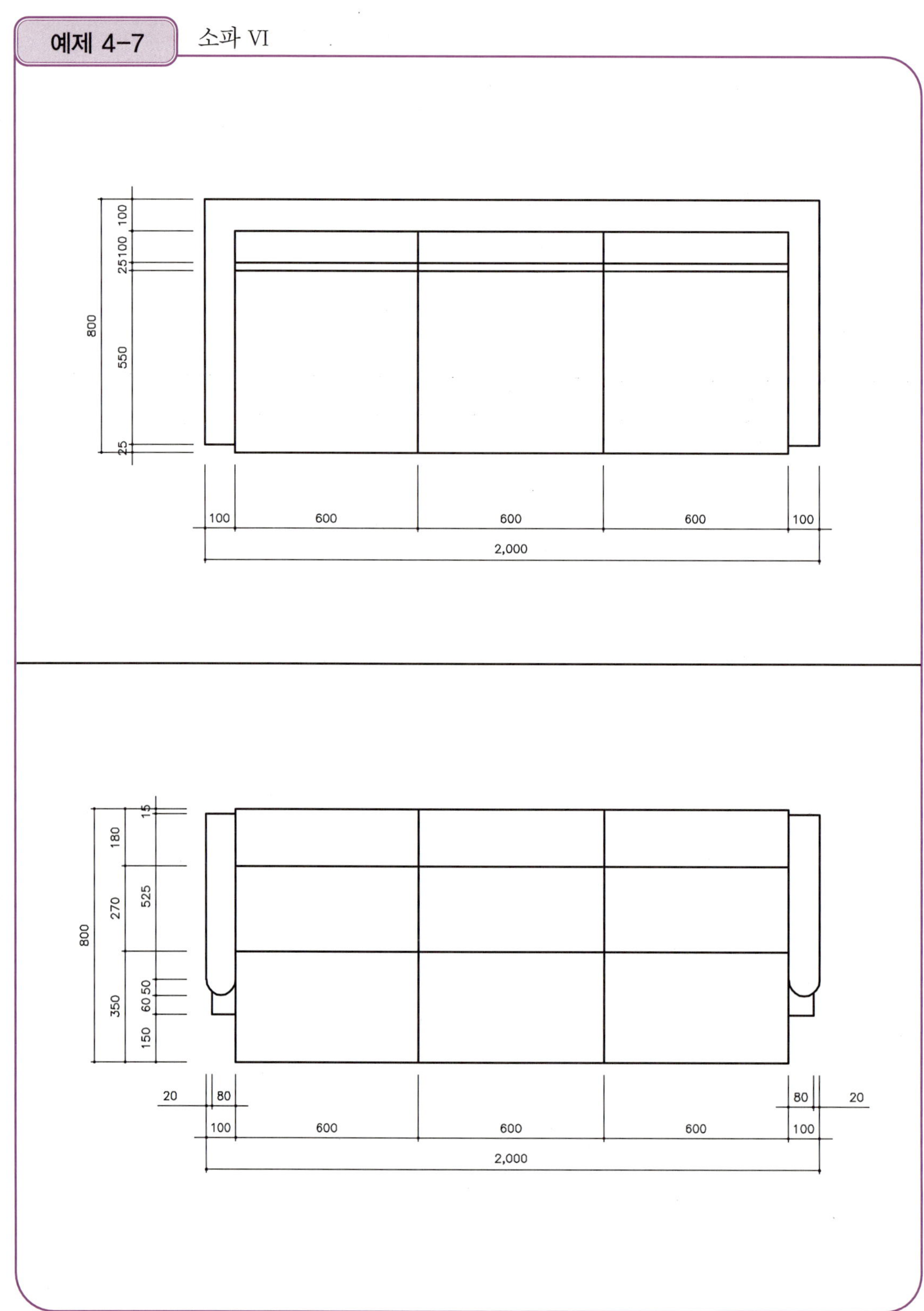
100
25100
800
550
25
100
600
600
600
100
2,000
15
180
525
270
800
60 50
350
150
20
80
80
20
100
600
600
600
100
2,000

싱크대 그리기

5Week

- Arc Ⅱ
- Trim
- Extend
- Select object option

5주 싱크대/문

1 Arc Draw ⇨ Arc 호

호를 그리는 명령어

Commend : Arc Enter↵

Option

- 3Points : 호의 시작점, 두 번째 점, 끝점을 이용하여 호를 그리는 옵션
- Start, Center, End :
  호의 시작점, 중심점, 끝점을 이용하여 호를 그리는 옵션
- Start, Center, Angle :
  호의 시작점, 중심점, 호가 이루는 각을 이용하여 호를 그리는 옵션
- Start, Center, Length :
  호의 시작점, 중심점, 호가 이루는 현의 길이을 이용하여 호를 그리는 옵션
- Start, End, Angle :
  호의 시작점, 끝점, 호가 이루는 각을 이용하여 호를 그리는 옵션
- Start, End, Direction :
  호의 시작점, 끝점, 접선의 방향을 이용하여 호를 그리는 옵션
- Start, End, Radius :
  호의 시작점, 끝점, 반지름을 이용하여 호를 그리는 옵션
- Center, Start, End :
  호의 중심점, 시작점, 끝점을 이용하여 호를 그리는 옵션
- Center, Start, Angle :
  호의 중심점, 시작점, 호가 이루는 각을 이용하여 호를 그리는 옵션
- Center, Start, Length :
  호의 중심점, 시작점, 호가 이루는 현의 길이을 이용하여 호를 그리는 옵션
- Continue : 전에 실행한 Object의 끝점에 선을 연결해 호를 그리는 옵션

- **Angle** - 각도 : 호의 내부각 지정
- **Center** - 중심점 : 호의 중심각 지정
- **Direction** - 방향 : 호의 접선의 방향 지정
- **End** - 끝점 : 호의 끝점 지정
- **Start** - 시작점 : 호의 시작점 지정
- **Length** - 현의 길이 ; 현의 길이 지정
- **Radius** - 반지름 : 호의 반지름 지정
- **Continue** - 연속 : 전에 실행한 Object의 끝점에 선을 연결해 작성

2 Trim Modify ➡ Trim 자르기

Object를 일정 기준선까지 자르는 명령어

Commend : Trim [Enter↵]

Option

- Project : 3차원 공간에서 자르기 경계와 교차하는 Object만 자르는 옵션
- Edge : 자르기 경계의 연장선까지도 자를 수 있는지에 대한 옵션
- Undo : 바로 이전에 수행한 자르기의 작업취소 옵션

Current settings : Projection=UCS Edge=None

Select cutting edges ...

Select objects: ← 자르기 위한 경계인 기준 Object 선택

Select objects: ← 자르기 위한 경계인 기준 Object 선택

Select objects: [Enter↵] ← 더 이상 선택할 기준 Object가 없으면 [Enter↵]

Select object to trim or [Project/Edge/Undo]: ← 자르고자 하는 Object 선택

Select object to trim or [Project/Edge/Undo]: ← 자르고자 하는 Object 선택

Select object to trim or [Project/Edge/Undo]: [Enter↵]

← 더 이상 자르고자 하는 Object가 없으면 [Enter↵]

- Project - 투영
  - None : 현재 UCS와 상관없이 같은 평면상에서 또는 서로 교차하는 경우에만 Trim 가능
  - UCS : 현재의 UCS에 있는 Object만 Trim 가능
  - View : 현재 UCS와 상관없이 화면상에 표시된 Object를 경계로 하여 Trim 가능
- Edge -모서리
  - Extend : Object가 서로 교차하지 않더라도 자르고자 하는 Object가 경계의 연장선과 교차되는 경우도 Trim 가능
  - No Extend : Object가 서로 교차하는 경우에만 Trim 가능

3 Extend Modify ➡ Extend 연장하기

Object를 일정 기준선까지 연장하는 명령어

Commend : Extend [Enter↵]

Option

- **Project** : 3차원 공간에서 연장하기 경계와 교차하는 Object만 연장하는 옵션
- **Edge** : 연장하기 경계의 연장선까지도 연장할 수 있는지에 대한 옵션
- **Undo** : 바로 이전에 수행한 연장하기의 작업취소 옵션

Current settings: Projection=UCS Edge=None

Select boundary edges ...

Select objects: ← 연장하기 위한 경계인 기준 Object 선택

Select objects: [Enter↵] ← 더 이상 선택할 기준 Object가 없으면 [Enter↵]

Select object to extend or [Project/Edge/Undo]: ← 연장하고자 하는 Object 선택

Select object to extend or [Project/Edge/Undo]: ← 연장하고자 하는 Object 선택

Select object to extend or [Project/Edge/Undo]: [Enter↵]

← 더 이상 연장하고자 하는 Object가 없으면 [Enter↵]

- Project - 투영
  - **None** : 현재 UCS와 상관없이 같은 평면상에서 또는 서로 교차하는 경우에만 Extend 가능
  - **UCS** : 현재의 UCS에 있는 Object만 Extend 가능
  - **View** : 현재 UCS와 상관없이 화면상에 표시된 Object를 경계로 하여 Extend 가능
- Edge -모서리
  - **Extend** : Object가 서로 교차하지 않더라도 연장하고자 하는 Object가 경계의 연장선과 교차되는 경우도 Extend 가능
  - **No Extend** : Object가 서로 교차하는 경우에만 Extend 가능

4 Selection Tools ◎ Options ◎ Selection 선택옵션

Commend상에서 사용하는 명령어가 아닌 편집명령어 수행중에 필요한 기능 Object를 선택하는 옵션

- Object Pointing - 객체 포인팅 : 원하는 Object를 하나씩 선택
- Window - 윈도우 W : 대각선 방향으로 두 점을 지정하여 만든 창 안에 완전히 포함된 Object 선택, 실선으로 된 사각형 창
- Crossing -걸치기 C : 대각선 방향으로 두 점을 지정하여 만든 창에 포함된 Object와 창의 경계선에 걸쳐지는 모든 Object 선택. 점선으로 된 사각형 창
- Fence - 울타리 F : 지정한 두 점에 의해 연결되는 가상의 선에 걸쳐지는 Object 선택
- All - 전부 A : 동결(Freeze)되거나 잠겨진(Lock) 도면층에 포함된 Object를 제외한 모든 Object 선택
- Previous - 이전 P : 현재 작업 이전에 선택한 모든 Object 선택
- Undo - 명령취소 U : 마지막으로 선택한 Object의 선택 취소
- Last - 최종 L : 마지막으로 그려진 Objec 선택
- Remove - 제거 R : 선택한 대상을 제외
- Add - 추가 A : Remove된 것을 다시 선택

Commend : DDselect Enter↵

Option

- Seletion Modes : 선택 모드 옵션
- Pickbox Size : Pickbox 크기 조절 옵션
- Grips : 맞물림 옵션
- Grip Size : 맞물림 크기 조절 옵션

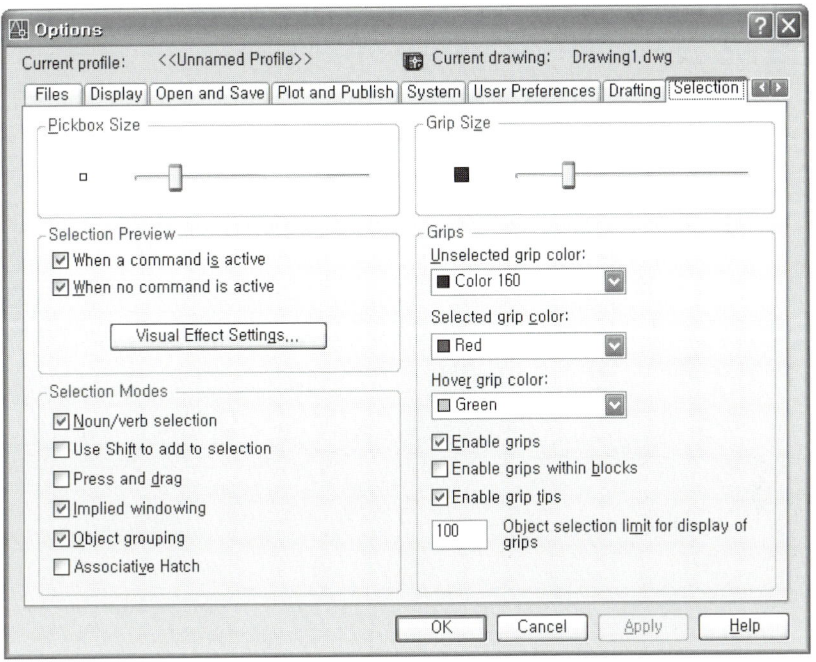

- Seletion Modes - 선택 모드
  - Noun/Verb selection : 선택 후 명령 사용 가능
  - Use Shift to add to selection : Shift 키를 사용하여 선택요소에 추가
  - Press and drag : 누른 채로 끌기
  - Implied windowing : 빈 영역 선택시 자동 윈도우
  - Object grouping : 객체의 그룹화
  - Associative Hatch : 연관 영역채우기

- Grips - 맞물림
  - Enable grips : 맞물림 작동 가능
  - Enable grips within blocks : 블록 내 맞물림 작동 가능
  - Unselected grip color : 선택 해제된 맞물림의 색상 조절
  - Selected grip color : 선택된 맞물림의 색상 조절

예제 5-1 싱크대 I

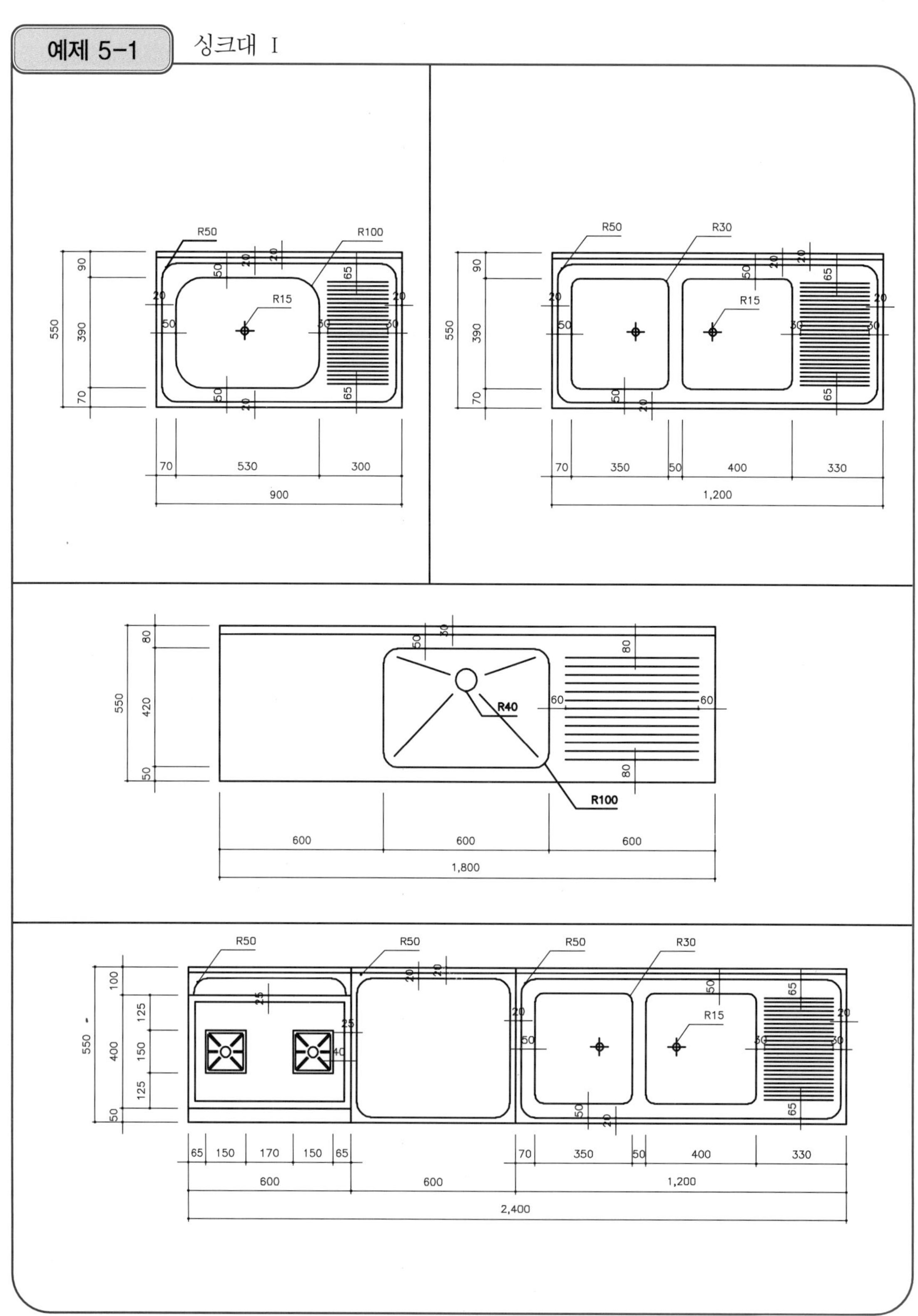
R50
R100
R15
R30
R40
550
390
90
70
900
1,200
1,800
2,400
600
530
300
350
400
330

예제 5-2 싱크대 II

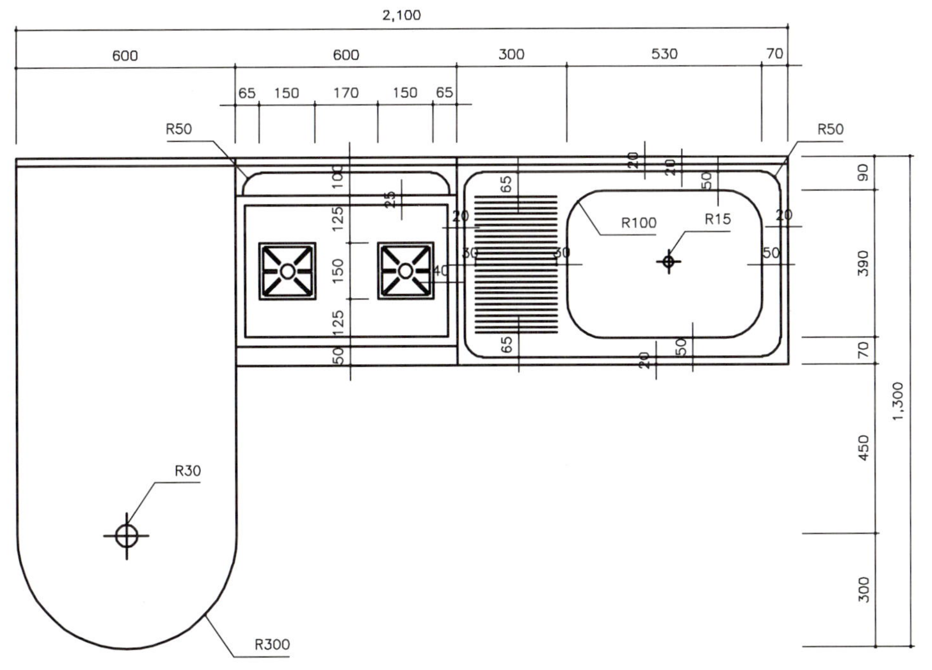

2,100
600
600
300
530
70
65
150
170
150
65
R50
R50
R100
R15
R30
R300
1,300

예제 5-3 싱크대 Ⅲ

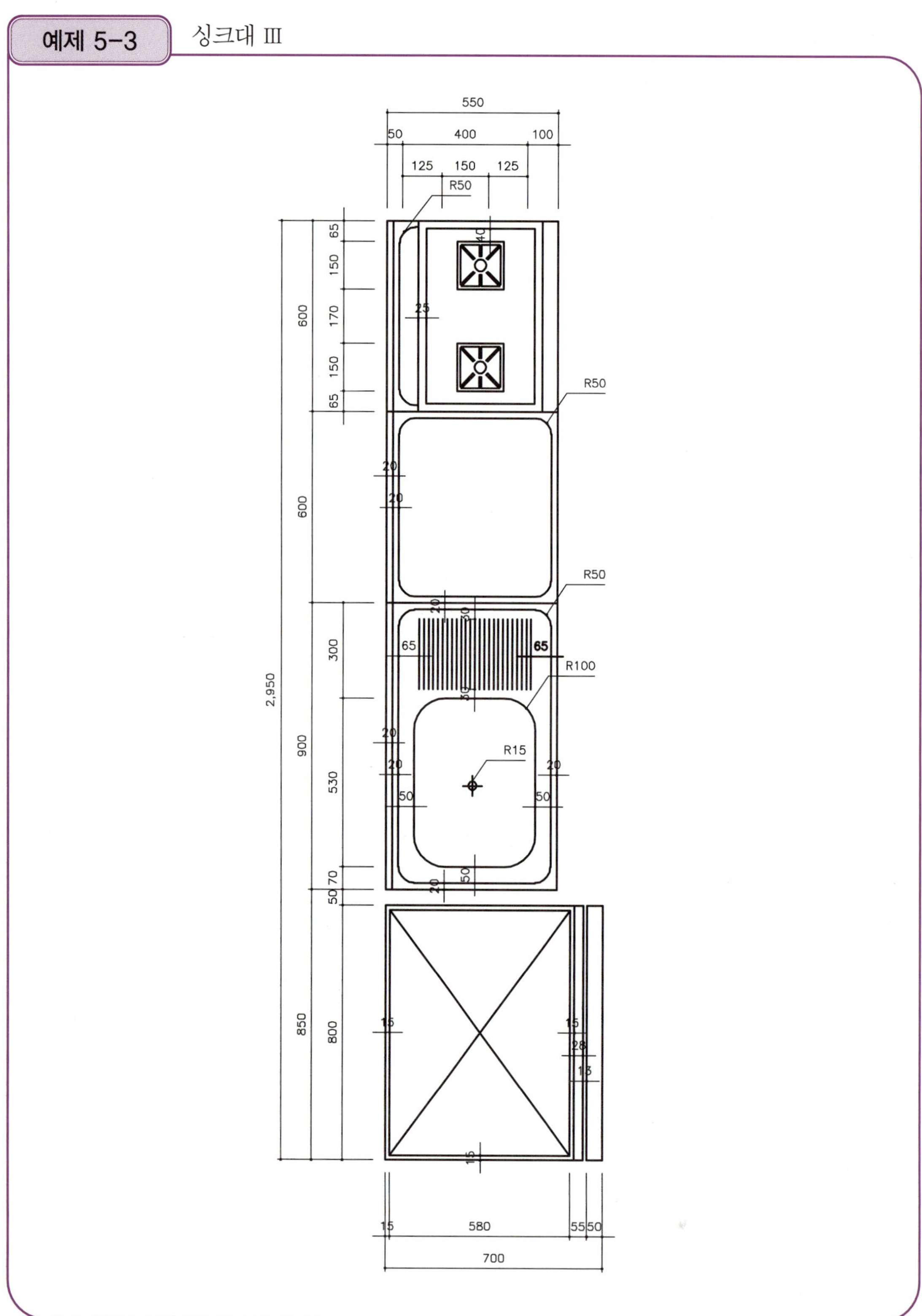
550
50
400
100
125
150
125
R50
65
150
170
150
65
600
40
25
R50
20
20
600
R50
20
30
300
65
65
R100
30
2,950
20
900
20
R15
20
530
50
50
70
50
20
50
850
800
15
15
28
13
15
15
580
55
50
700

예제 5-4 싱크대 IV

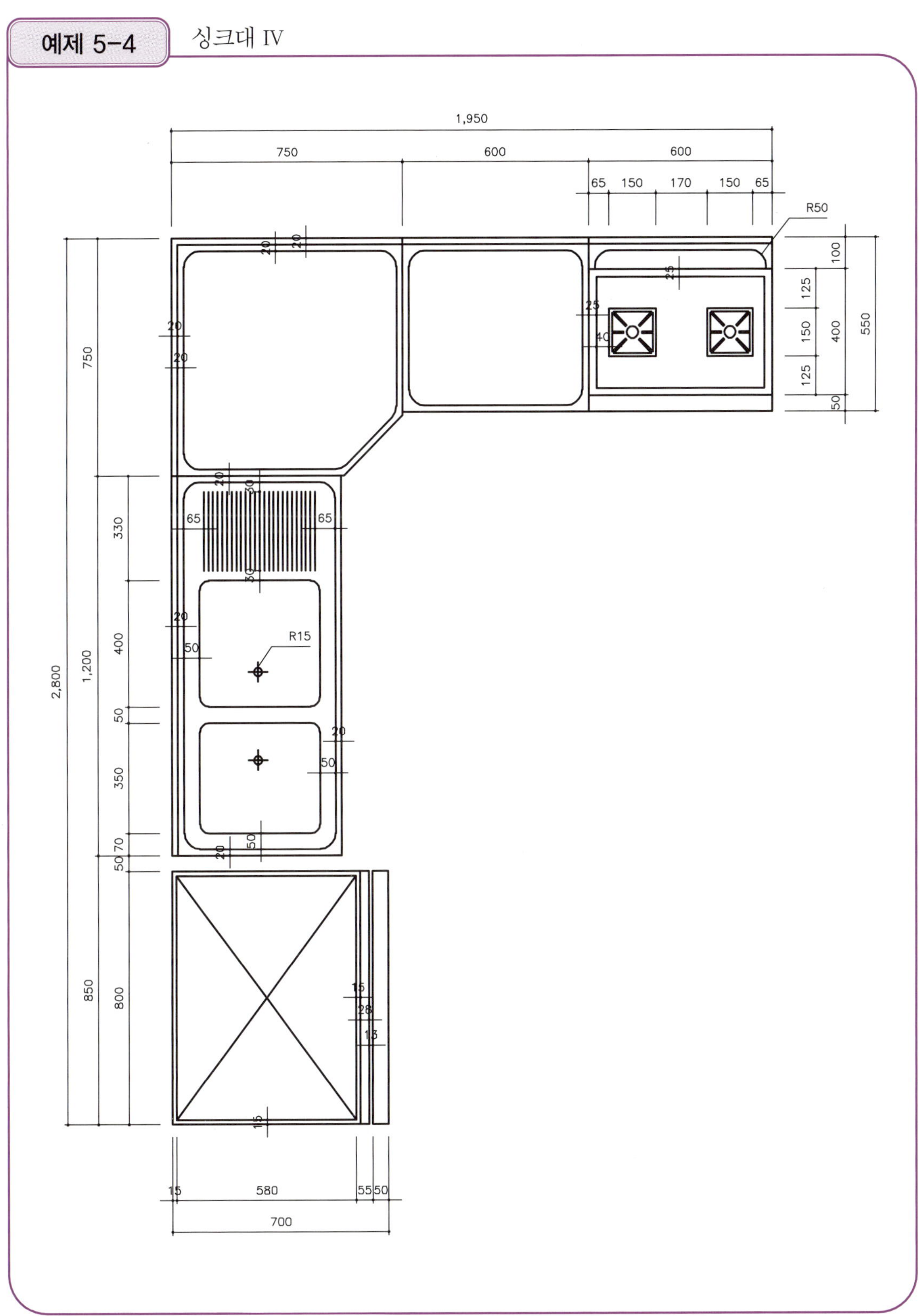
1,950
750
600
600
65
150
170
150
65
R50
100
125
150
125
400
550
50
25
25
40
20
20
20
20
750
2,800
1,200
330
400
50
350
70
50
850
800
65
65
30
30
20
50
R15
20
50
20
50
15
28
13
15
15
580
55
50
700

예제 5-5 싱크대 V

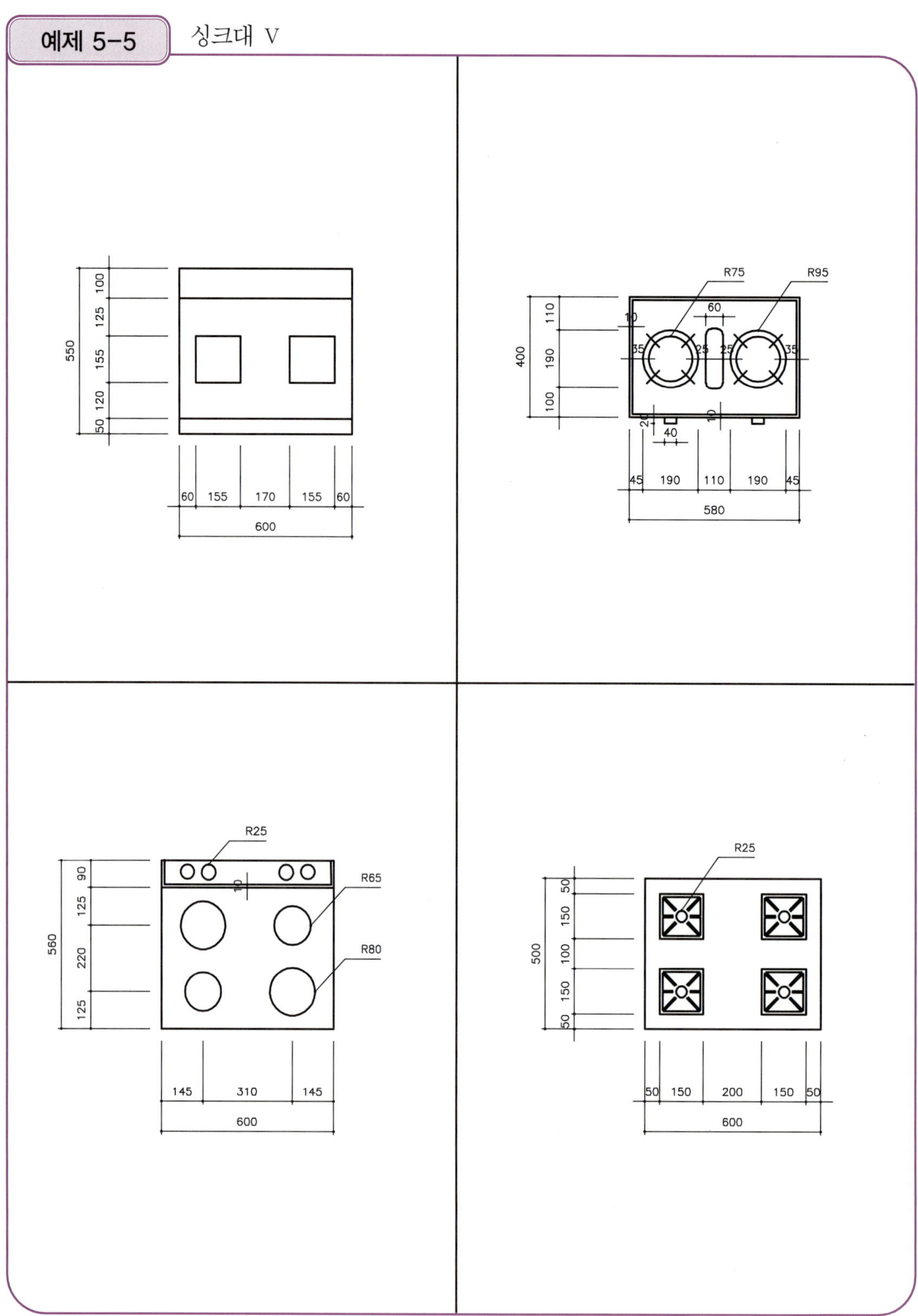
550
100
125
155
120
50
60
155
170
155
60
600
R75
R95
60
10
35
25
25
35
400
110
190
100
20
10
40
45
190
110
190
45
580
R25
R65
R80
560
90
125
220
125
10
145
310
145
600
R25
500
50
150
100
150
50
50
150
200
150
50
600

예제 5-6 문-평면 I

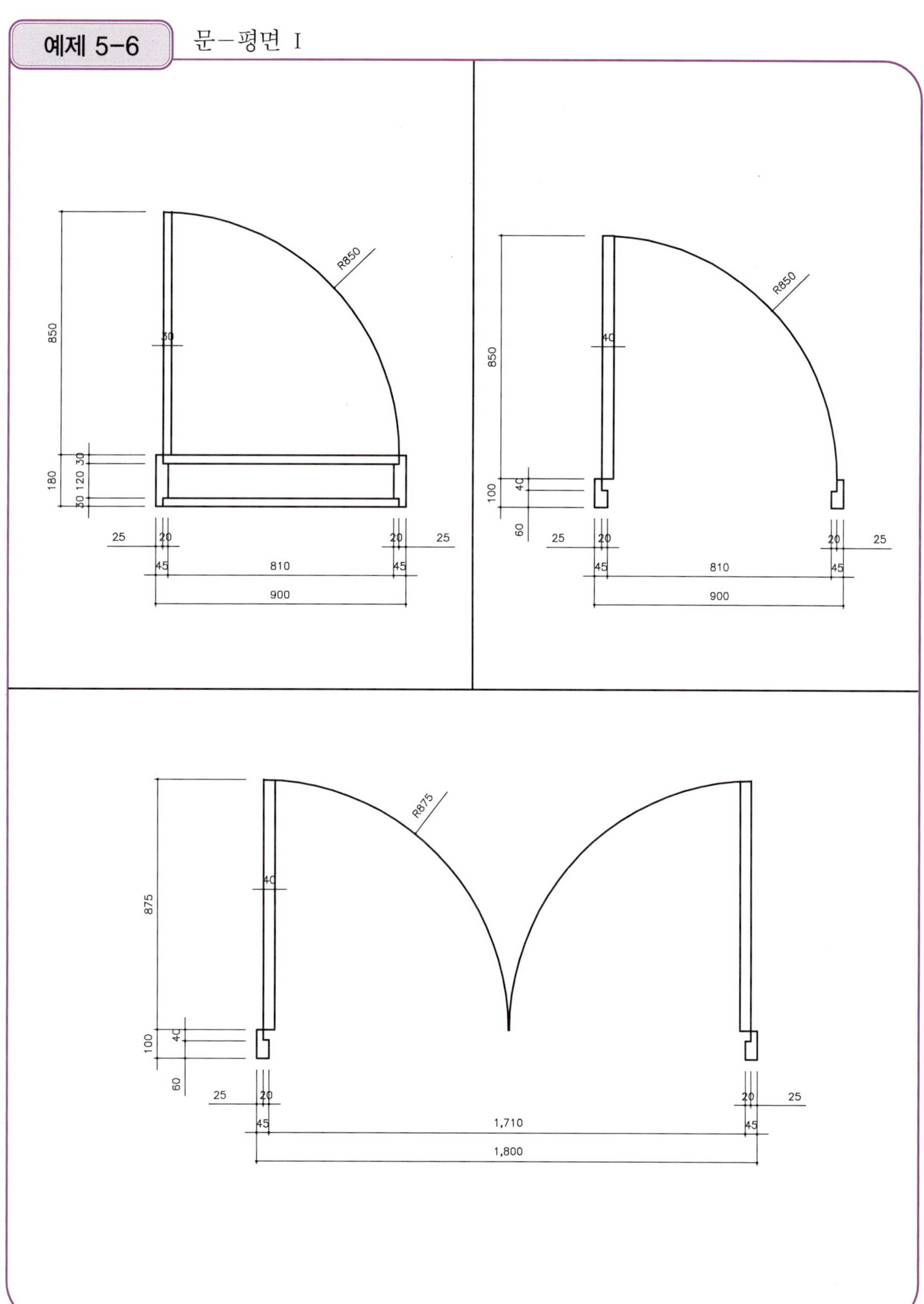
R850
850
30
180
30 120 30
25
20
20
25
45
810
45
900
R850
850
40
100
40
60
25
20
20
25
45
810
45
900
R875
875
40
100
40
60
25
20
20
25
45
1,710
45
1,800

예제 5-7 문-평면 II

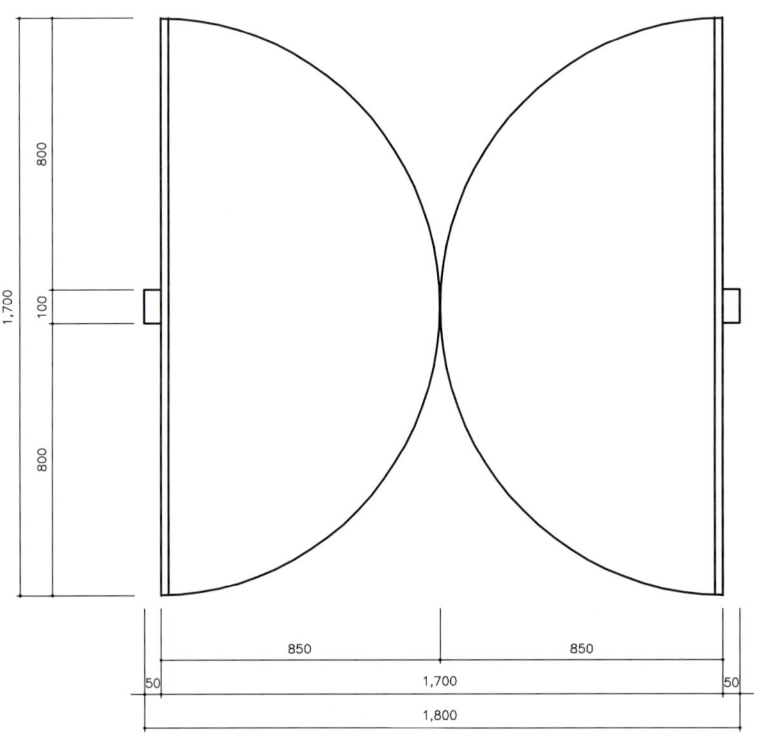

예제 5-8 문–평면 Ⅲ

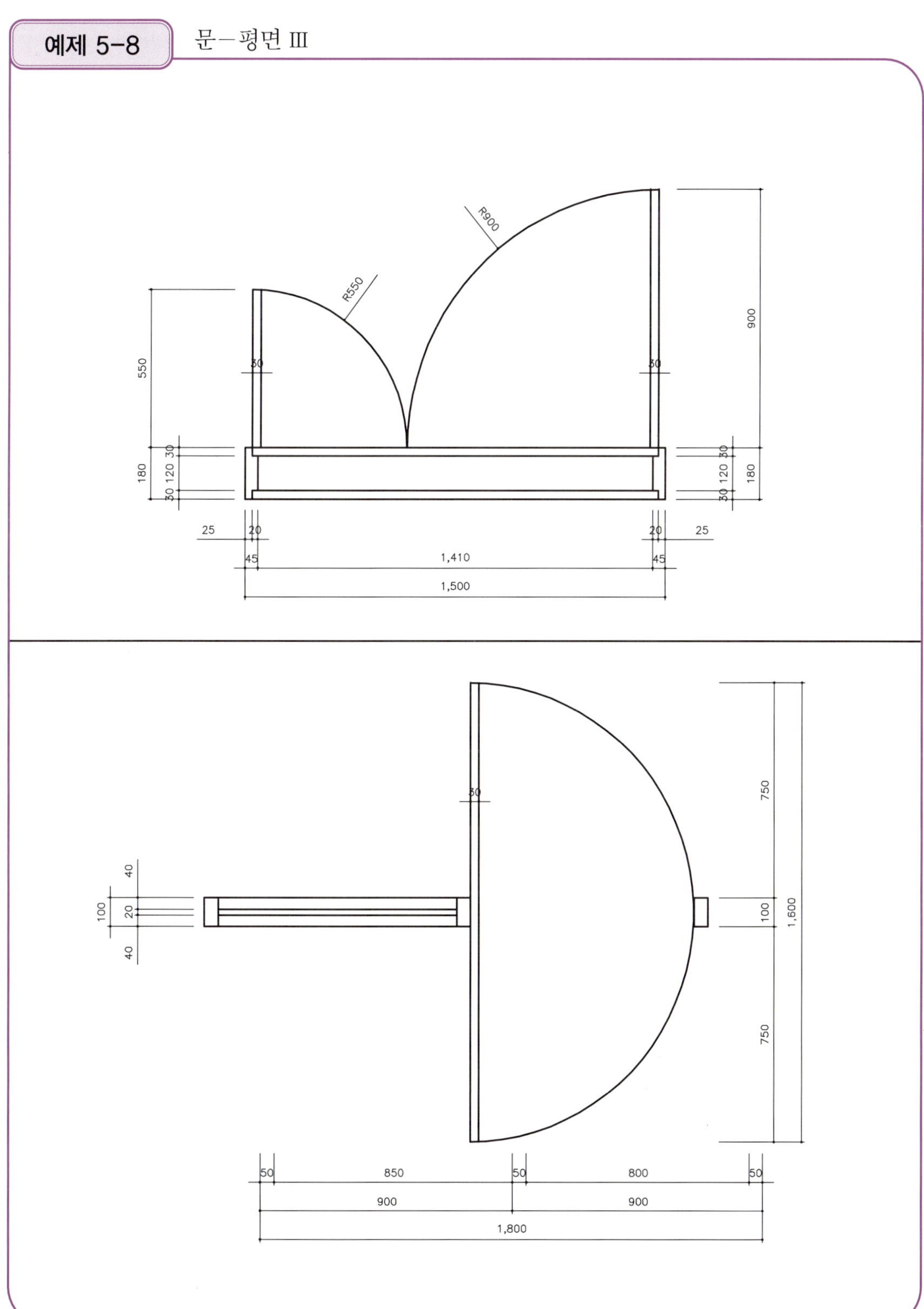
R900
R550
550
900
30
180
120
25
20
45
1,410
1,500
750
1,600
100
40
50
850
800
900
1,800

예제 5-9 문—평면 IV

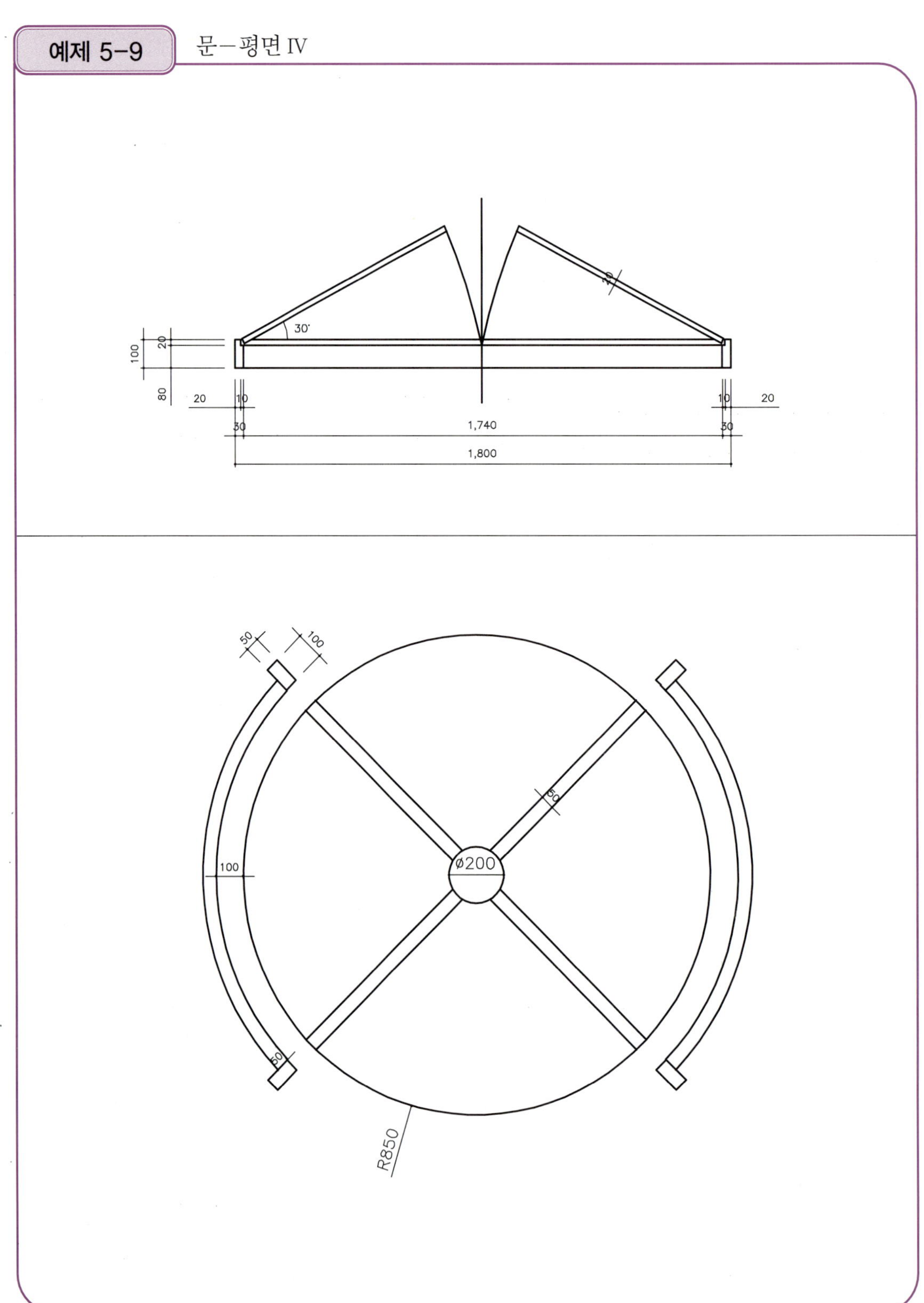

30˚
20
100
20
80
20
10
10
20
30
1,740
30
1,800
50
100
50
100
ø200
50
R850

의자 그리기

6Week

- Polygon
- Move
- Copy
- Zoom Ⅲ
- Dist

6주 식탁/의자/침대

1 Polygon Draw ➡ Polygon 다각형

다각형을 그리는 명령어

Commend : Polygon Enter↵

Option

- Edge : 다각형의 한변의 길이를 입력하는 옵션
- Inscribed in Circle :
  다각형의 중심점과 각 꼭지점 사이의 거리를 입력하는 옵션 - 내접
- Circumscribed about circle :
  다각형의 중심점과 각 변의 중간점 사이의 거리를 입력하는 옵션 - 외접

Enter number of sides ⟨4⟩: 5 Enter↵ ← 변의 수를 입력
Specify center of polygon or [Edge]: E Enter↵ ← Edge 옵션 선택
Specify first endpoint of edge: Point1 ← 다각형의 첫 번째 점 클릭
Specify second endpoint of edge: 5 Enter↵ ← 한변의 길이를 입력

Command: Polygon Enter↵

Enter number of sides ⟨5⟩: 5 Enter↵ ← 변의 수를 입력
Specify center of polygon or [Edge]: Point1 ← 다각형의 중심점 클릭
Enter an option [Inscribed in circle/Circumscribed about circle] ⟨I⟩: i Enter↵
← Inscribed 옵션 선택
Specify radius of circle: 10 Enter↵ ← 다각형 내접원의 반지름 입력

Command: Polygon Enter↵

Enter number of sides 〈5〉: 5 Enter↵ ← 변의 수를 입력

Specify center of polygon or [Edge]: Point1 ← 다각형의 중심점 클릭

Enter an option [Inscribed in circle/Circumscribed about circle] 〈I〉: C Enter↵

← Circumscribed 옵션 선택

Specify radius of circle: 10 Enter↵ ← 다각형 외접원의 반지름 입력

2 Move Modify ○ Move 이동

Object를 이동시키는 명령어

Commend : Move Enter↵

Select objects : ← 이동시키고자 하는 Object 선택

Select objects : ← 이동시키고자 하는 Object 선택

Select objects : ← 이동시키고자 하는 Object 선택

Select objects : Enter↵ ← 더 이상 이동시키고자 하는 Object가 없으면 Enter↵

Specify base point or displacement: Point1

← 선택된 Object들을 이동하기 위한 기준점 클릭

Specify second point of displacement or 〈use first point as displacement〉: Point2

← 변위점을 클릭하거나 좌표값 입력

3 Copy Modify ◯ Copy 복사

Object를 복사하는 명령어

Commend : Copy Enter↵

Option

- 단일복사 : 선택한 Object를 한번만 복사하는 옵션
- Multiple : 선택한 Object를 원하는 만큼 반복해서 복사하는 옵션

Select objects : ← 복사하고자 하는 Object 선택

Select objects : ← 복사하고자 하는 Object 선택

Select objects : ← 복사하고자 하는 Object 선택

Select objects : Enter↵ ← 더 이상 복사하고자 하는 Object가 없으면 Enter↵

Specify base point or displacement, or [Multiple]: Point1

← 선택된 Object들을 단일복사하기 위한 기준점 클릭

Specify second point of displacement or 〈use first point as displacement〉:

Point2 ← 변위점을 클릭하거나 좌표값 입력

Command: Copy Enter↵

Select objects : ← 복사하고자 하는 Object 선택

Select objects : ← 복사하고자 하는 Object 선택

Select objects : ← 복사하고자 하는 Object 선택

Select objects : Enter↵ ← 더 이상 복사하고자 하는 Object가 없으면 Enter↵

Specify base point or displacement, or [Multiple]: M Enter↵

← Multiple 옵션 선택

Specify base point: Point1

← 선택된 Object들을 다중복사하기 위한 기준점 클릭

Specify second point of displacement or 〈use first point as displacement〉:

Point2 ← 변위점을 클릭하거나 좌표값 입력

Specify second point of displacement or 〈use first point as displacement〉:

Point3 ← 변위점을 클릭하거나 좌표값 입력

Specify second point of displacement or 〈use first point as displacement〉:

Enter↵ ← 더 이상 복사할 Object가 없으면 Enter↵

4 Zoom View ➡ Zoom / Al 확대/축소

화면을 자유롭게 확대/축소해서 보는 명령어

Commend : Zoom Enter↵

Option

- All : 전체 – Limits로 설정된 부분 모두를 화면상에 표현하는 옵션
- Center : 중심 – 지정하는 점을 중심으로 지정하는 높이x2만큼의 화면을 표현하는 옵션
- Dynamic : 동적 – 영역창을 통해 동적으로 설정한 영역만큼의 화면을 표현하는 옵션
- Extents : 범위 – 그려진 Object 모두를 Limits와 관계없이 화면에 꽉 차게 표현하는 옵션
- Previous : 이전 – 현재 화면의 바로 이전 화면을 표현하는 옵션
- Scale : 축척 – 축척값에 의핸 크기만큼의 화면을 표현하는 옵션
- Window : 창 – 두 점을 이용하여 설정된 창 크기만큼의 화면을 표현하는 옵션
- Object : 선택한 Object를 드로잉 영역 가운데에 가장 크게 표현하는 옵션
- Realtime : 실시간 – 마우스 드래그 하여 확대/축소된 화면을 표현하는 옵션

Specify corner of window, enter a scale factor (nX or nXP), or

[All/Center/Dynamic/Extents/Previous/Scale/Window/Object] 〈real time〉: C Enter↵

← Center 옵션 선택

Specify center point: Point ← 화면의 중심을 한 점으로 설정

Enter magnification or height 〈297.0000〉: 420 ← 화면의 높이값을 입력

Command: Zoom Enter↵

Specify corner of window, enter a scale factor (nX or nXP), or

[All/Center/Dynamic/Extents/Previous/Scale/Window/Object] 〈real time〉: D Enter↵

← Dynamic 옵션 선택

← 표시되는 Dynamic창으로 화면크기 조절 후 Enter↵

Command: Zoom Enter↵

Specify corner of window, enter a scale factor (nX or nXP), or

[All/Center/Dynamic/Extents/Previous/Scale/Window/Object] 〈real time〉: S Enter↵

← Scale 옵션 선택

Enter a scale factor (nX or nXP): 2 Enter↵ ← 확대/축소 배율값 입력

Command: Zoom Enter↵

Specify corner of window, enter a scale factor (nX or nXP), or

[All/Center/Dynamic/Extents/Previous/Scale/Window/Object] 〈real time〉: Enter↵

← 돋보기 모양의 아이콘을 마우스로 드래그하여 화면의 크기 조절

5 Dist Tools ▶ Inquiry ▶ Distance 거리값

두 점 사이의 거리와 각도 및 X/Y/Z축으로의 변위값을 확인하는 명령어

Commend : Dist Enter↵

Specify first point: **Point1** ← 측정하고자 하는 두 점중 첫 번째 점 선택

Specify second point: **Point2** ← 측정하고자 하는 두 점중 두 번째 점 선택

Distance = 30.0000, Angle in XY Plane = 0, Angle from XY Plane = 0

Delta X = 30.0000, Delta Y = 0.0000, Delta Z = 0.0000

예제 6-1 식탁 I

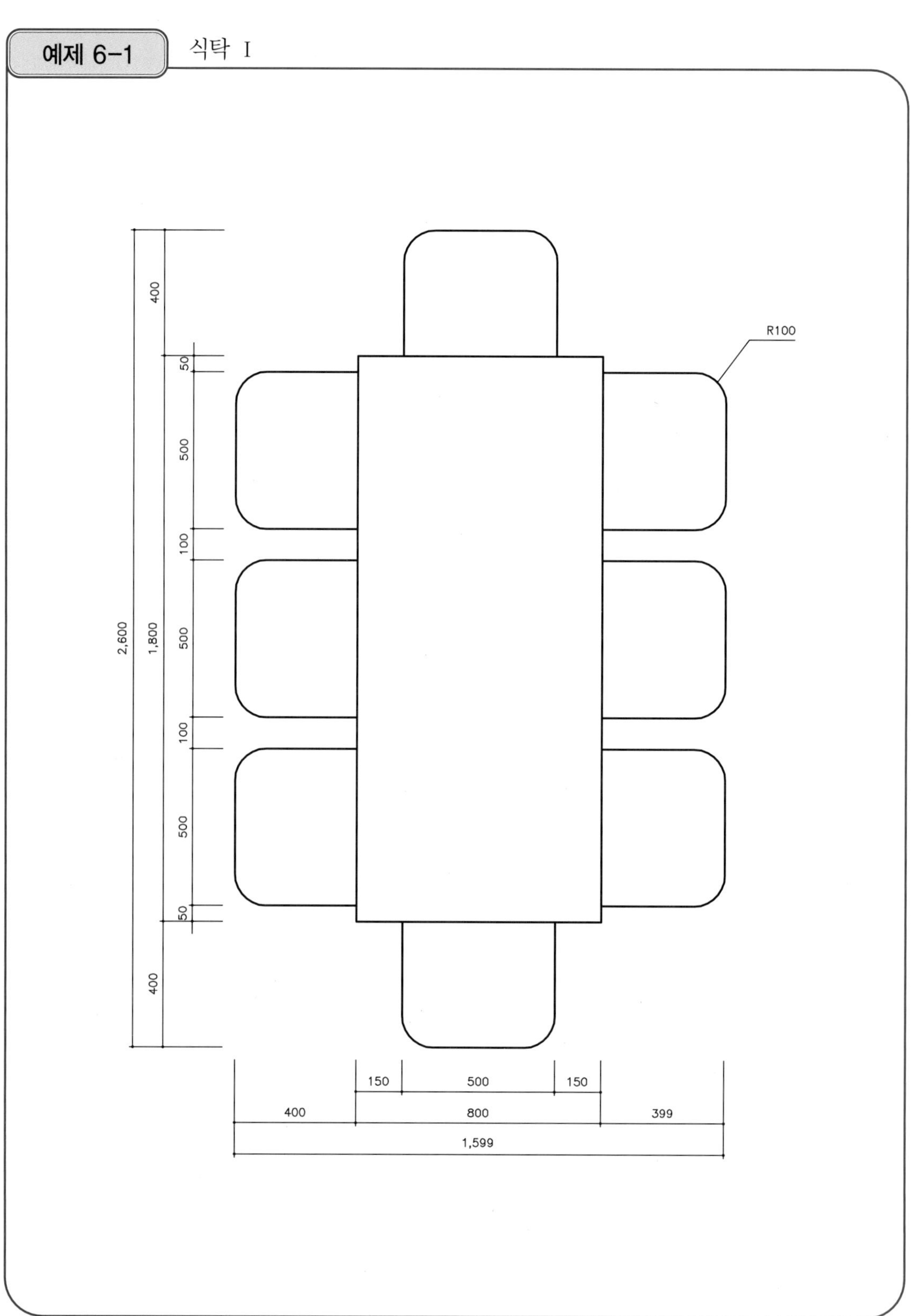
R100
400
50
500
100
500
100
500
50
400
2,600
1,800
150
500
150
400
800
399
1,599

예제 6-2 식탁 II

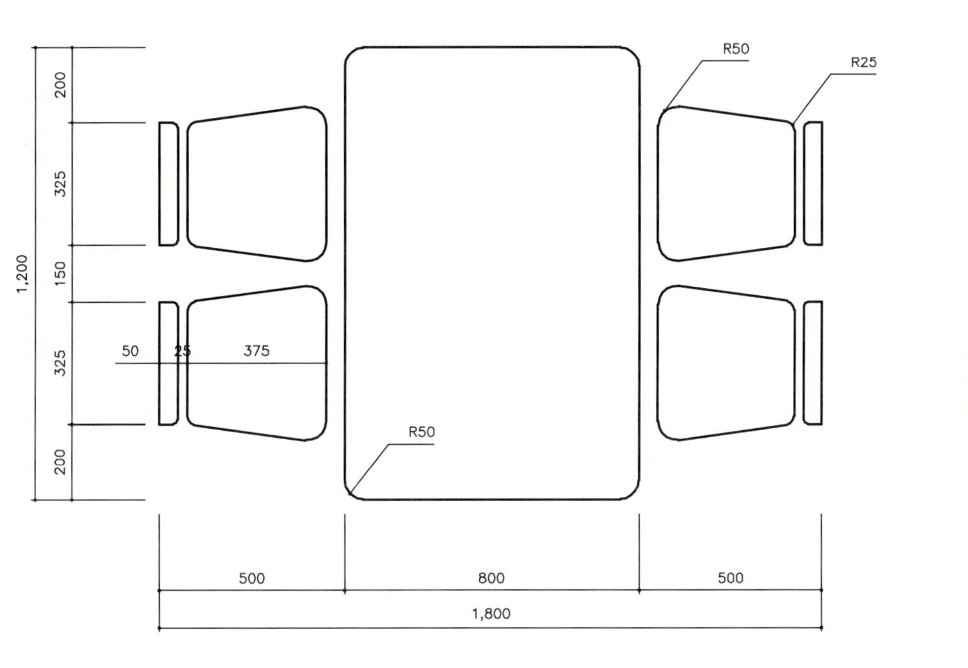
R50
R25
200
325
150
325
200
1,200
50
25
375
R50
500
800
500
1,800

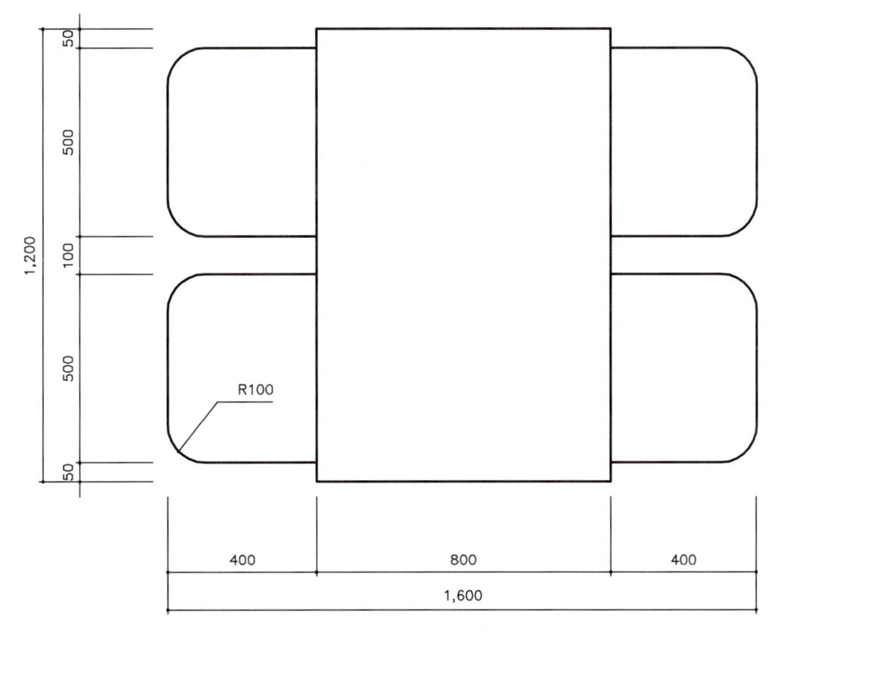
50
500
100
500
50
1,200
R100
400
800
400
1,600

예제 6-3 의자 I

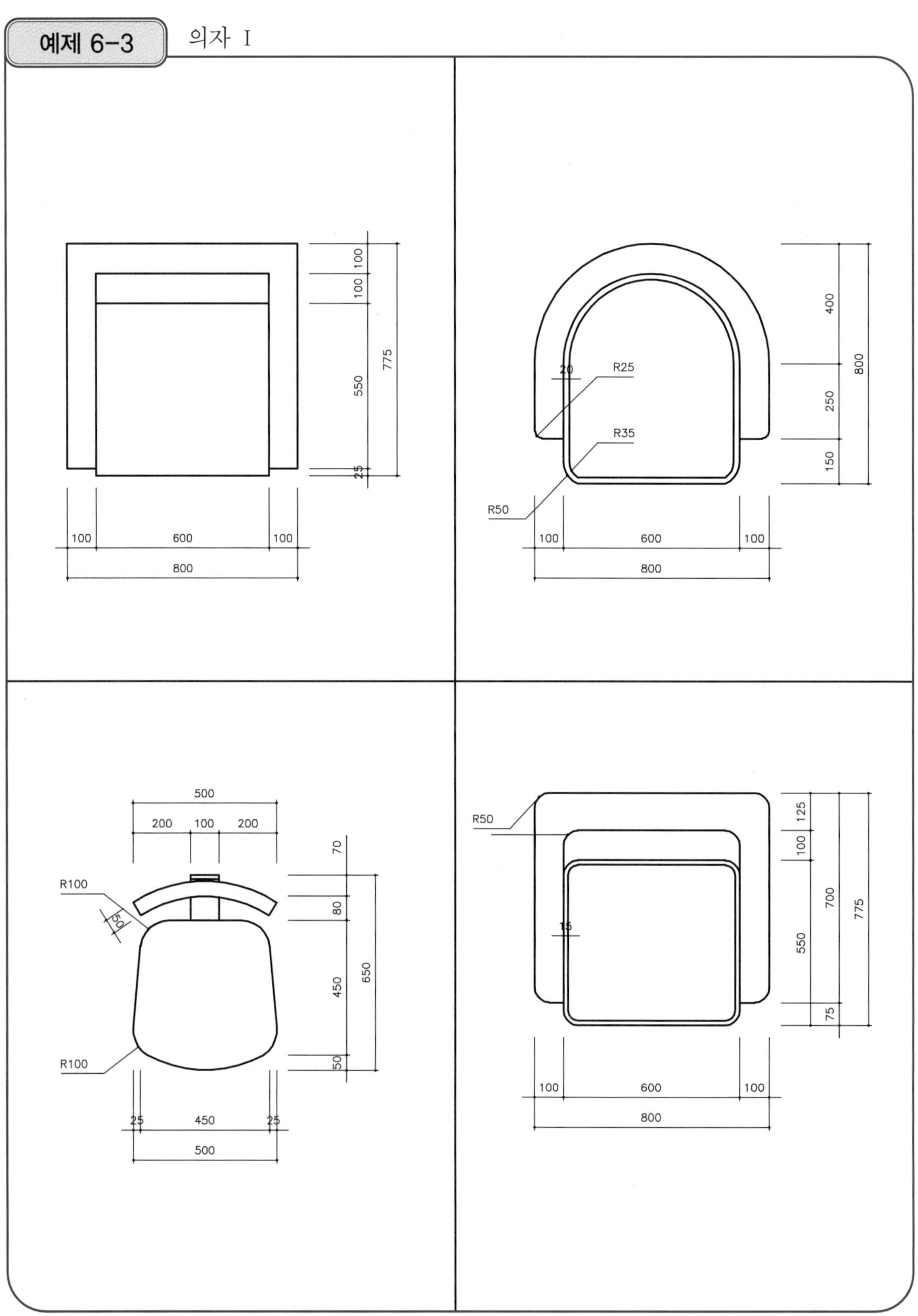
100
100
550
775
25
100
600
100
800
400
250
150
800
20
R25
R35
R50
100
600
100
800
500
200
100
200
70
80
450
650
50
R100
50
R100
25
450
25
500
R50
125
100
700
775
550
75
15
100
600
100
800

예제 6-4 의자 II

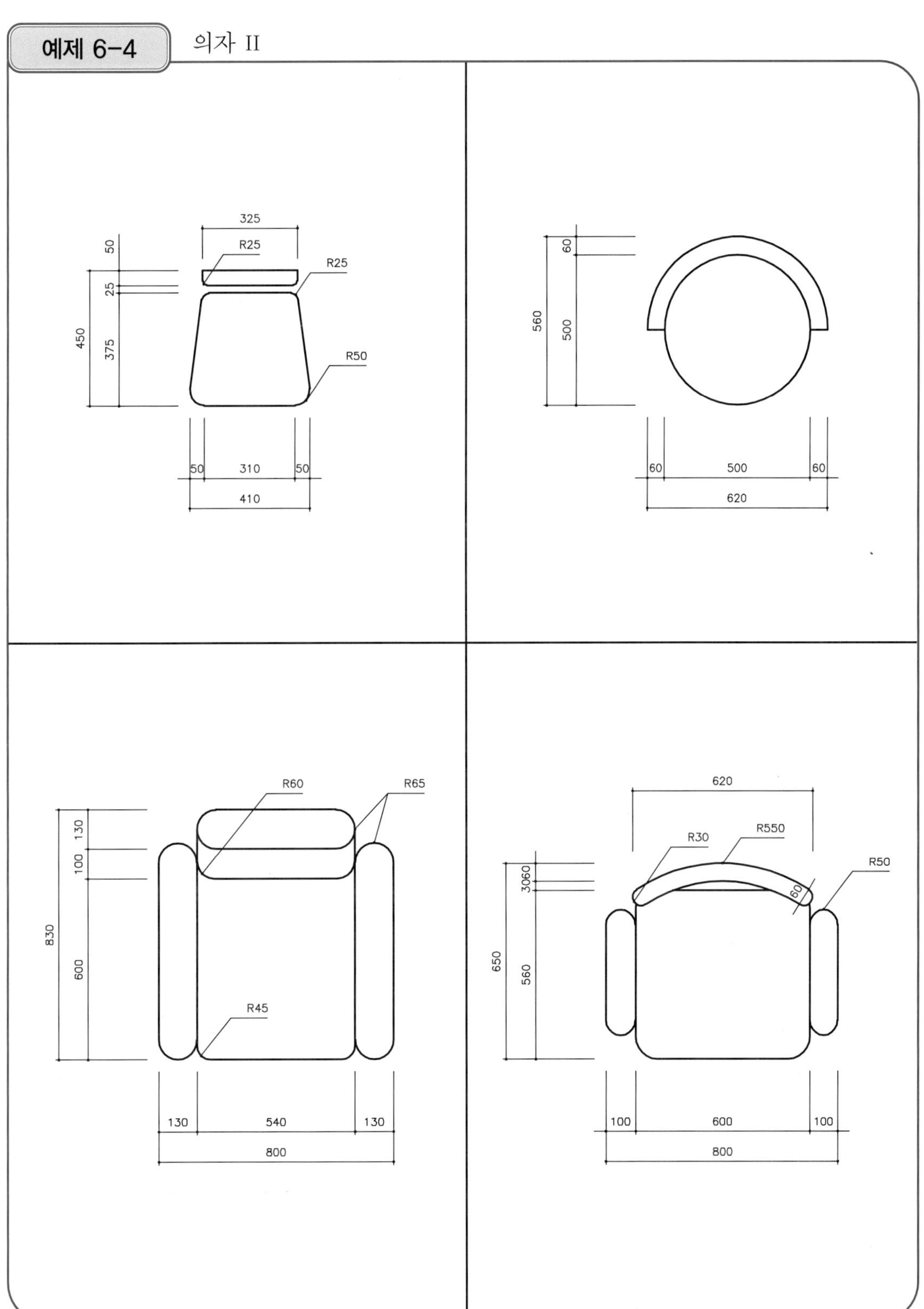

325
R25
R25
R50
50
25
450
375
50
310
50
410
60
560
500
60
500
60
620
R60
R65
130
100
830
600
R45
130
540
130
800
620
R30
R550
R50
30
60
60
650
560
100
600
100
800

예제 6-5 침대 I

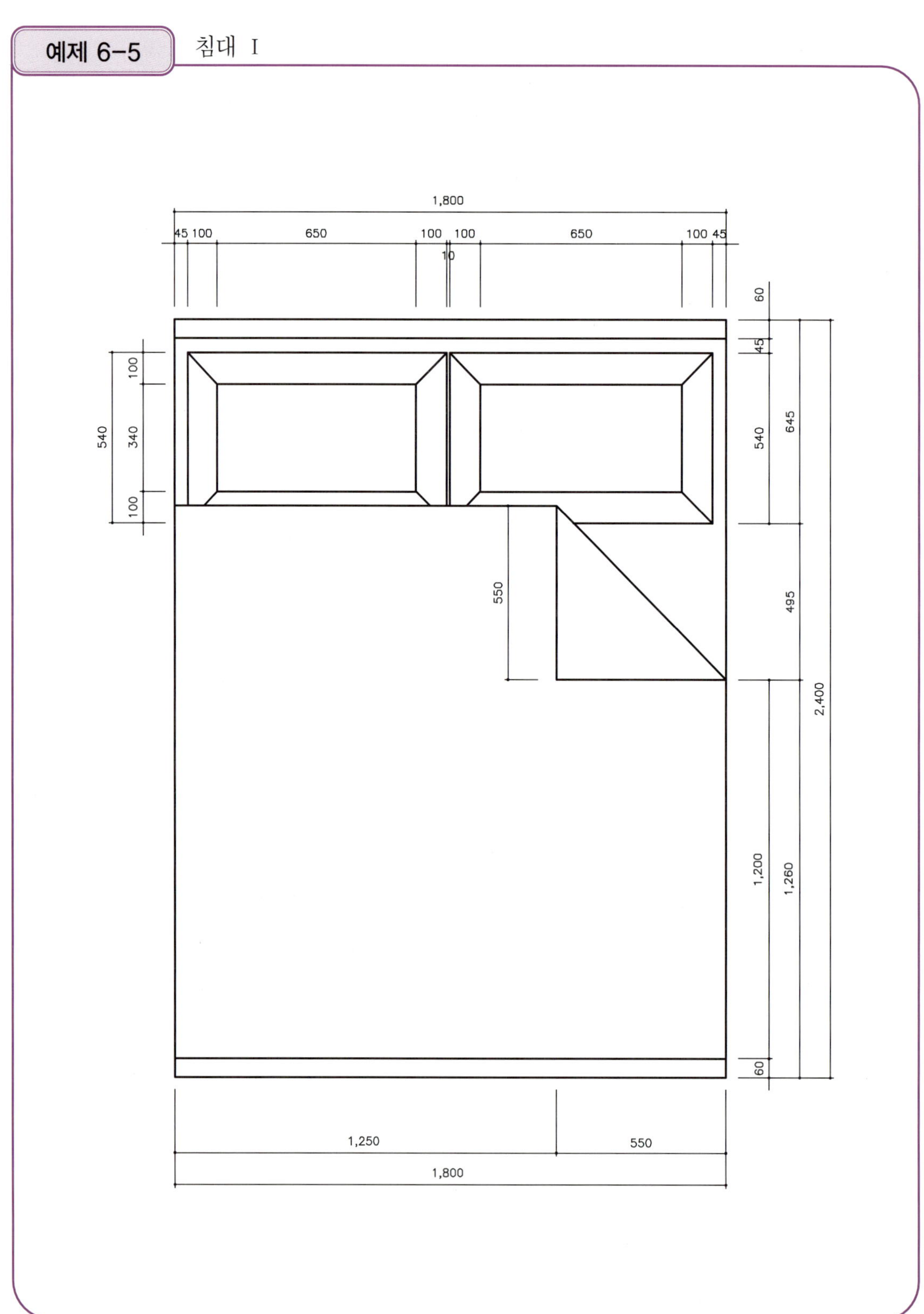
1,800
45 100
650
100 100
650
100 45
10
60
45
540
645
495
2,400
1,200
1,260
60
100
540
340
100
550
1,250
550
1,800

예제 6-6 침대 II

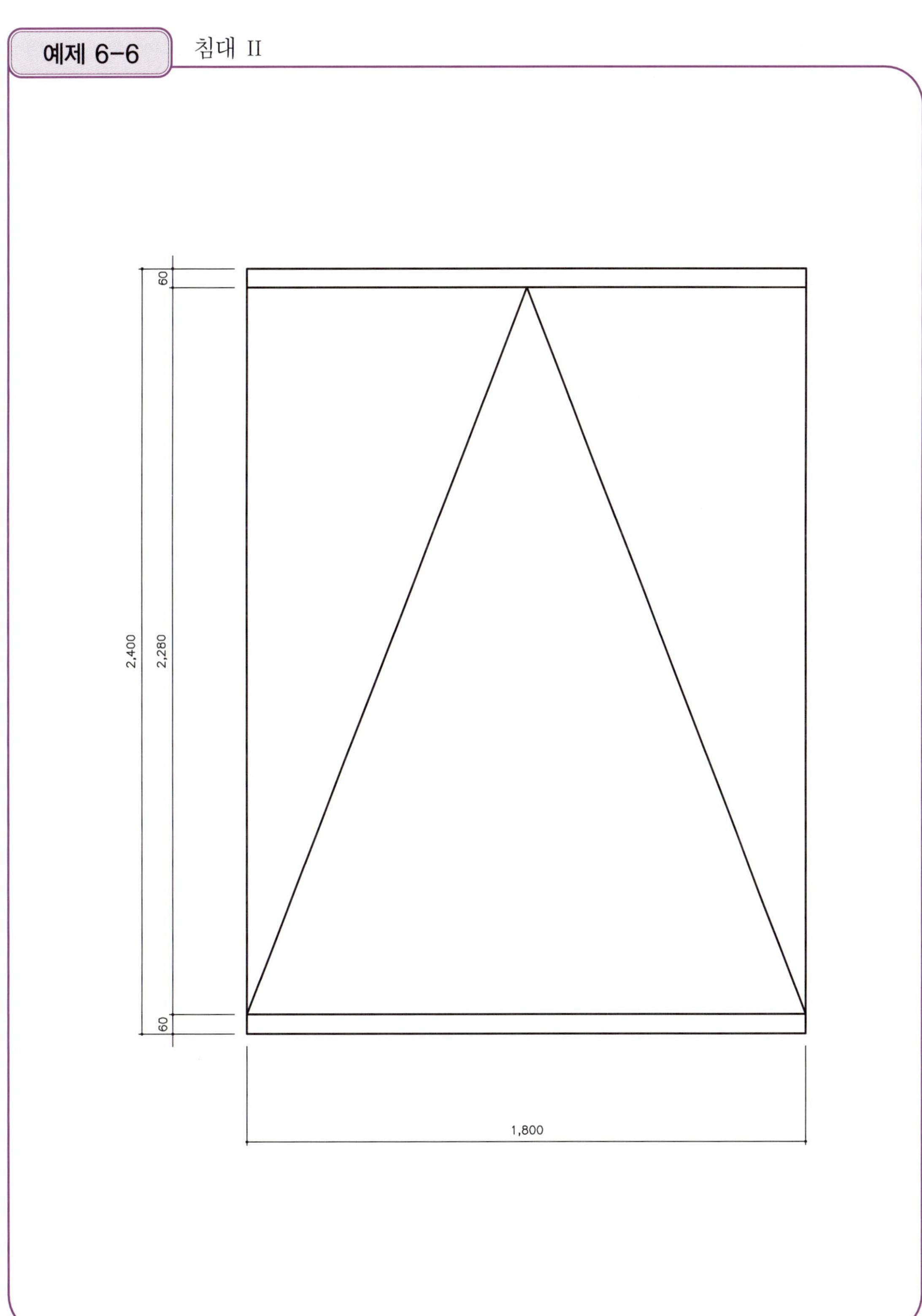

예제 6-7 침대 III

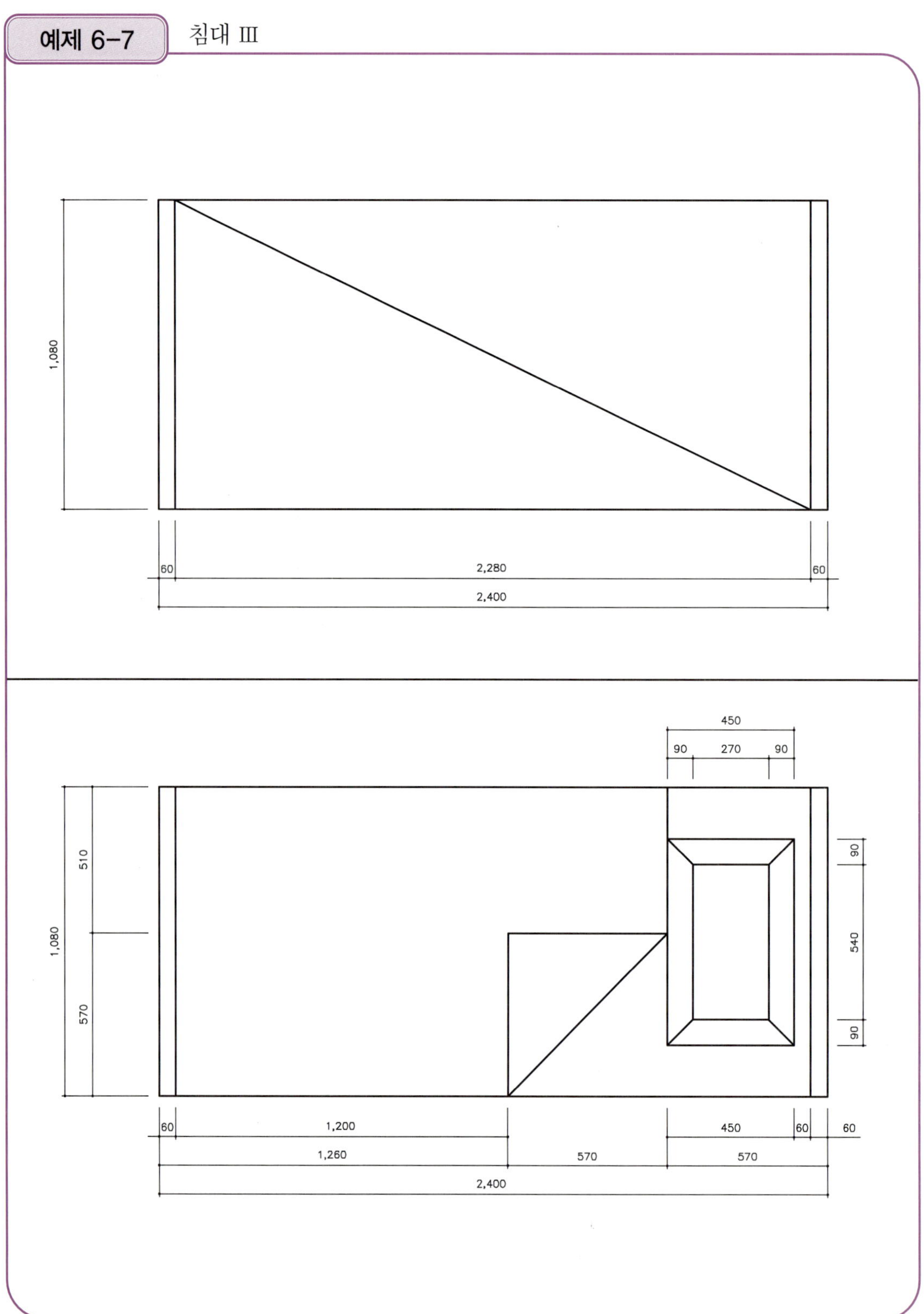
1,080
60
2,280
60
2,400
450
90
270
90
510
570
90
540
90
60
1,200
450
60
60
1,260
570
570
2,400

창문 그리기

7 Week

- Mirror
- Rotate
- Scale
- List
- Osnap

7주 창문/문

1 Mirror Modify ➔ Mirror 대칭

Object를 대칭으로 이동하거나 복사하는 명령어

Commend : Mirror [Enter↵]

Option

- **대칭복사** : 대칭 원본을 지우지 않고 복사하는 옵션
- **대칭이동** : 대칭 원본을 지우고 이동하는 옵션

Select objects: ← 대칭복사 하고자 하는 Object 선택
Select objects: ← 대칭복사 하고자 하는 Object 선택
Select objects: [Enter↵] ← 더 이상 대칭복사 하고자 하는 Object가 없으면 [Enter↵]

Specify first point of mirror line: ← 대칭선의 첫 번째 점 클릭
Specify second point of mirror line: ← 대칭선의 두 번째 점 클릭
Delete source objects? [Yes/No] 〈N〉: N [Enter↵] ← No 옵션 선택

Command: Mirror [Enter↵]

Select objects: ← 대칭이동 하고자 하는 Object 선택
Select objects: ← 대칭이동 하고자 하는 Object 선택
Select objects: [Enter↵] ← 더 이상 대칭이동 하고자 하는 Object가 없으면 [Enter↵]

Specify first point of mirror line: ← 대칭선의 첫 번째 점 클릭
Specify second point of mirror line: ← 대칭선의 두 번째 점 클릭
Delete source objects? [Yes/No] 〈N〉: Y [Enter↵] ← Yes 옵션 선택

2 Rotate　Modify ➔ Rotate　회전

Object를 회전시키는 명령어

Commend : Rotate [Enter↵]

Option
- Rotation angle : 회전 각도를 입력하는 옵션
- Reference : 기준이 되는 각도와 회전각도를 입력하는 옵션

Current positive angle in UCS: ANGDIR=counterclockwise ANGBASE=0

Select objects: ← 회전시키고자 하는 Object 선택
Select objects: ← 회전시키고자 하는 Object 선택
Select objects: [Enter↵] ← 더 이상 회전시키고자 하는 Object가 없으면 [Enter↵]
Specify base point: Point ← 회전의 기준점 클릭
Specify rotation angle or [Reference]: 45 [Enter↵] ← 회전각도 입력

Command: Rotate [Enter↵]

Current positive angle in UCS: ANGDIR=counterclockwise ANGBASE=0

Select objects: ← 회전시키고자 하는 Object 선택
Select objects: ← 회전시키고자 하는 Object 선택
Select objects: [Enter↵] ← 더 이상 회전시키고자 하는 Object가 없으면 [Enter↵]
Specify base point: Point ← 회전의 기준점 클릭
Specify rotation angle or [Reference]: R [Enter↵] ← Reference 옵션 선택
Specify the reference angle 〈0〉: 45 [Enter↵] ← 기준각도 입력
Specify the new angle: 90 [Enter↵] ← 회전각도 입력

3 Scale Modify ⇨ Scale 크기조절

Object의 크기를 조절하는 명령어

Commend : Scale Enter↵

Option

- Scale factor : 조절하고 싶은 크기의 배수를 입력하는 옵션
- Reference : 참고 길이를 사용하여 크기를 조절하는 옵션

Select objects: ← 크기조절하고자 하는 Object 선택

Select objects: ← 크기조절하고자 하는 Object 선택

Select objects: Enter↵ ← 더 이상 크기조절하고자 하는 Object가 없으면 Enter↵

Specify base point: Point ← 크기조절의 기준점 클릭

Specify scale factor or [Reference]: 2 Enter↵

← 크기조절하고자 하는 치수 입력 - 2배 확대

Command: Scale Enter↵

Select objects: ← 크기조절하고자 하는 Object 선택

Select objects: ← 크기조절하고자 하는 Object 선택

Select objects: ← 더 이상 크기조절하고자 하는 Object가 없으면 Enter↵

Specify base point: Point ← 크기조절의 기준점 클릭

Specify scale factor or [Reference]: R Enter↵ ← Reference 옵션 선택

Specify reference length ⟨1⟩: 2 Enter↵ ← 기준이 되는 길이 입력

Specify new length: 1 Enter↵ ← 크기조절하고자 하는 치수 입력 - 1/2 축소

4 List Tools ⊙ Inquiry ⊙ List 목록

Object의 정보를 조회하는 명령어

Commend : List Enter↵

Select objects: ← 정보를 조회하고자 하는 Object 선택

Select objects: Enter↵

← 더 이상 정보를 조회하고자 하는 Object가 없으면 Enter↵

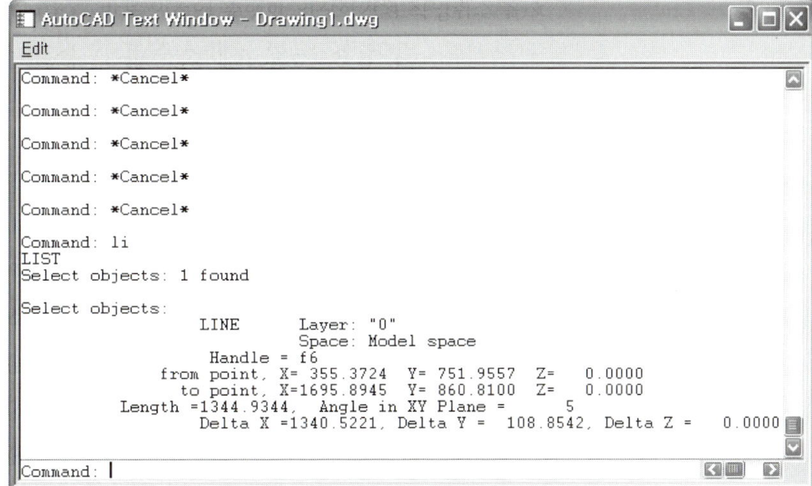

5 Osnap Tools ▶ Drafting settings ▶ Object Snap

Object스냅

자주 사용하는 Object snap을 상시 설정하여 사용하는 명령어

Commend : Osnap Enter↵

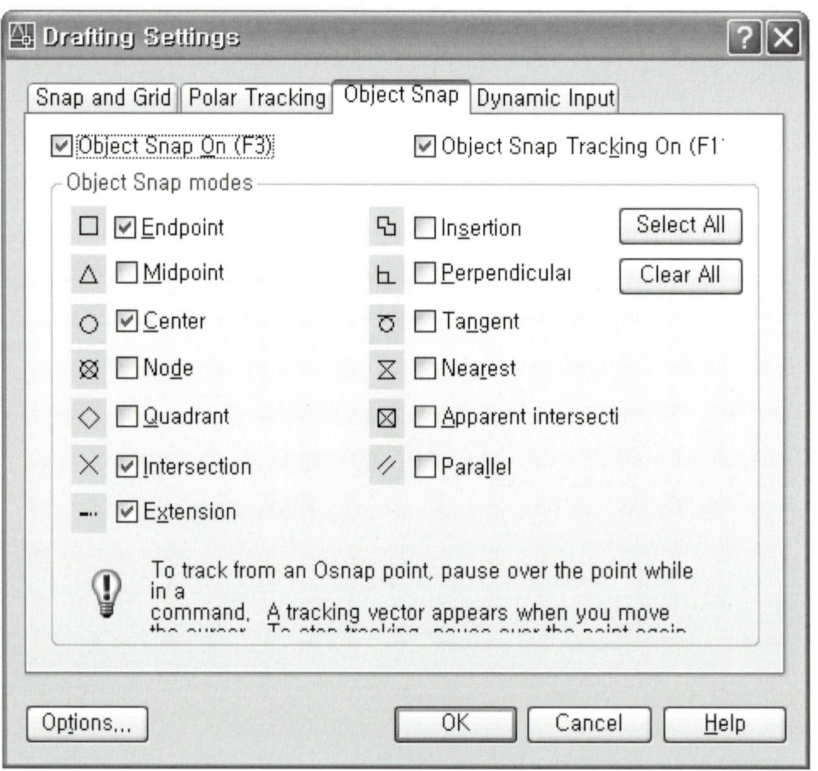

- ENDpoint : 끝점
- MIDpoint : 중간점
- CENter : 중심점
- NODE : 절점
- QUAdrant : 사분점
- INTersection : 교차점
- Extension: 연장선
- INSertion : 삽입점
- PERpendicular : 수직점
- Tangent : 접선
- NEArest point : 근처점
- Apparent Intersection : 가상교차점
- Parallel : 평행

예제 7-1 창문–입면 I

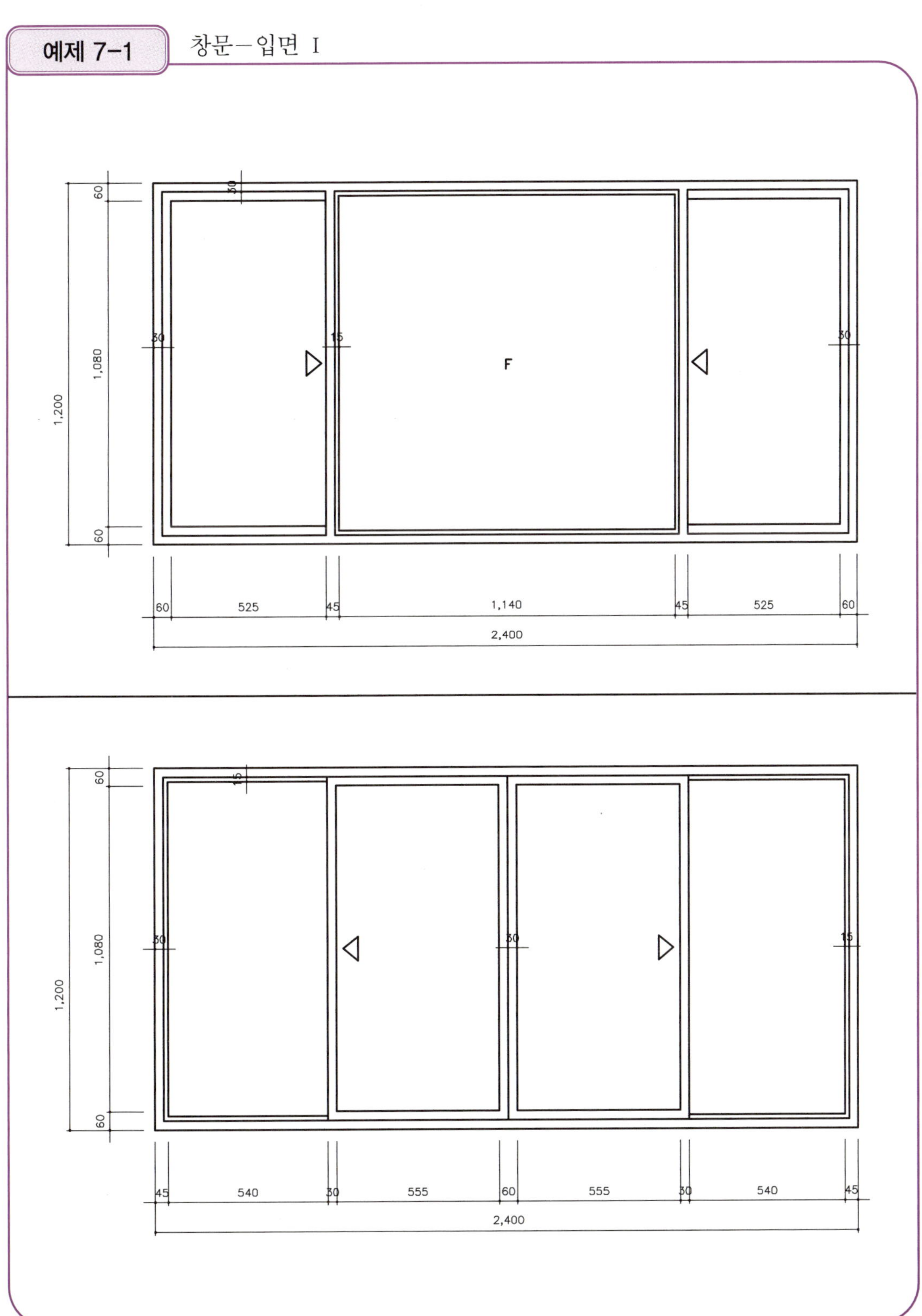
60
30
1,080
1,200
60
30
15
F
30
60
525
45
1,140
45
525
60
2,400
60
15
1,080
1,200
60
30
30
15
45
540
30
555
60
555
30
540
45
2,400

예제 7-2 창문－입면 II

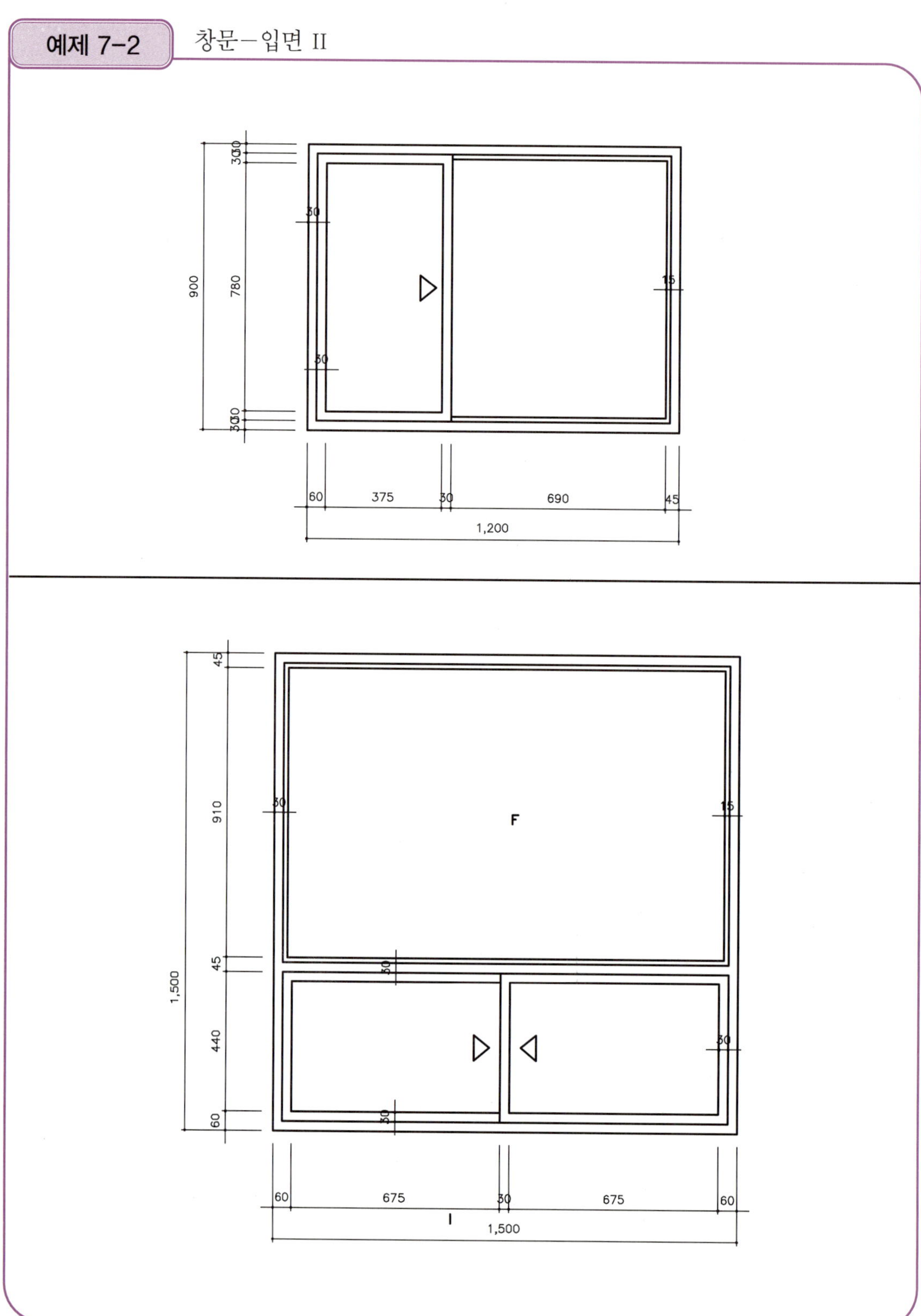
900
780
30
30
15
60
375
30
690
45
1,200
45
910
30
15
F
45
30
1,500
440
30
60
30
60
675
30
675
60
1,500

예제 7-3 창문–입면 Ⅲ

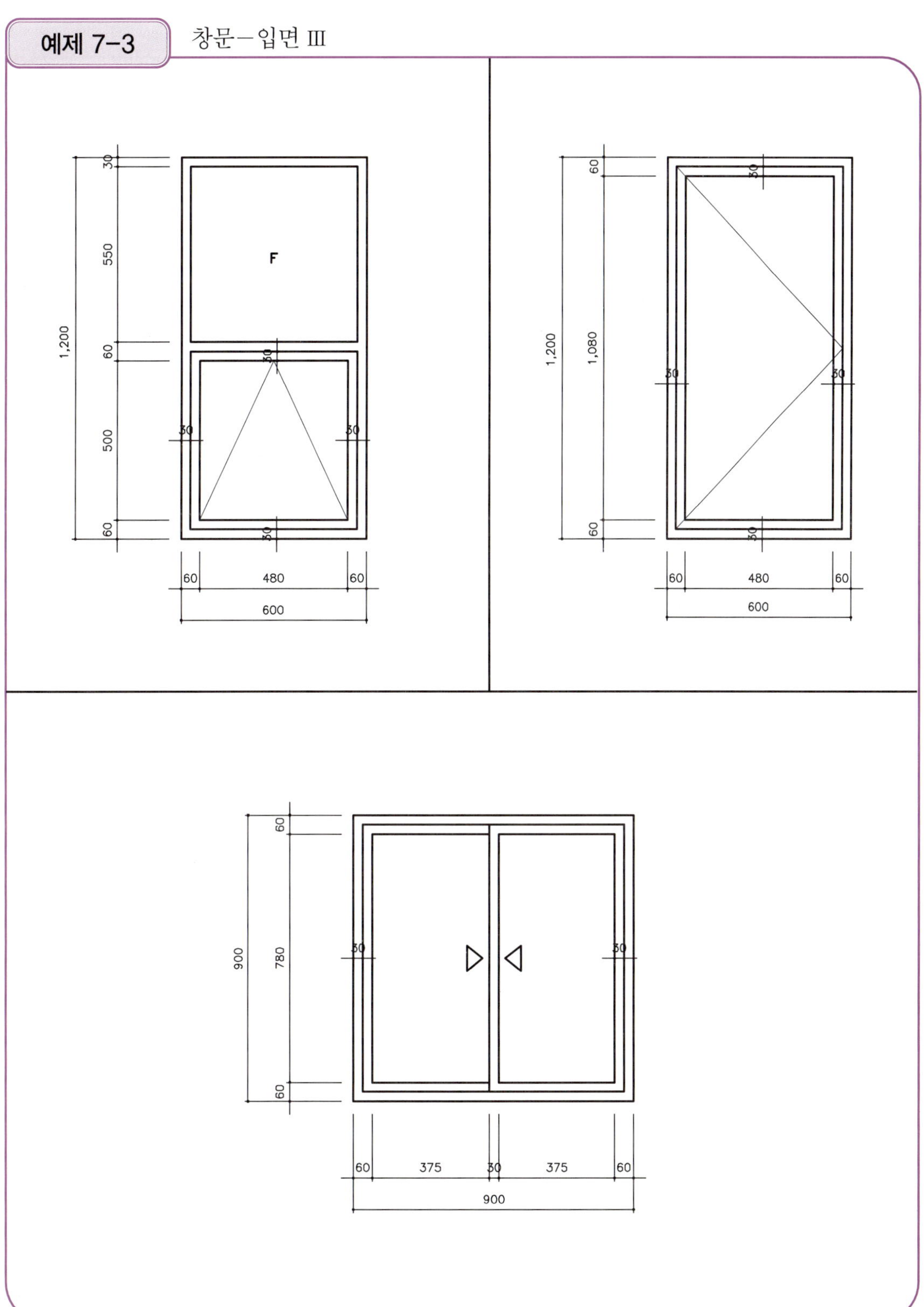

F
1,200
30
550
60
30
500
60
30
30
30
60
480
60
600
1,200
60
1,080
60
30
30
30
30
60
480
60
600
900
60
780
60
30
30
60
375
30
375
60
900

예제 7-4 문-입면 I

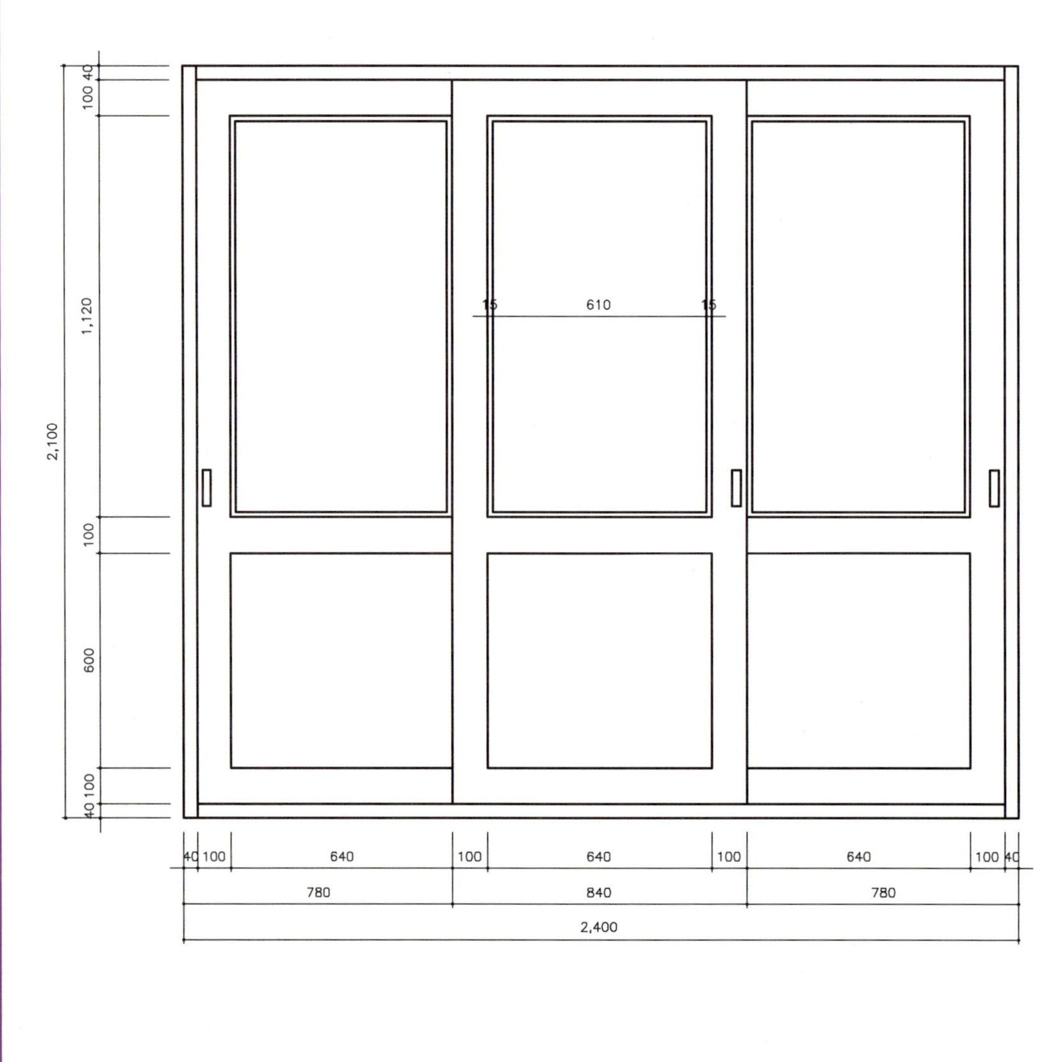

100 40
1,120
2,100
100
600
40 100
15
610
15
40 100
640
100
640
100
640
100 40
780
840
780
2,400

예제 7-5 문-입면 II

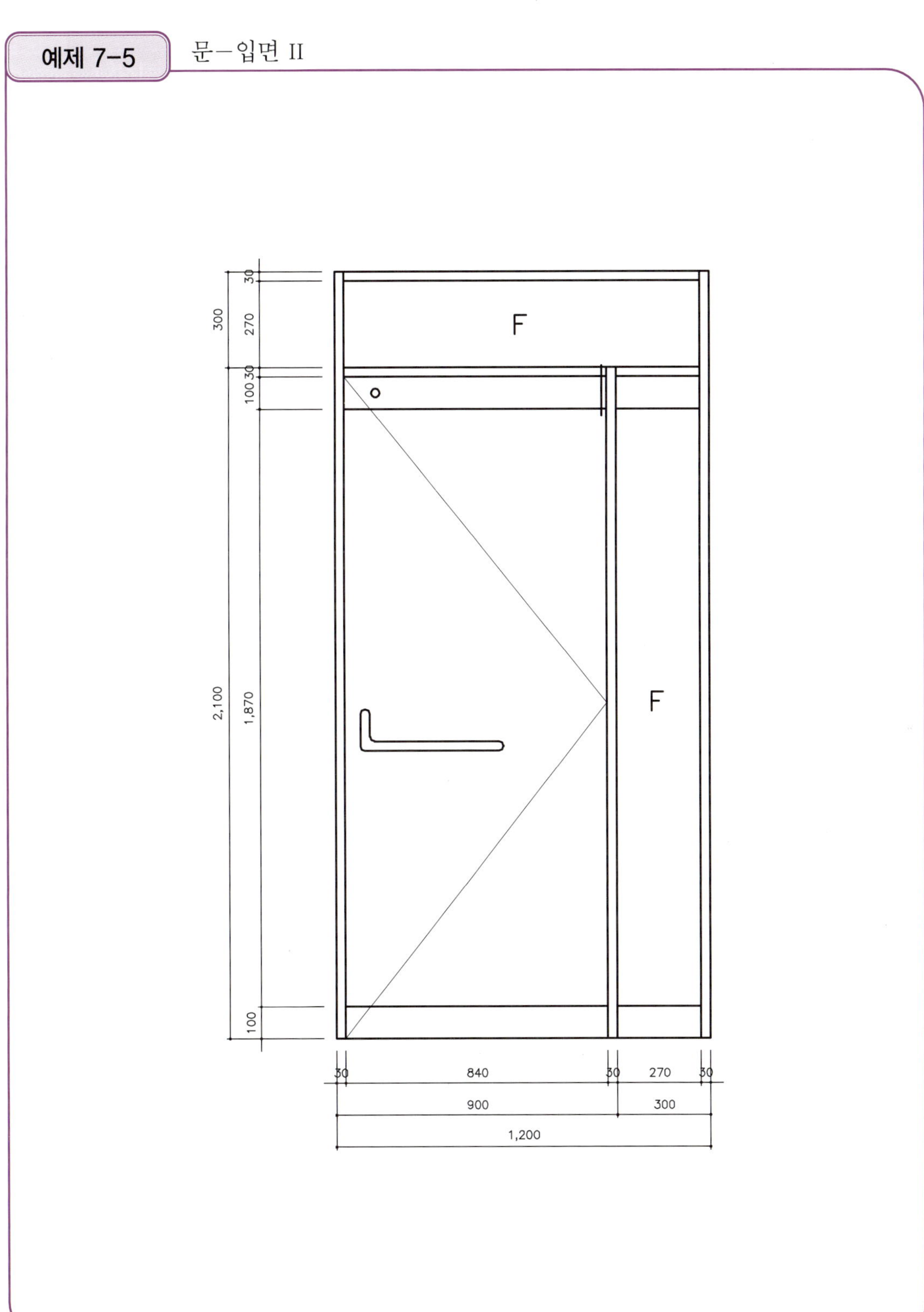

예제 7-6 문–입면 Ⅲ

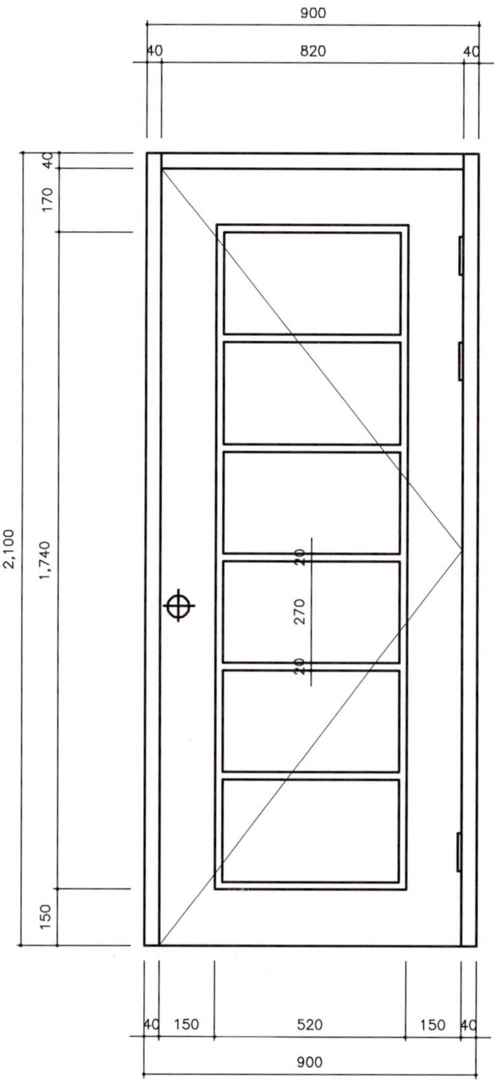

900
40 820 40
40
170
2,100
1,740
20
270
20
150
40 150 520 150 40
900

예제 7-7 문－입면 IV

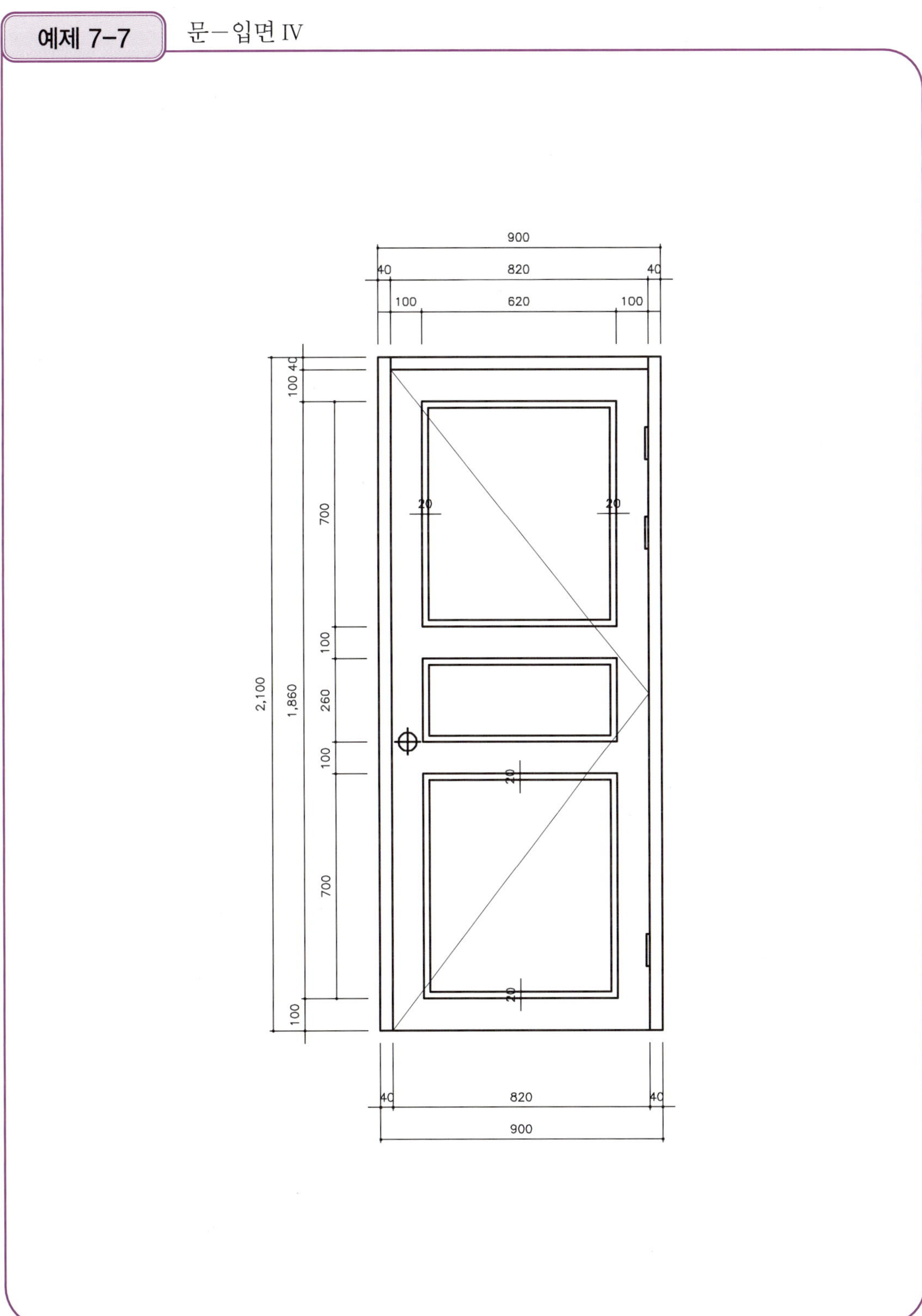
900
40
820
40
100
620
100
2,100
1,860
100 40
700
100
260
100
700
100
20
20
20
20
40
820
40
900

예제 7-8 문–입면 V

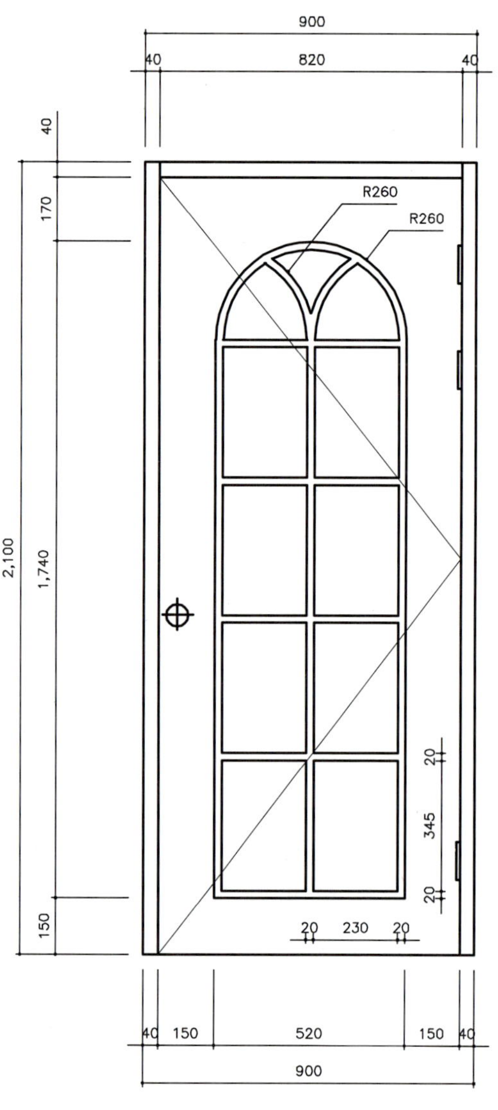
900
40
820
40
R260
R260
40
170
2,100
1,740
150
20
345
20
20
230
20
40
150
520
150
40
900

예제 7-9 문－입면 VI

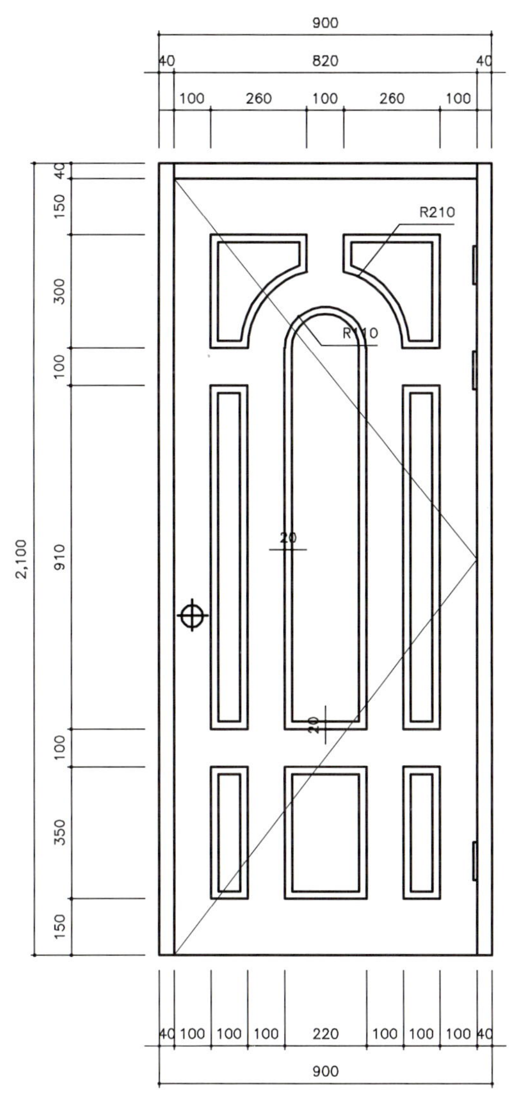
900
40
820
40
100
260
100
260
100
R210
R110
20
20
40
150
300
100
2,100
910
100
350
150
40
100
100
100
220
100
100
100
40
900

예제 7-10 창문-평면 I

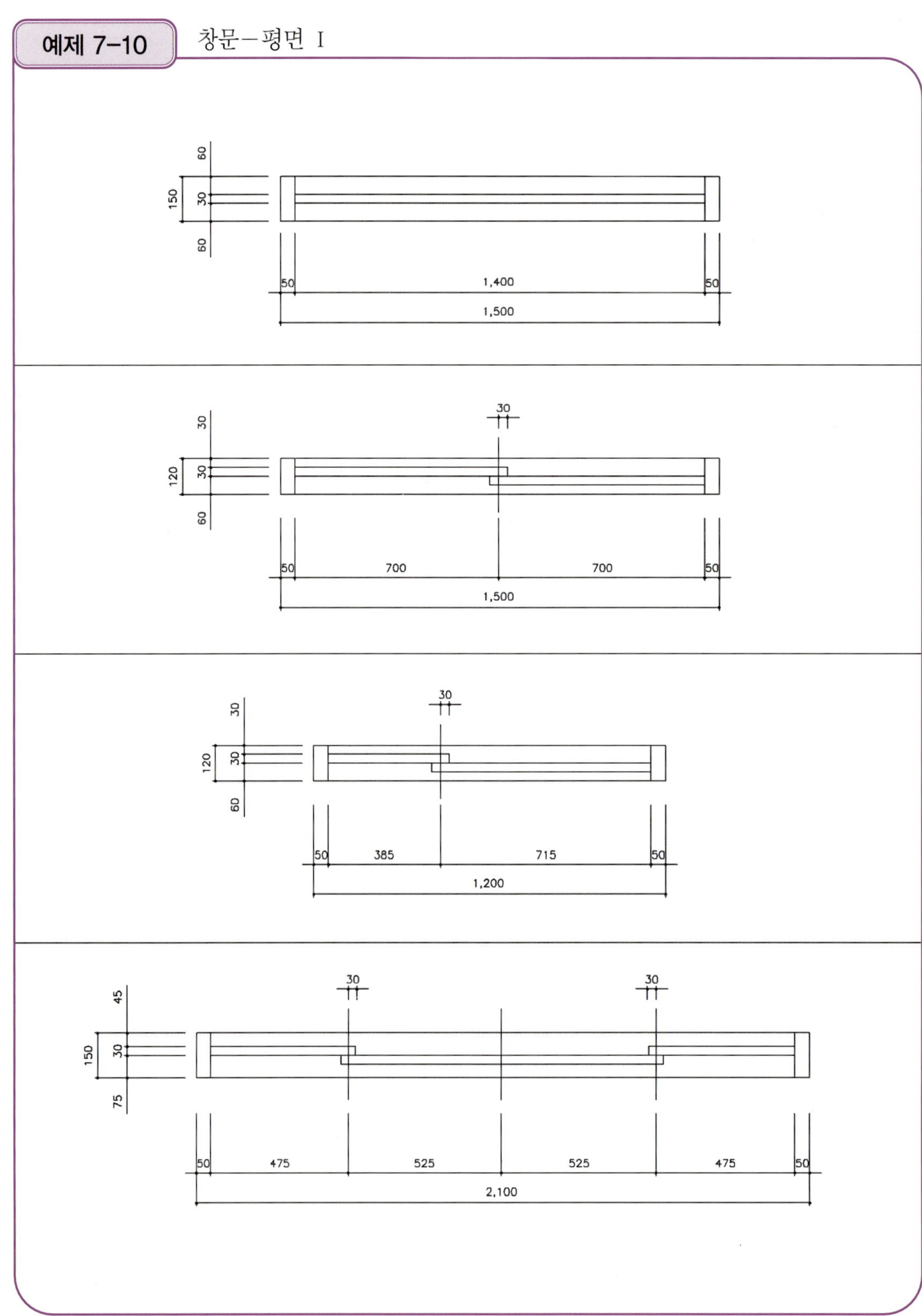
60
150
30
60
50
1,400
50
1,500
30
30
120
30
60
50
700
700
50
1,500
30
30
120
30
60
50
385
715
50
1,200
30
30
45
150
30
75
50
475
525
525
475
50
2,100

예제 7-11 창문–평면 II

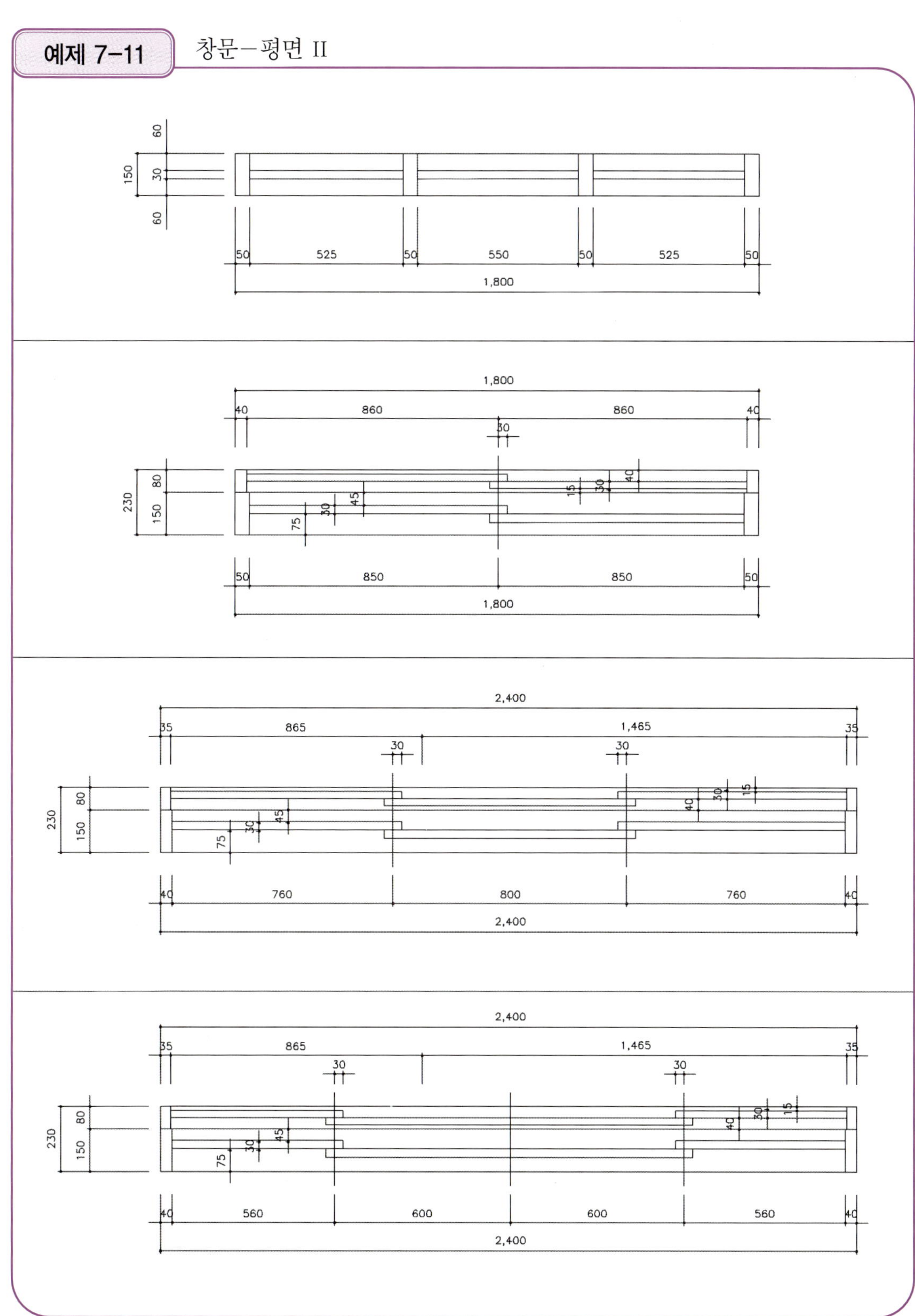

테이블 그리기

8 Week

- Array
- Stretch
- Chamfer
- Ortho

8주 **테이블/문**

1 Array Modify ⮕ Array 배열

Object를 사각형이나 원형으로 복사하여 배열하는 명령어

Commend : Array [Enter↵]

Option

- Rectangular : Object를 사각형으로 배열하는 옵션
- Polar : Object를 원형으로 배열하는 옵션

■ Rectangular Array

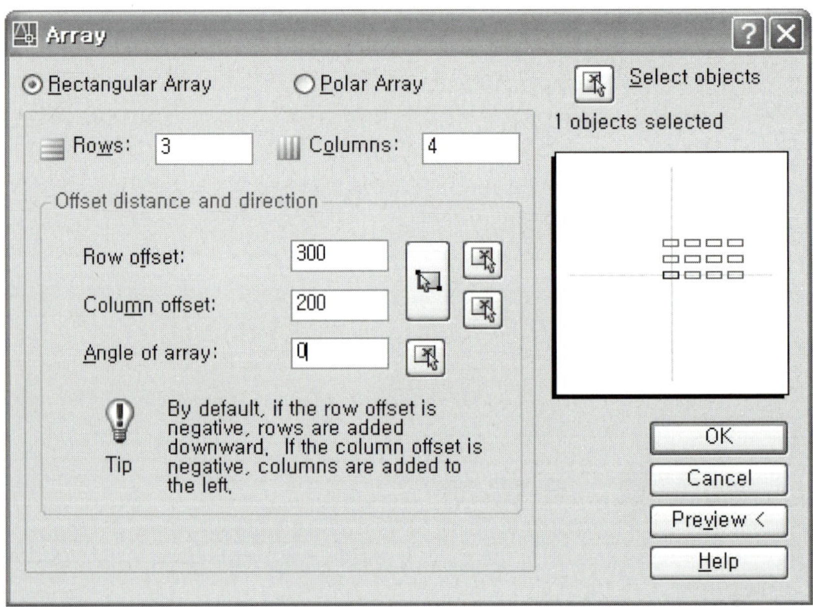

- Select objects - 객체 선택 : 배열 구성을 위해 사용할 Object를 선택하는 옵션
- Rows - 줄의 수 : 배열 내 줄의 수를 지정하는 옵션
- Columns - 칸의 수 : 배열 내 칸의 수를 지정하는 옵션
- Offset distance and direction - 간격띄우기와 방향 설정 :
  배열의 간격띄우기를 설정하기 위한 거리와 방향을 지정하는 옵션

- Row offset - 줄 간격띄우기 : 각 줄 사이의 거리값을 지정하는 옵션
- Column offset - 칸 간격띄우기 : 각 칸 사이의 거리값을 지정하는 옵션
- Angle of array - 배열 각도 : 회전 각도를 지정하는 옵션

■ Polar Array

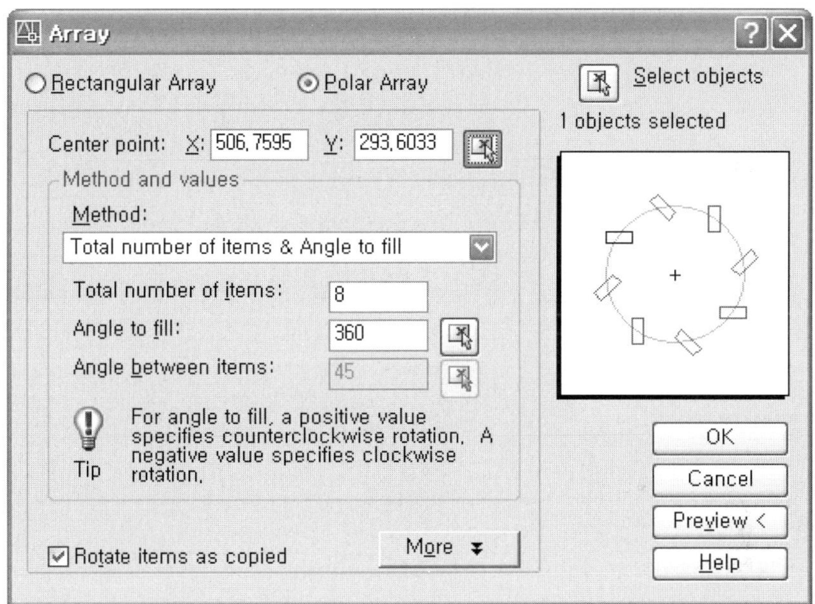

- Select objects - 객체 선택 : 배열 구성을 위해 사용할 Object를 선택하는 옵션
- Center point - 중심점 지정 : 원형 형태로 배열 될 중심점을 지정하는 옵션
- Method and values
  - Method

    Total number of items & Angle to fill : Object의 수와 전체 배열 각도 입력

    Total number of items & Angle between items : Object의 수와 각 Object 사이의 각도 입력

    Angle to fill & Angle between items : 각 Object 사이의 각도와 전체 배열 각도 입력
  - Total number of items : 배열되는 Object의 수 지정
  - Angle to fill : 전체 배열 각도 지정
  - Angle between items : 각 Object 사이의 각도 지정
- Rotate items as copied : Object가 회전하면서 배열되는 옵션

2 Stretch Modify ➡ Stretch 늘이기

Object를 늘이거나 줄이는 명령어

Commend : Stretch [Enter↵]

Select objects: C [Enter↵] ← 늘이고자 하는 Object를 선택옵션 Cross로 선택

Specify first corner: Point1 [Enter↵] ← Cross 옵션의 한 점 클릭

Specify opposite corner: Point2 [Enter↵] ← Cross 옵션의 다른 한 점 클릭

Specify base point or displacement: Point3 [Enter↵] ← 늘이기 위한 기준점 클릭

Specify second point of displacement: Point4 [Enter↵]
← 변위점을 클릭하거나 좌표값 입력

3 Chamfer Modify ◯ Chamfer 모따기

Object의 모서리를 일정한 길이만큼 따내는 명령어

Commend : Chamfer Enter↵

Option

- **Select first line** : 모따기할 Object를 선택하는 옵션
- **Undo** : 이전 단계로 되돌리는 옵션
- **Polyline** : Polyline으로 이루어진 Object의 모든 모서리를 한번에 모따기 하는 옵션
- **Distance** : 모따기할 Object의 모따기 거리값을 조절하는 옵션
- **Angle** : 모따기할 Object의 첫 번째 Object의 거리값과 각도를 이용하여 모따기를 하는 옵션
- **Trim** : 모따기를 할 때 모서리를 자를 것인지에 대한 여부를 묻는 옵션
- **Method** : Distance 옵션과 Angle 옵션을 선택하는 옵션
- **Multiple** : 두 세트 이상의 도면 요소 모서리를 모따기 하는 옵션

(TRIM mode) Current chamfer Dist1 = 10.0000, Dist2 = 10.0000
Select first line or [Undo/Polyline/Distance/Angle/Trim/mEthod/Multiple]:
← 모따기할 첫 번째 Object 선택
Select second line: ← 모따기할 두 번째 Object 선택

Command : Chamfer Enter↵

(TRIM mode) Current chamfer Dist1 = 10.0000, Dist2 = 10.0000
Select first line or [Undo/Polyline/Distance/Angle/Trim/mEthod/Multiple]: P Enter↵
← Polyline 옵션 선택
Select 2D polyline: 4 lines were chamfered

Command : **Chamfer** Enter↵

(TRIM mode) Current chamfer Dist1 = 10.0000, Dist2 = 10.0000

Select first line or [Undo/Polyline/Distance/Angle/Trim/mEthod/Multiple]:

D Enter↵ ← Distance 옵션 선택

Specify first chamfer distance ⟨10.0000⟩: 5 Enter↵ ← 첫 번째 모따기 길이 입력

Specify second chamfer distance ⟨5.0000⟩: 5 Enter↵ ← 두 번째 모따기 길이 입력

Command : **Chamfer** Enter↵

(TRIM mode) Current chamfer Dist1 = 5.0000, Dist2 = 5.0000

Select first line or [Undo/Polyline/Distance/Angle/Trim/mEthod/Multiple]: A Enter↵

← Angle 옵션 선택

Specify chamfer length on the first line ⟨20.0000⟩: 10 Enter↵ ← 모따기 길이 입력

Specify chamfer angle from the first line ⟨0⟩: 45 Enter↵ ← 모따기 각도 입력

Command : **Chamfer** Enter↵

(TRIM mode) Current chamfer Length = 10.0000, Angle = 45

Select first line or [Undo/Polyline/Distance/Angle/Trim/mEthod/Multiple]: T Enter↵

← Trim 옵션 선택

Enter Trim mode option [Trim/No trim] ⟨Trim⟩: N Enter↵ ← No Trim 옵션 선택

Select first line or [Polyline/Distance/Angle/Trim/Method]:

← 모따기할 첫 번째 Object 선택

Select second line: ← 모따기할 두 번째 Object 선택

Command : **Chamfer** Enter↵

(NOTRIM mode) Current chamfer Length = 20.0000, Angle = 45

Select first line or [Undo/Polyline/Distance/Angle/Trim/mEthod/Multiple]: E Enter↵

← Method 옵션 선택

Enter trim method [Distance/Angle] ⟨Angle⟩: D Enter↵ ← Distance 옵션 선택

Select first line or [Polyline/Distance/Angle/Trim/Method]:

← 모따기할 첫 번째 Object 선택

• Select second line: ← 모따기할 두 번째 Object 선택

4 Ortho

직교

마우스가 수직/수평으로만 움직이게하는 도면작업의 보조기능 - 기능키 F8

Commend : Ortho Enter↵

Option

- ON : 마우스를 수직/수평으로만 움직이게 하는 옵션
- OFF : Ortho를 사용하지 않는다는 옵션

Enter mode [ON/OFF] 〈ON〉: ON Enter↵ ← On 옵션 선택

Command: Ortho Enter↵

Enter mode [ON/OFF] 〈OFF〉: OFF Enter↵ ← Off 옵션 선택

예제 8-1 테이블 I

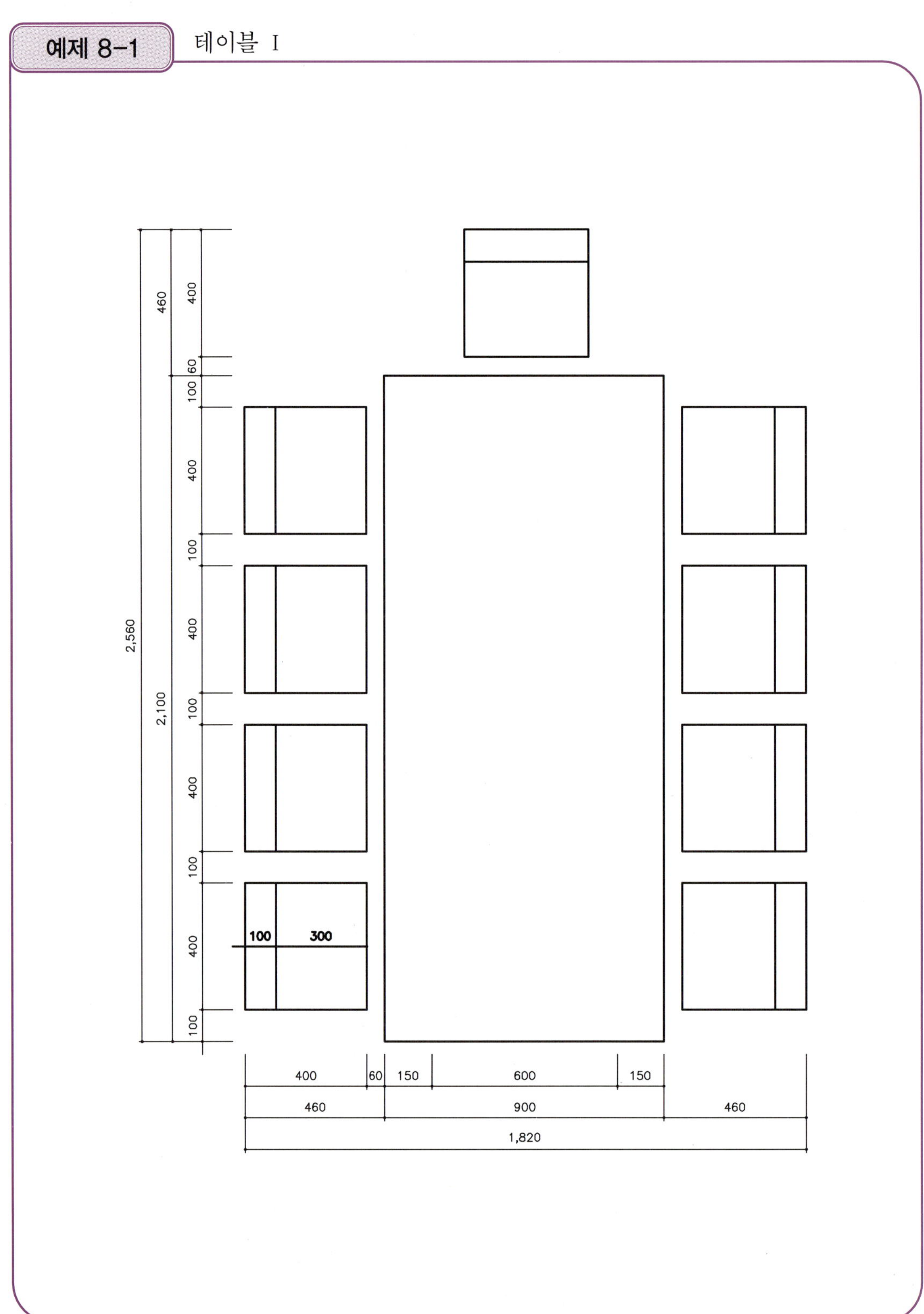

400
460
60
100
400
100
400
2,560
2,100
100
400
100
100
300
400
100
400
60
150
600
150
460
900
460
1,820

예제 8-2 테이블 II

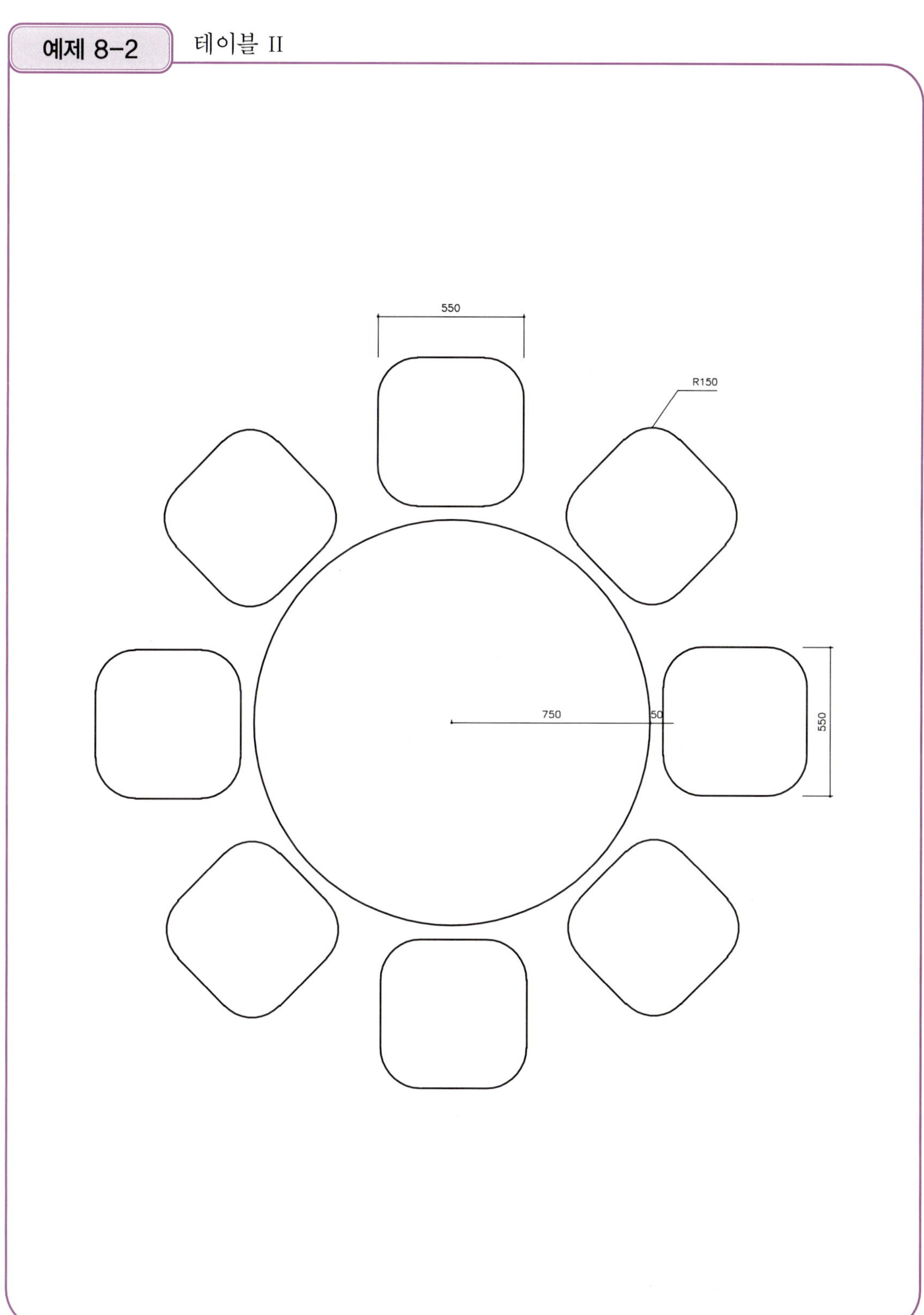

예제 8-3 테이블 III

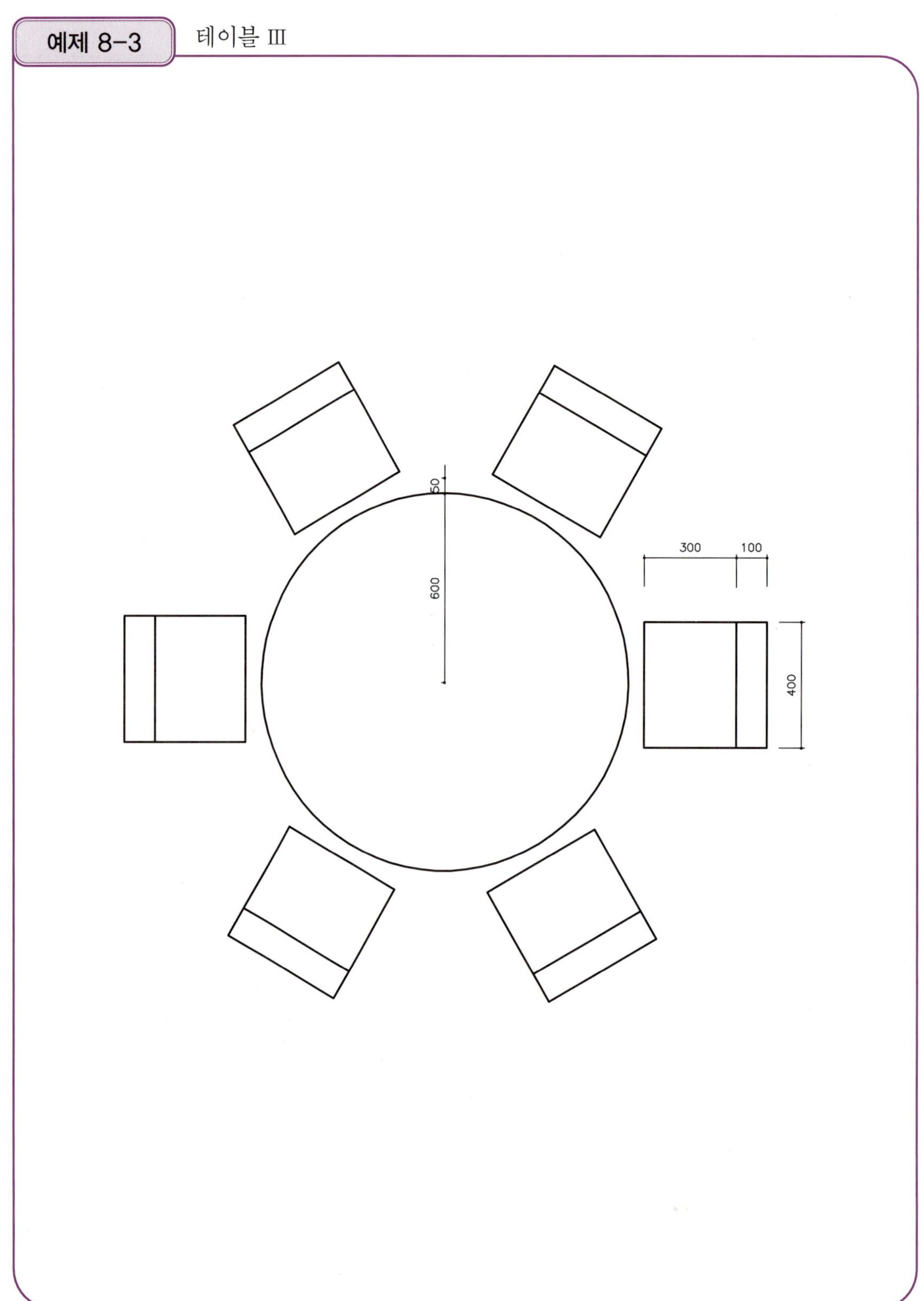

예제 8-4 테이블 IV

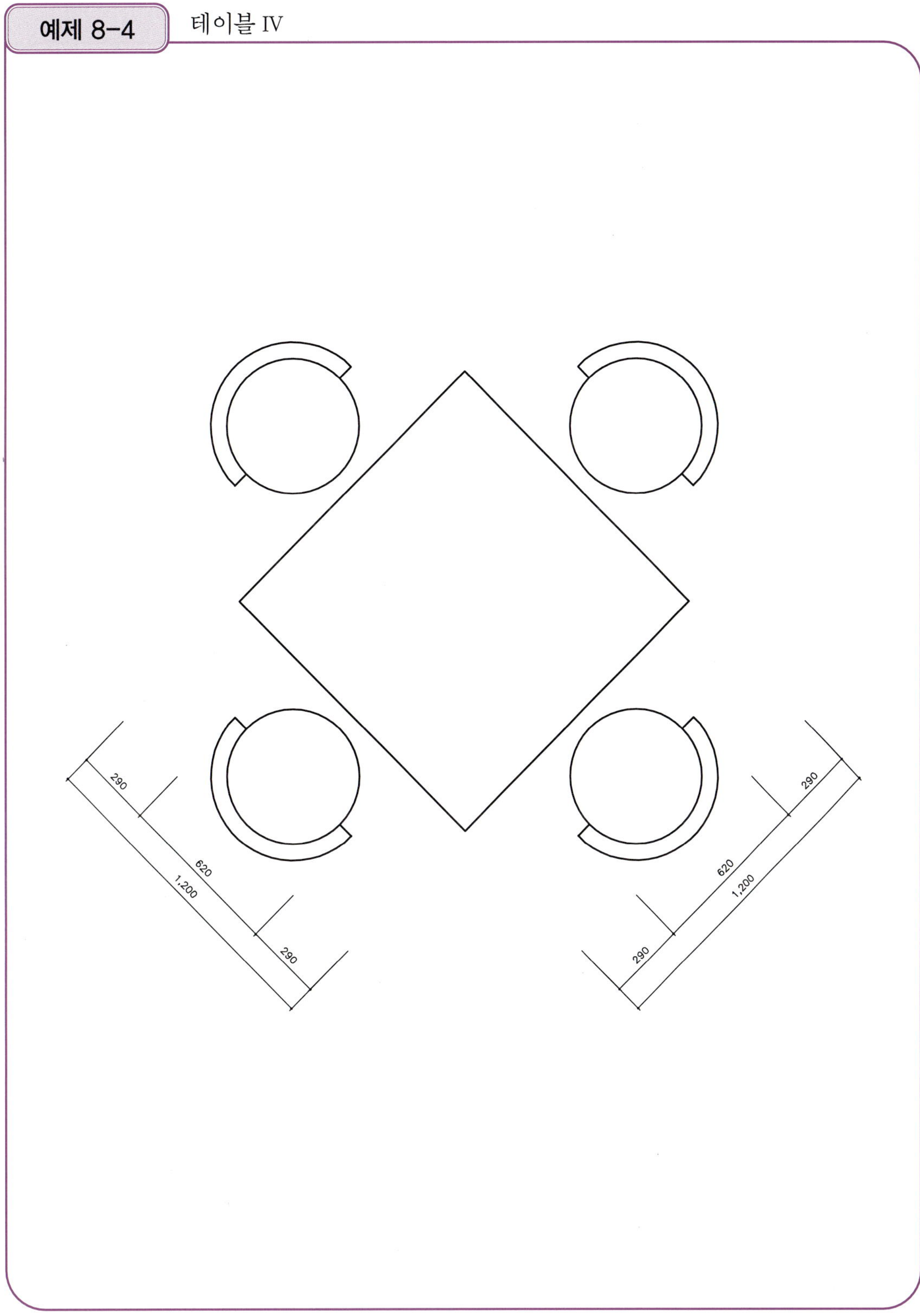

예제 8-5 테이블 V

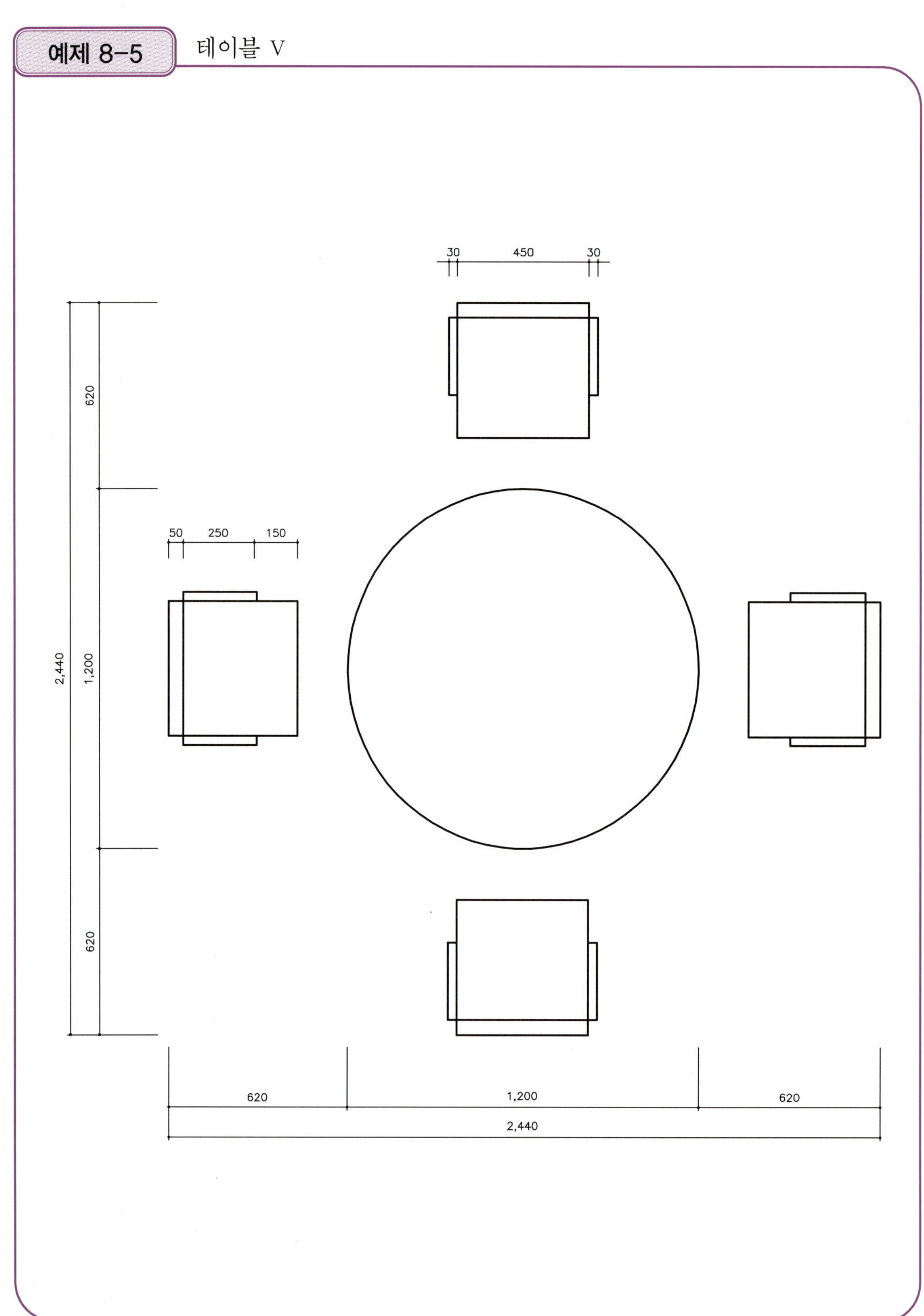

예제 8-6 문-입면 I

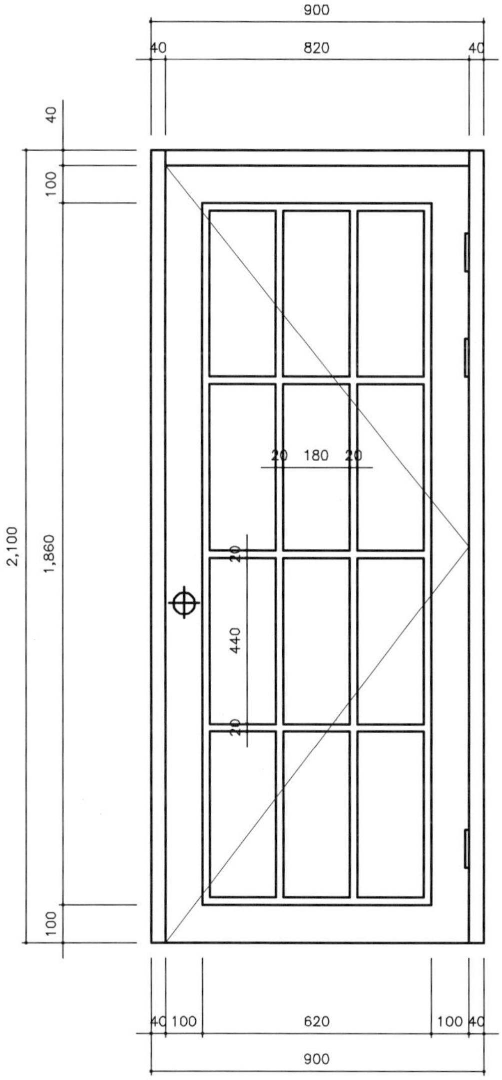

900
40
820
40
40
100
2,100
1,860
100
20
180
20
20
440
20
40
100
620
100
40
900

예제 8-7 문–입면 II

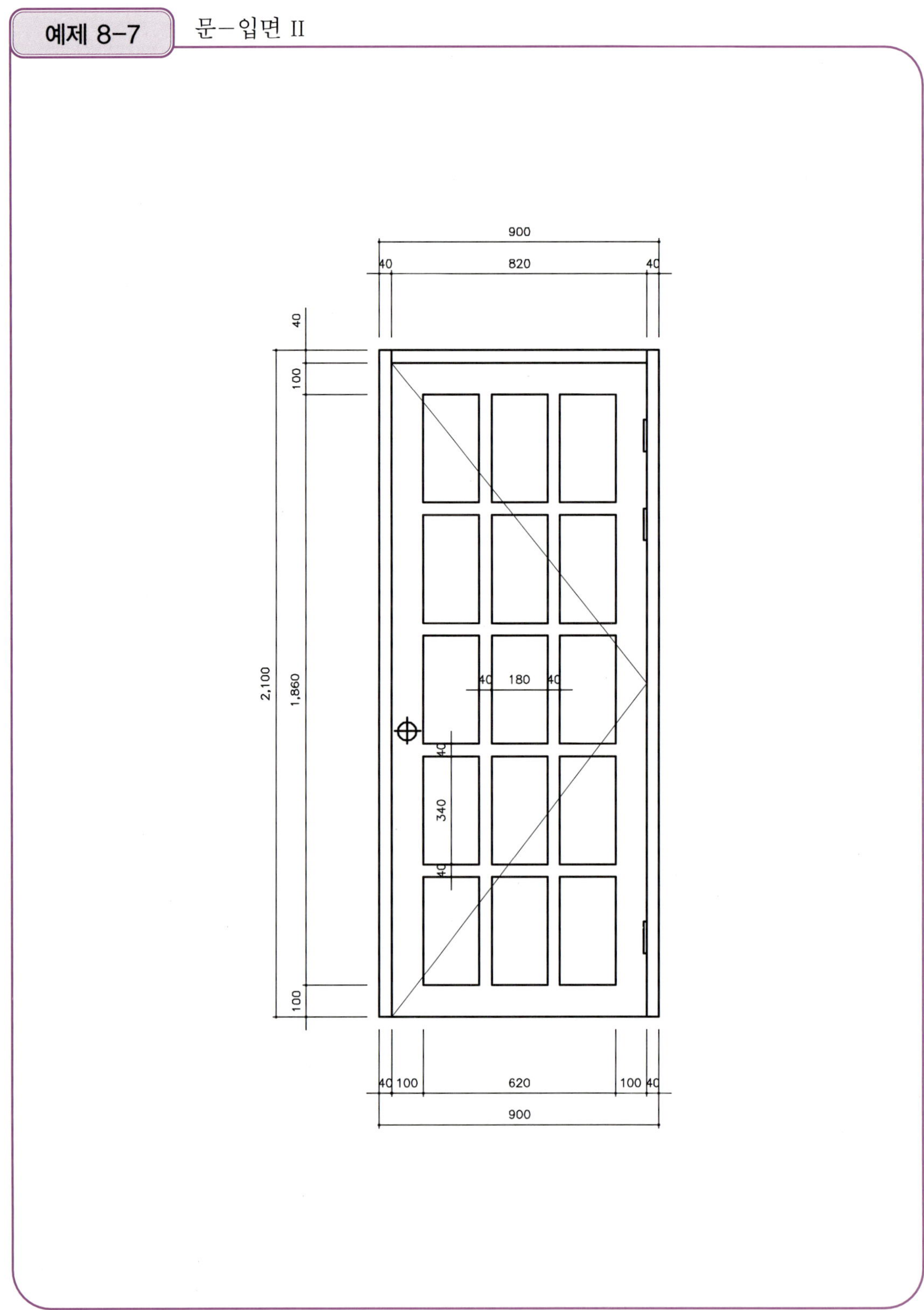
900
40
820
40
40
100
2,100
1,860
100
40
180
40
40
340
40
40
100
620
100
40
900

예제 8-8 문-입면 Ⅲ

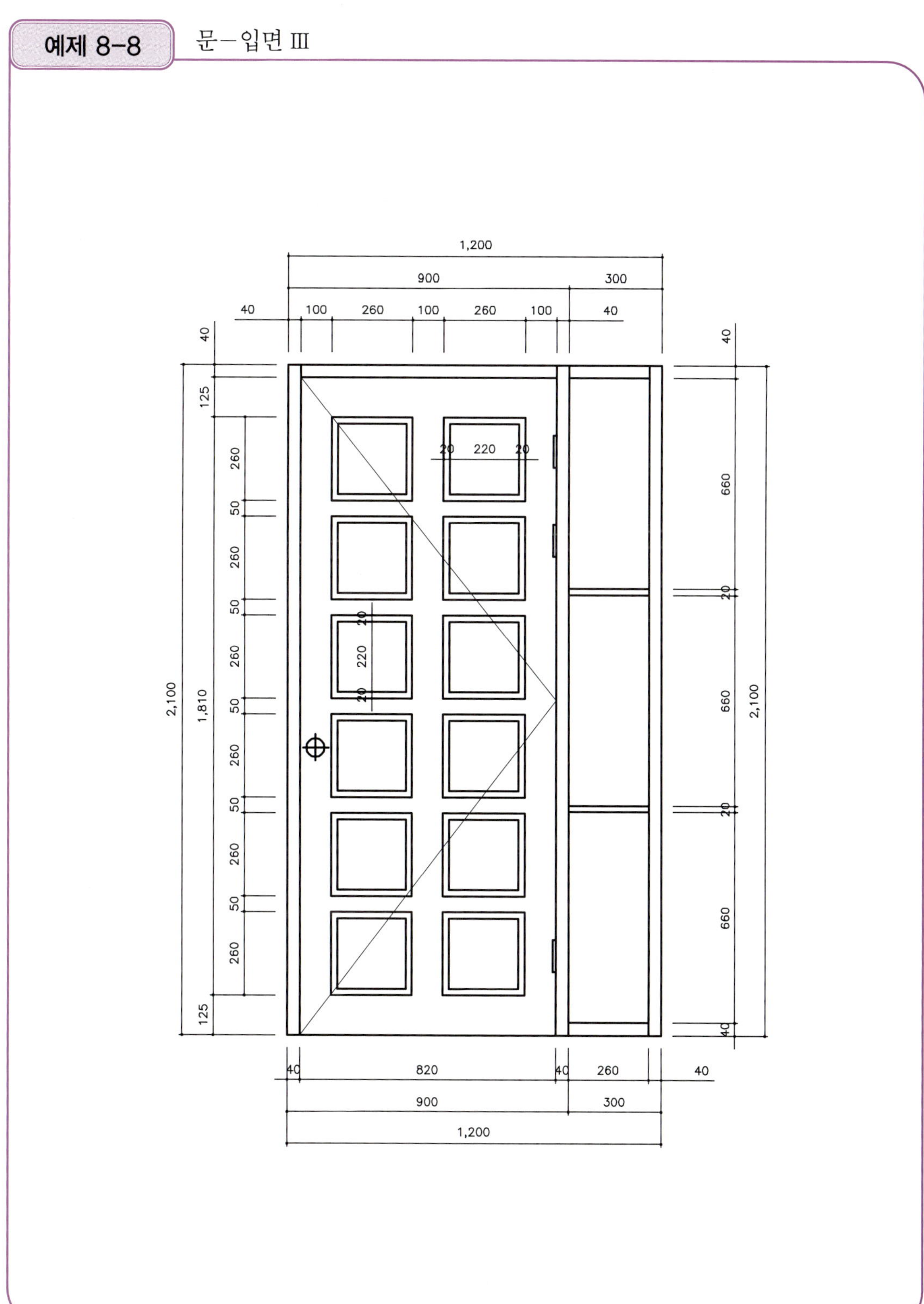
1,200
900
300
40
100
260
100
260
100
40
40
125
260
50
260
50
260
50
260
50
260
50
260
125
2,100
1,810
20
220
20
20
220
20
660
20
660
20
660
40
40
2,100
40
820
40
260
40
900
300
1,200

예제 8-9 문-입면 IV

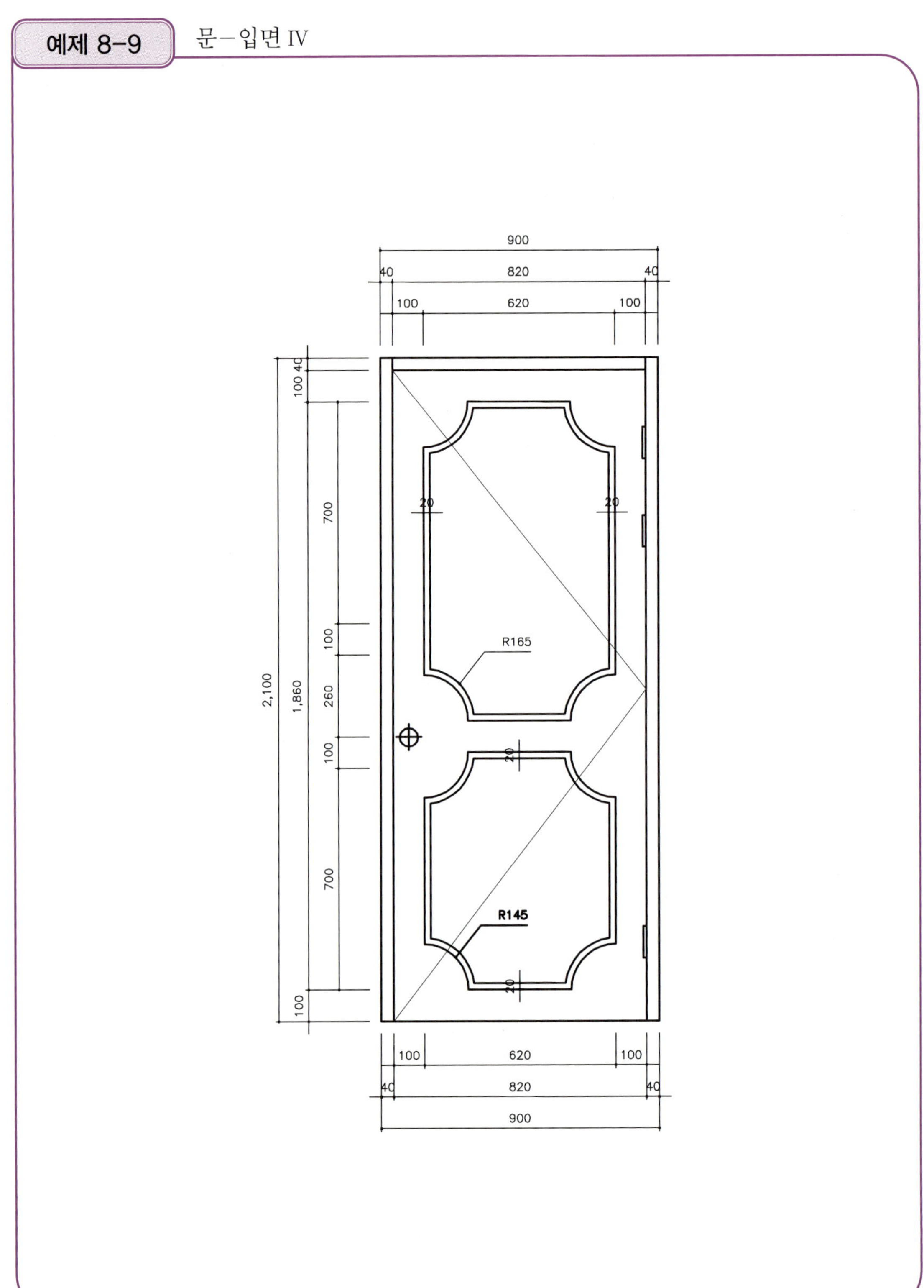
900
40
820
40
100
620
100
100 40
700
20
20
R165
100
2,100
1,860
260
20
100
700
R145
20
100
100
620
100
40
820
40
900

예제 8-10 문-입면 V

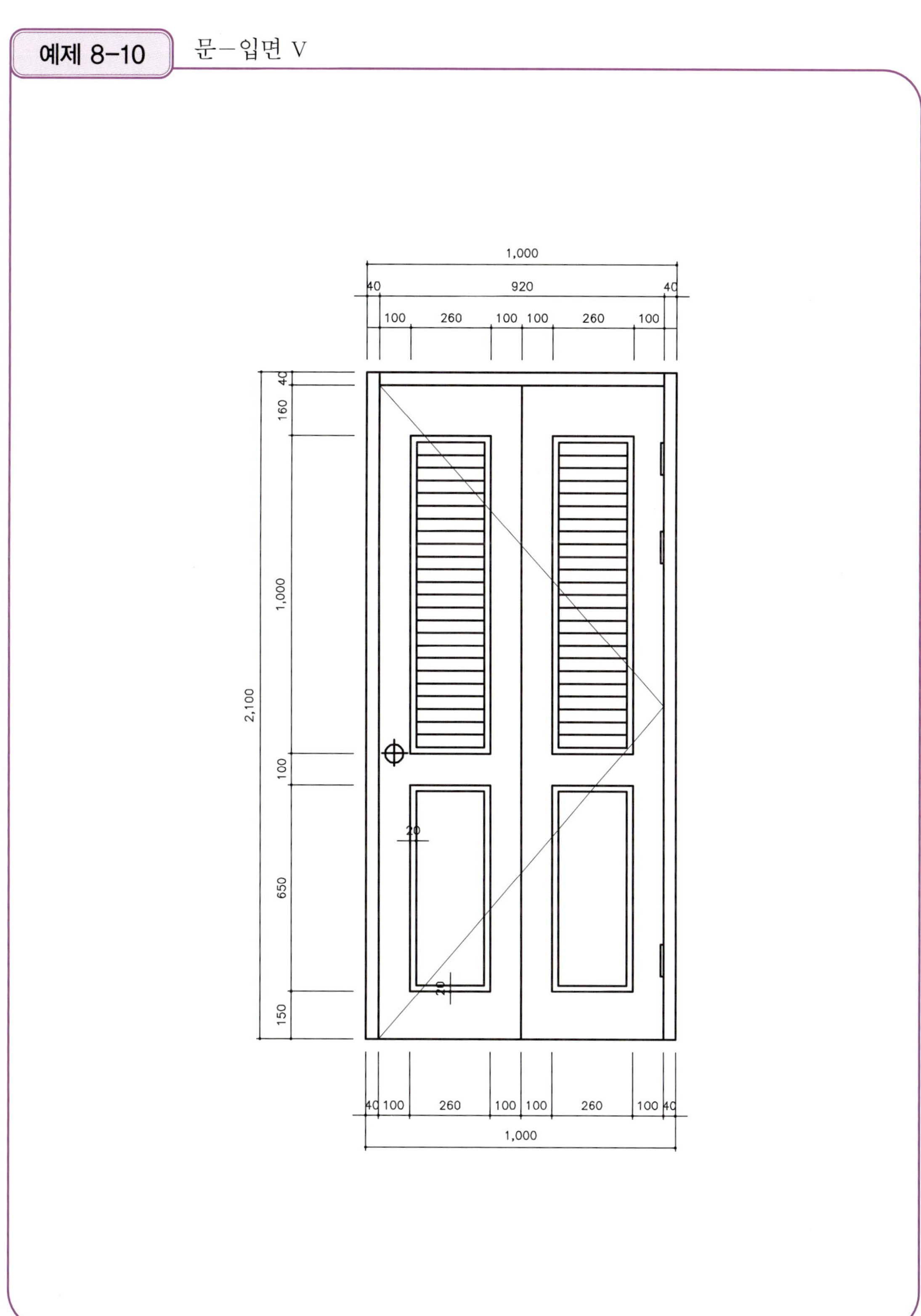
1,000
40
920
40
100 260 100 100 260 100
2,100
40
160
1,000
100
650
150
20
20
40 100 260 100 100 260 100 40
1,000

예제 8-11 문－입면 VI

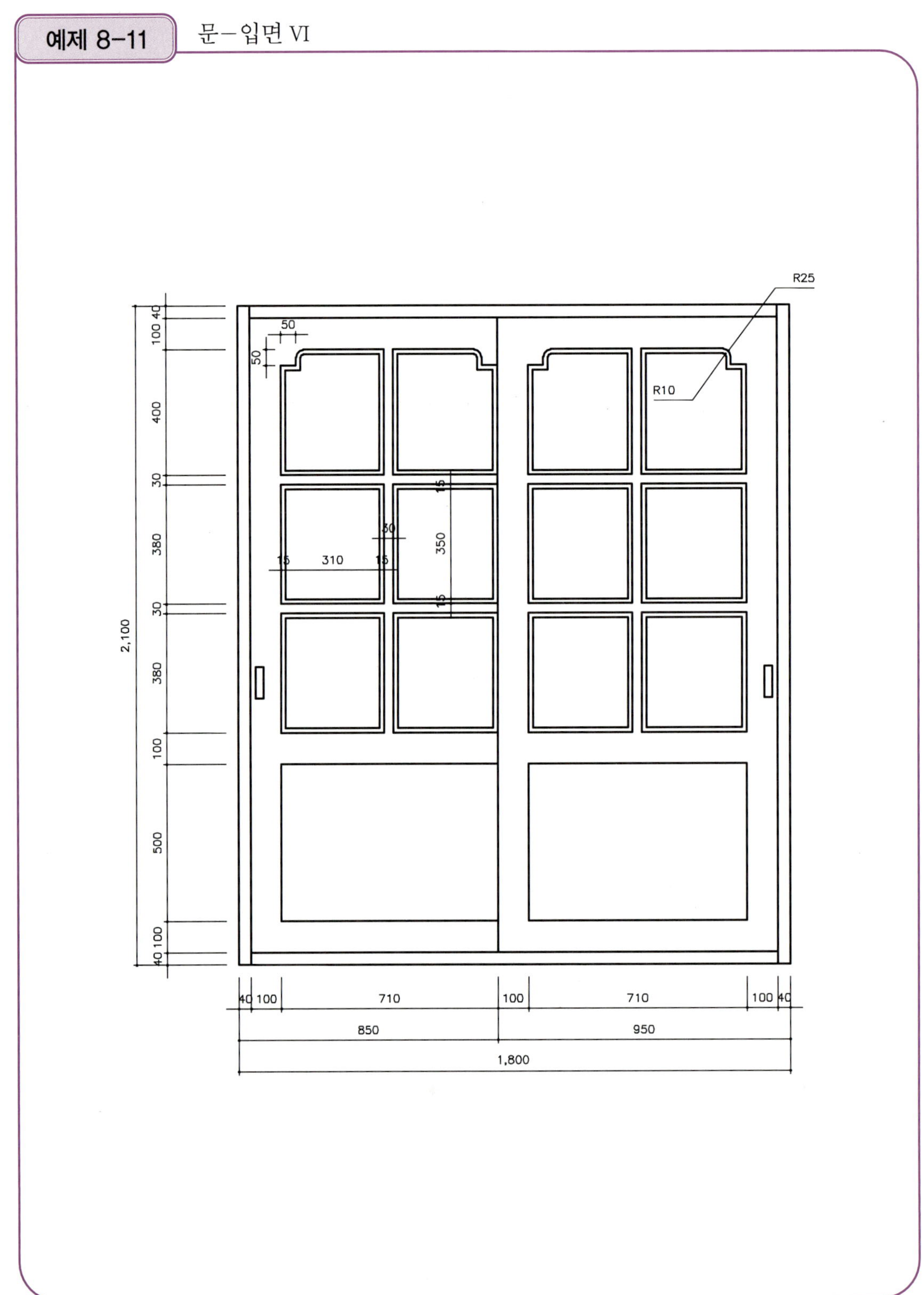
R25
50
50
R10
100 40
400
30
380
30
380
100
500
40 100
2,100
15
310
15
30
350
15
15
40 100
710
100
710
100 40
850
950
1,800

세면기 그리기

9 Week

- Ellipse
- Break
- DDPtype
- Point
- Divide

9주 **세면기/변기/욕조/엘리베이터/방위/대지분석**

1 Ellipse Draw ▶ Ellipse 타원

타원을 그리는 명령어

Commend : Ellipse [Enter↵]

Option

- **Axis endpoint of ellipse** :
  타원의 장축과 단축까지의 거리를 지정하여 타원을 그리는 옵션
- **Arc** : 호를 그리는 옵션
- **Center** : 타원의 중심점과 장축과 단축까지의 거리를 지정하여 타원을 그리는 옵션

Specify axis endpoint of ellipse or [Arc/Center]: Point1 [Enter↵]
 ← 타원 축의 한 점 클릭
Specify other endpoint of axis: Point2 [Enter↵] ← 타원 축의 다른 한 점 클릭
Specify distance to other axis or [Rotation]: Point2 [Enter↵]
 ← 타원의 다른 한축의 한 점 클릭

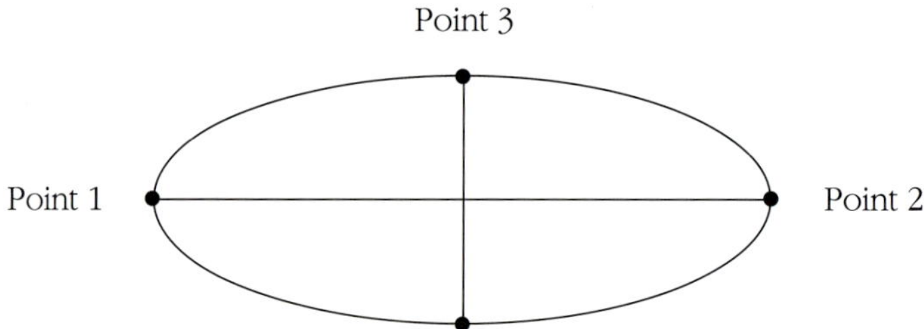

Command: Ellipse Enter↵

Specify axis endpoint of ellipse or [Arc/Center]: A Enter↵ ← Arc 옵션 선택

Specify axis endpoint of elliptical arc or [Center]: Point1 Enter↵
← 타원 축의 한 점 클릭

Specify other endpoint of axis: Point2 Enter↵ ← 타원 축의 다른 한 점 클릭

Specify distance to other axis or [Rotation]: 20 Enter↵
← 타원의 다른 한축의 거리값 입력

Specify start angle or [Parameter]: 45 Enter↵ ← 호의 시작각도 입력

Specify end angle or [Parameter/Included angle]: 270 Enter↵
← 호의 끝각도 입력

Command: Ellipse Enter↵

Specify axis endpoint of ellipse or [Arc/Center]: C Enter↵
← Center 옵션 선택

Specify center of ellipse: Point1 Enter↵ ← 타원 중심점 클릭

Specify endpoint of axis: Point2 Enter↵ ← 타원 한축의 끝점 클릭

Specify distance to other axis or [Rotation]: Point3 Enter↵
← 타원의 다른 한축의 끝점 클릭

2 Break Modify ➔ Break 끊기

Object를 자르는 명령어

Commend : Break [Enter↲]

Select object: Point1 [Enter↲] ← 자르고자 하는 Object 선택

Specify second break point or [First point]: Point2 [Enter↲]
← 자르고자 하는 두 번째 점 선택

Point 1 Point 2

Command: Break [Enter↲]

Specify second break point or [First point]: F [Enter↲] ← First point 옵션 선택

Specify first break point: Point1 [Enter↲] ← 자르고자 하는 첫 번째 점 선택

Specify second break point: Point2 [Enter↲] ← 자르고자 하는 두 번째 점 선택

3 DDPtype Format ➡ Point Style 점모양

점의 Style을 설정하는 명령어

Commend : DDPtype Enter↵

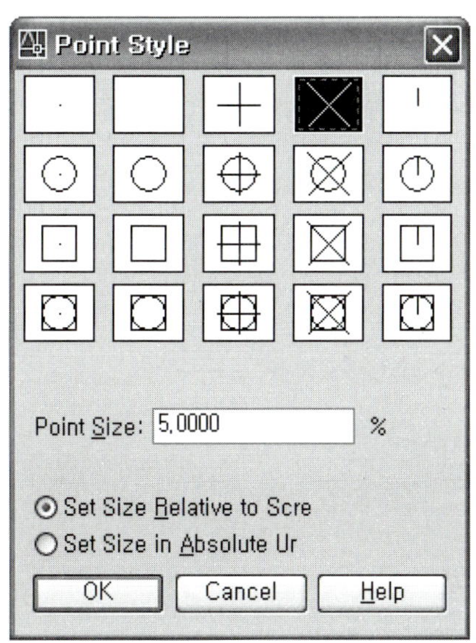

- Point Style : 점의 모양 설정
- Point Size : 점의 크기 설정
- Set Size Relative to Screen : 상대적인 크기 설정
- Set Size in Absolute Unit : 절대적인 크기 설정

4 Point Draw ➲ Point ➲ Single Point 점

점을 표시하는 명령어

Commend : Point [Enter↵]

Current point modes: PDMODE=0 PDSIZE=0.0000

Specify a point: Point [Enter↵] ← 원하는 점 클릭

5 Divide Draw ➲ Point ➲ Divide 분할

Object를 원하는 수만큼 등분할하여 점으로 표시해주는 명령어

Commend : Divide [Enter↵]

Select object to divide: ← 분할하고자 하는 Object 선택

Enter the number of segments or [Block]: 5 [Enter↵] ← 분할하고자 하는 수 입력

Seg.1 Seg.2 Seg.3 Seg.4 Seg.5

예제 9-1 세면기 I

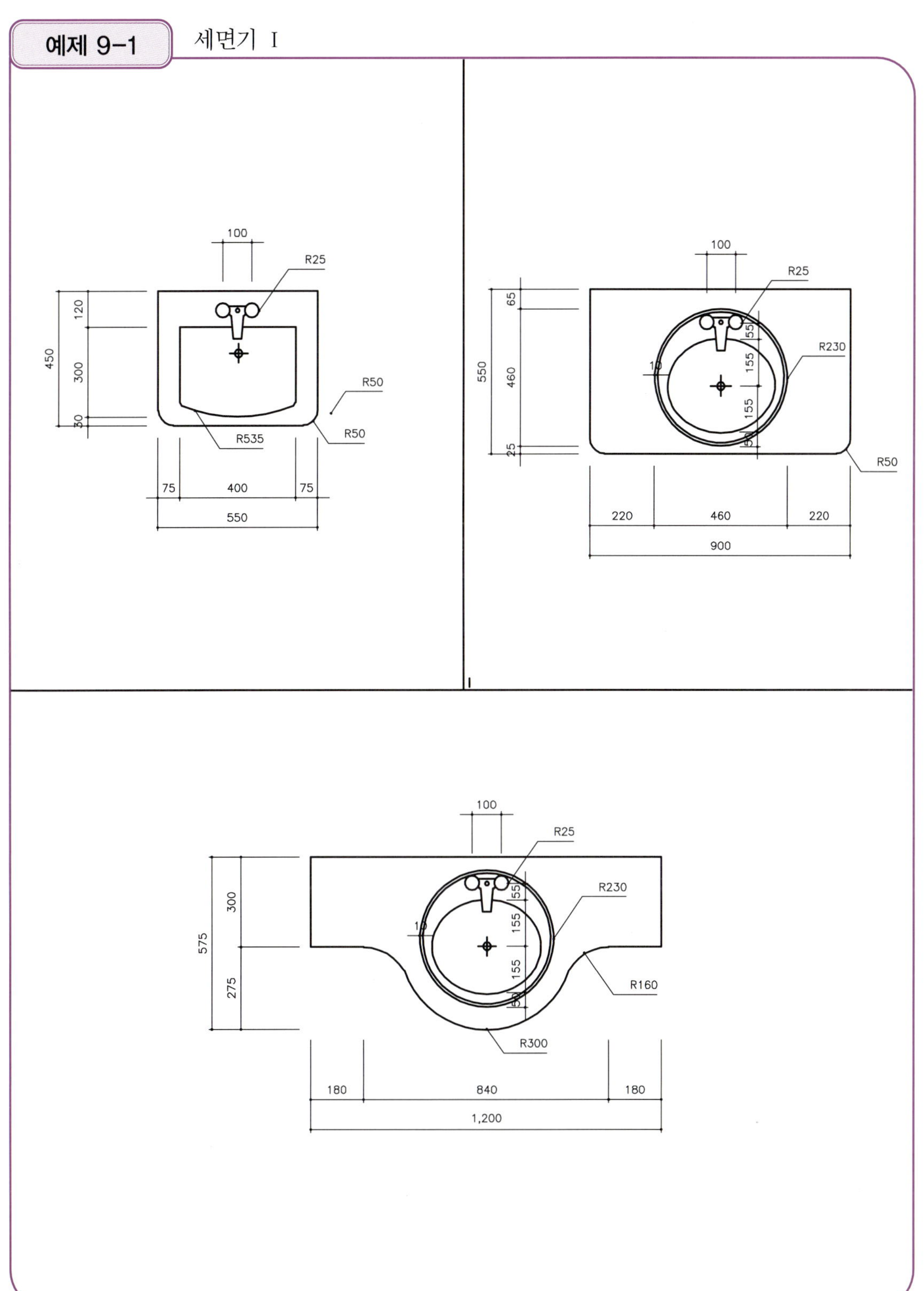
100
R25
120
450
300
30
R50
R535
R50
75
400
75
550
100
R25
65
55
R230
550
460
10
155
155
25
50
R50
220
460
220
900
100
R25
R230
300
55
575
10
155
155
275
50
R160
R300
180
840
180
1,200

예제 9-2 세면기 II

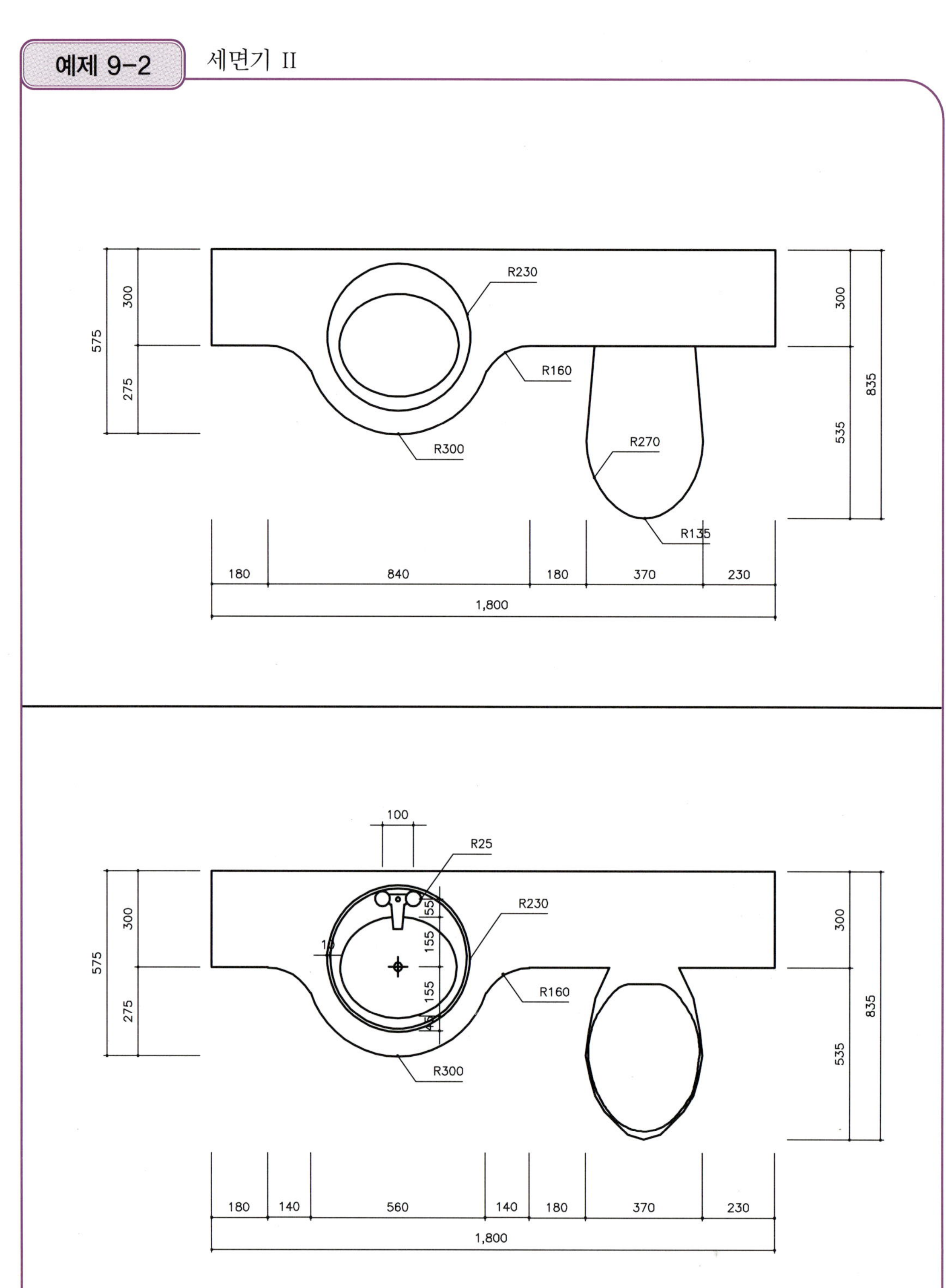
R230
300
575
275
R160
R300
R270
R135
535
835
180
840
180
370
230
1,800
100
R25
55
155
155
45
10
R230
300
575
275
R160
R300
535
835
180
140
560
140
180
370
230
1,800

예제 9-3 변기

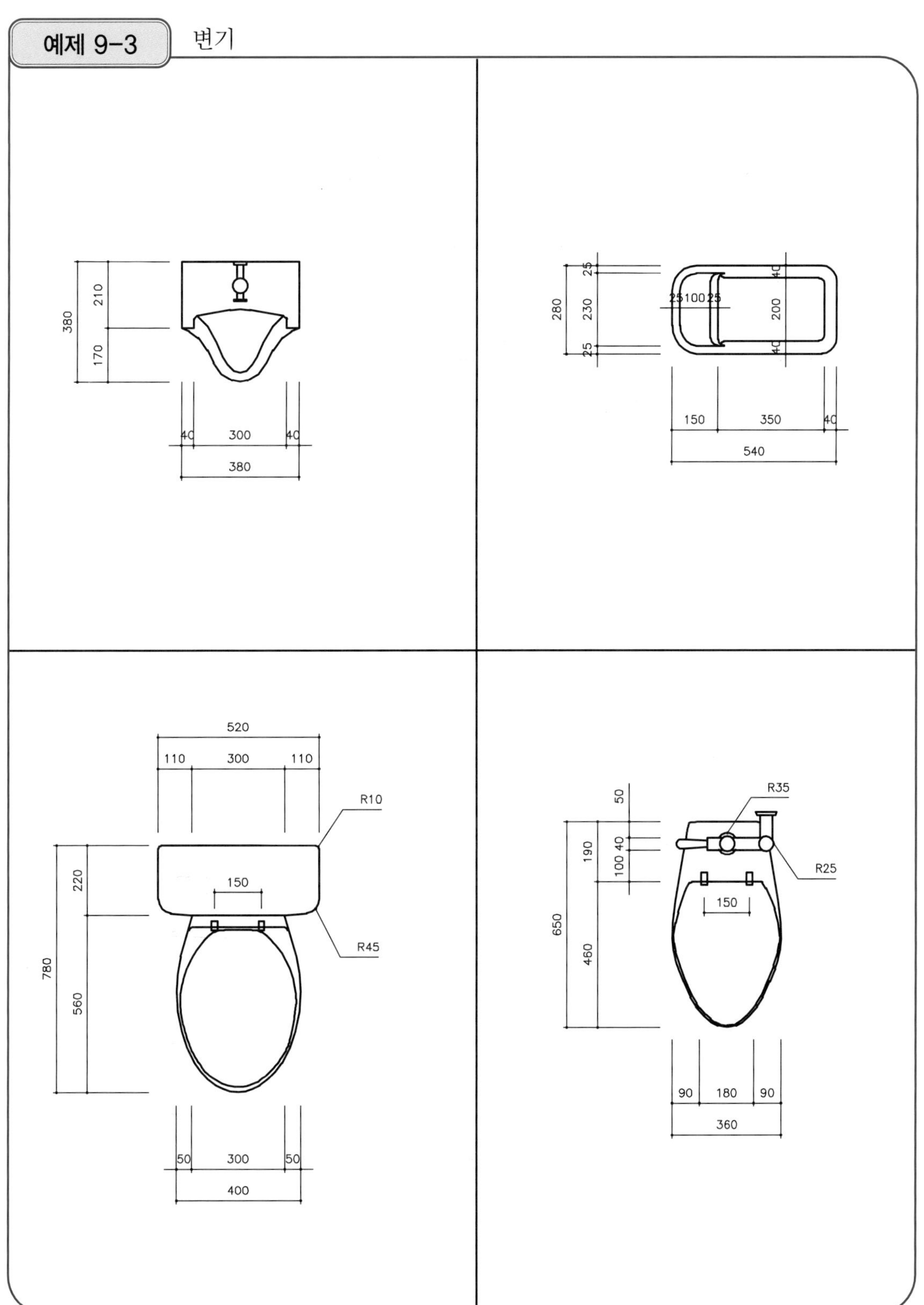

380
210
170
40
300
40
380
280
25
230
25
25100 25
40
200
40
150
350
40
540
520
110
300
110
R10
220
150
R45
780
560
50
300
50
400
R35
50
190
100 40
R25
150
650
460
90
180
90
360

예제 9-4 욕조

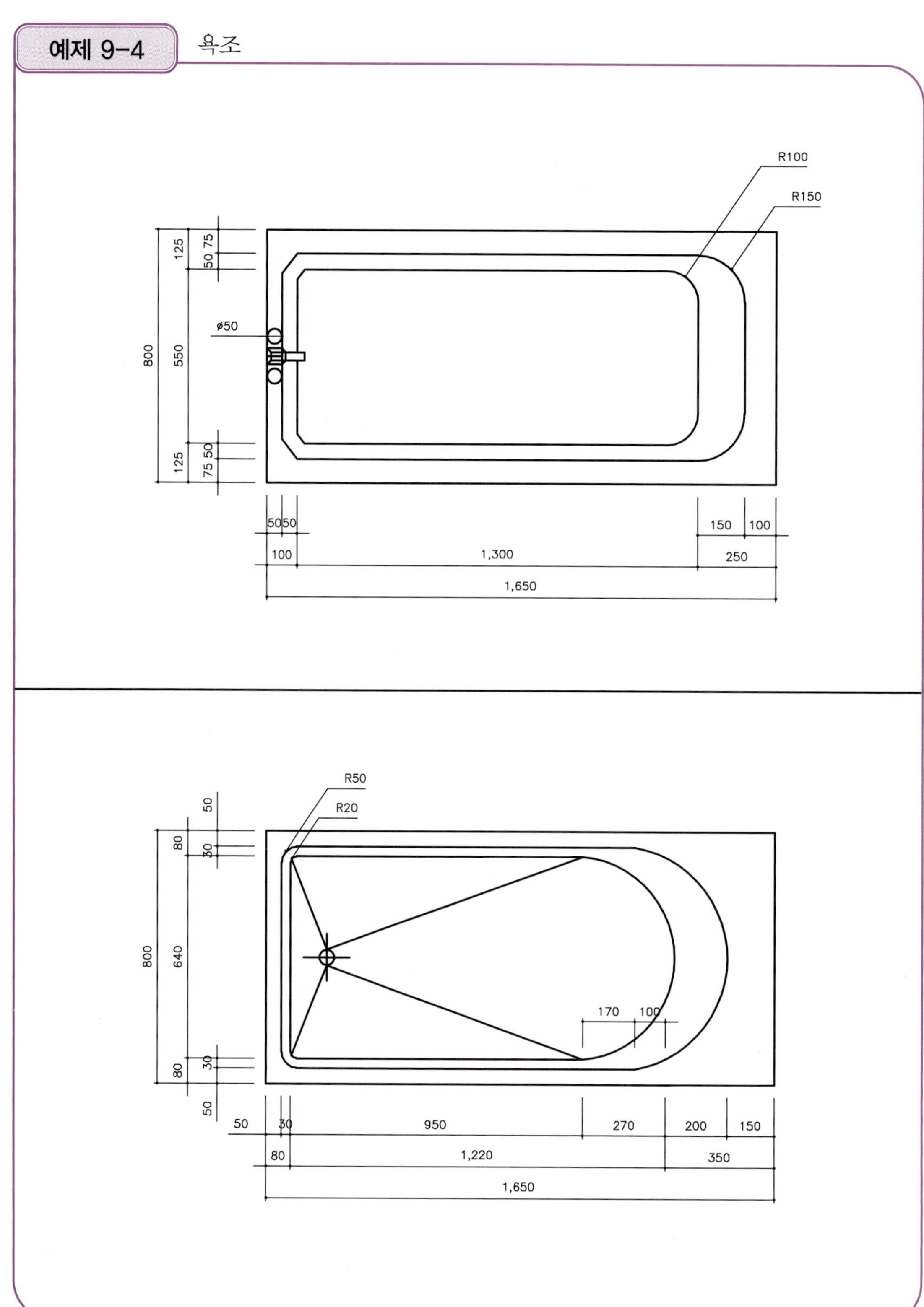
R100
R150
125
50 75
ø50
800
550
125
75 50
50 50
100
1,300
150
100
250
1,650
R50
R20
50
80
30
800
640
30
80
50
170
100
50
30
950
270
200
150
80
1,220
350
1,650

예제 9-5 엘리베이터 I

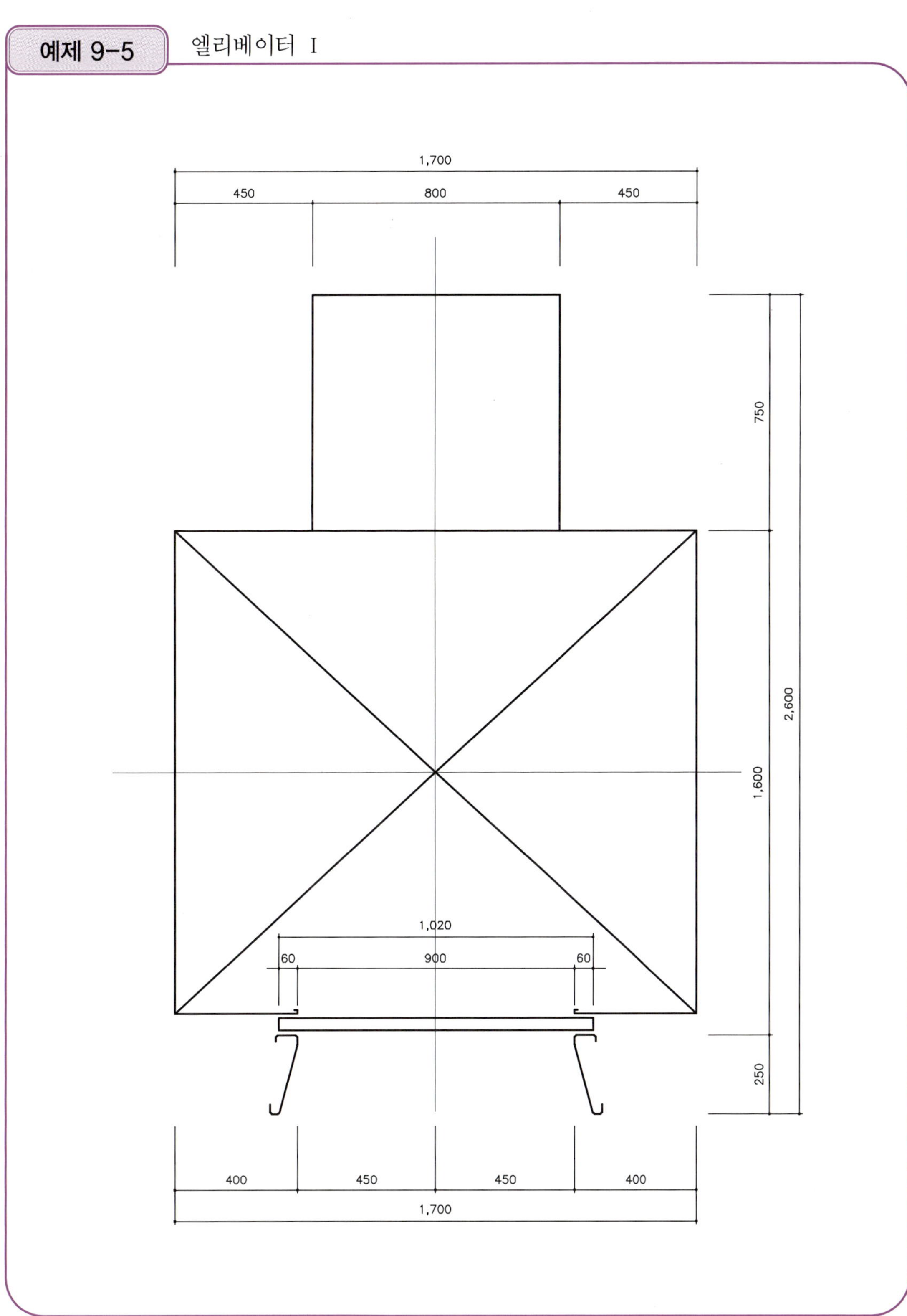
1,700
450
800
450
750
2,600
1,600
1,020
60
900
60
250
400
450
450
400
1,700

예제 9-6 엘리베이터 II

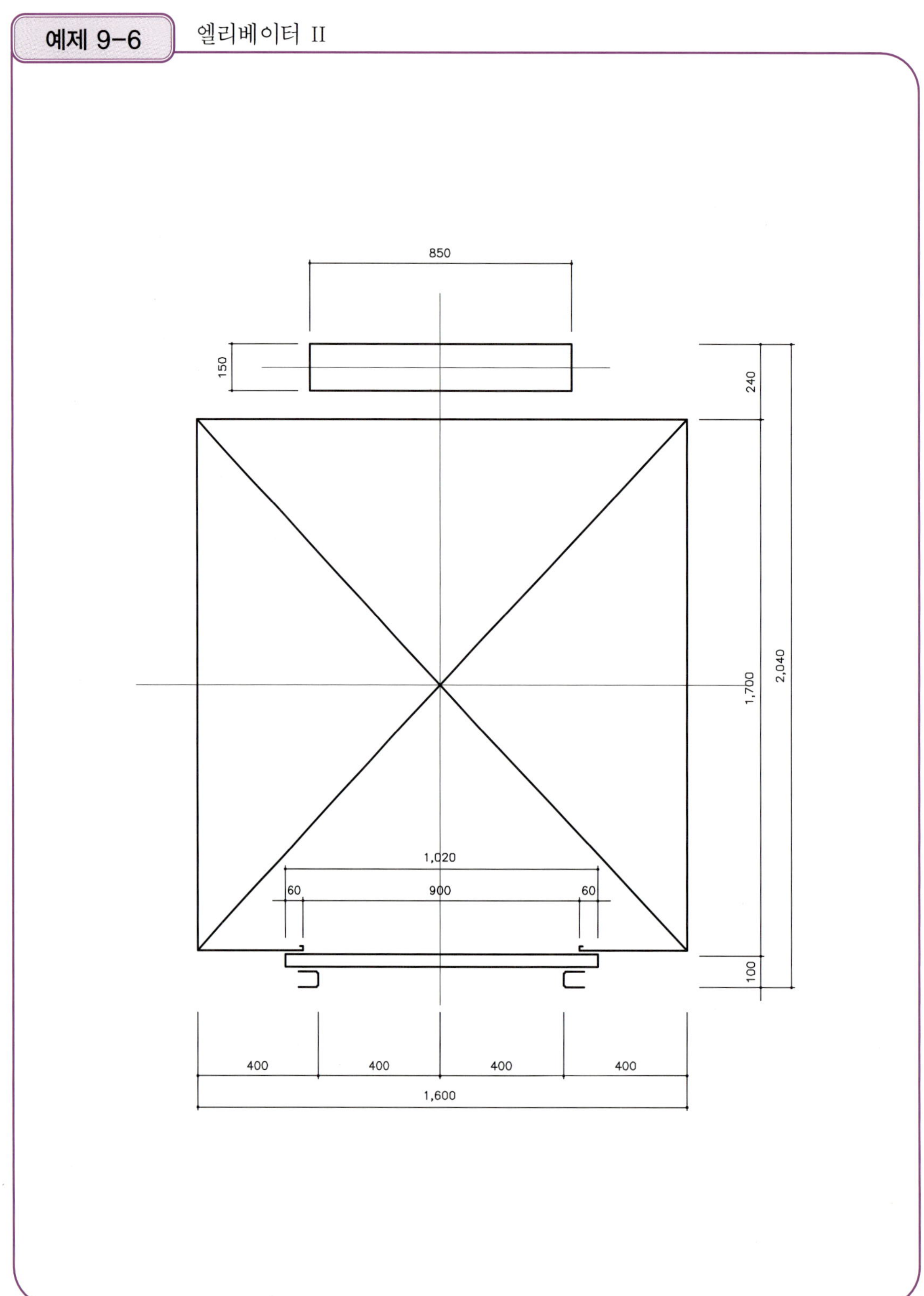

예제 9-7 방위

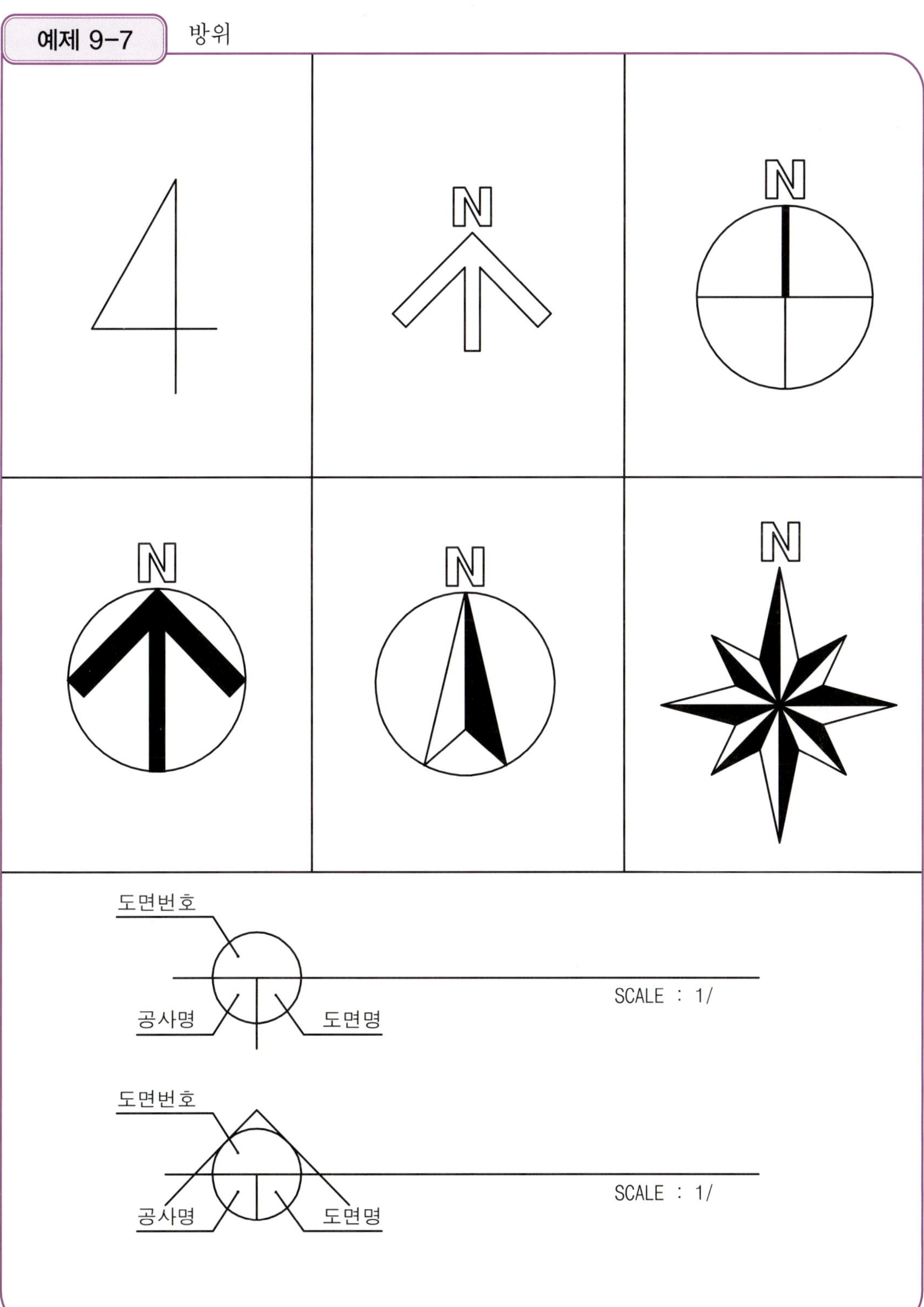

예제 9-8 대지분석

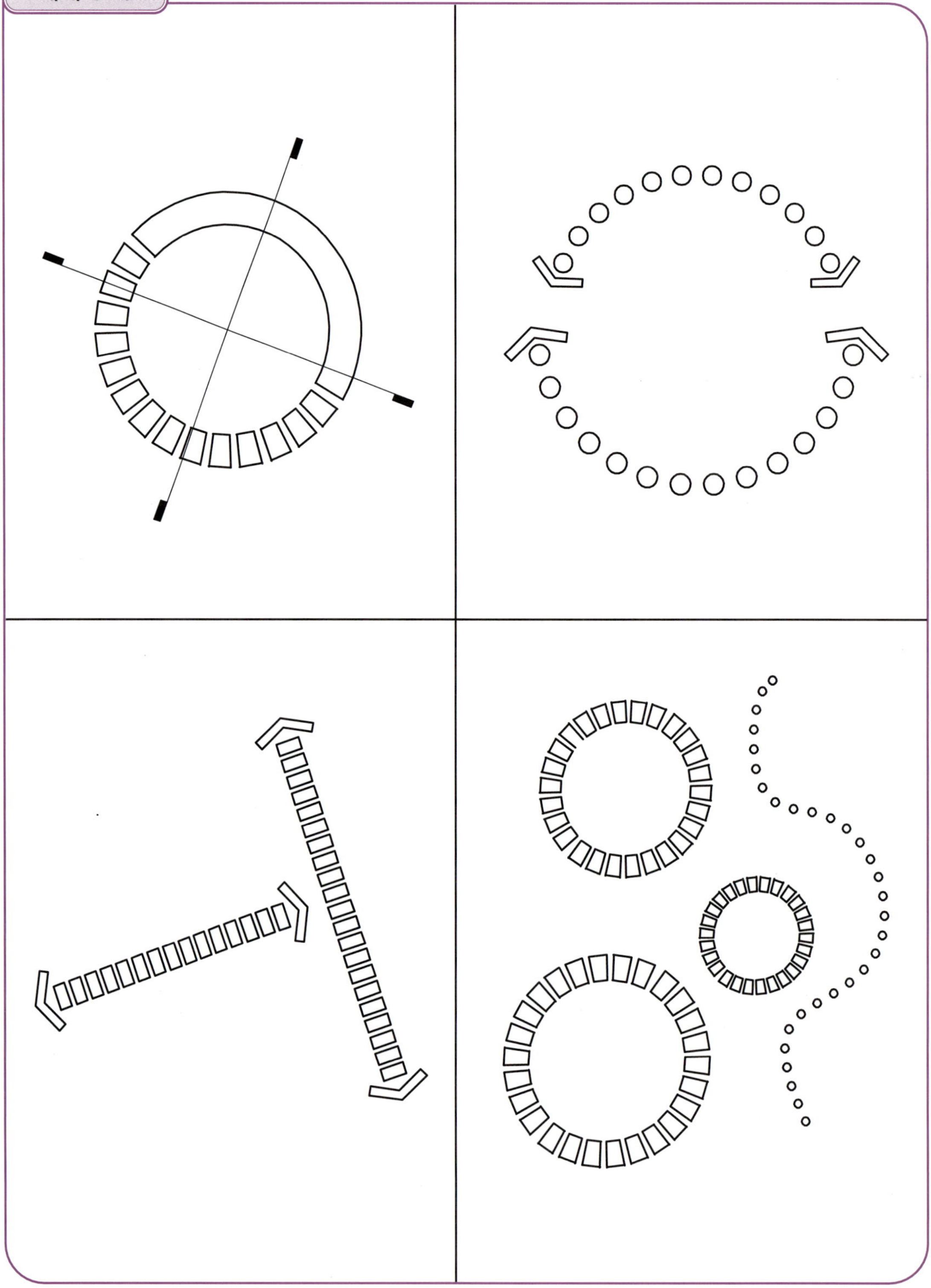

도면층의 이해

10 Week

- Layer
- Ltscale
- Change
- DDchprop

10주 **주택평면**

1 Layer Format ➡ Layer 도면층

도면층을 관리하는 명령어

Commend : Layer Enter↵

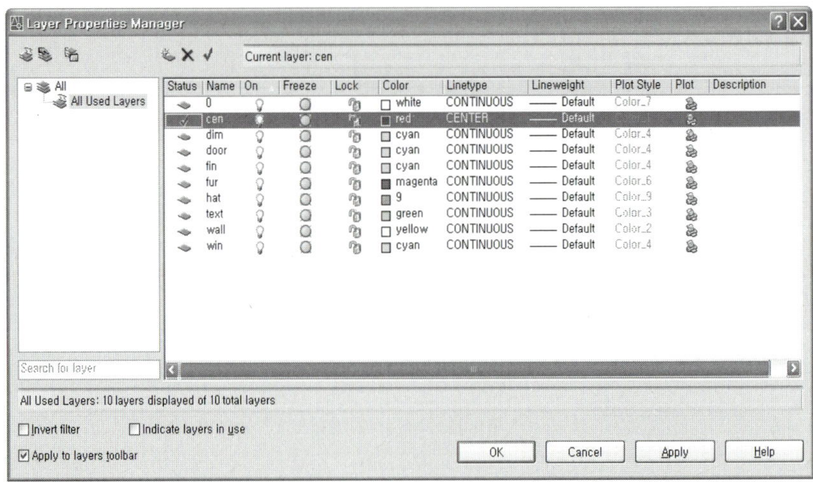

Option

- **New Layer** : 새로운 Layer를 만드는 옵션
- **Delete Layer** : 기존의 Layer를 삭제하는 옵션
- **Set Current** : 현재 Layer로 설정하는 옵션

Status	Name	On	Freeze	Lock	Color	Linetype	Lineweight	Plot Style	Plot	Description

- **Status** : Layer의 상태를 표시하는 옵션
- **Name** : Layer의 이름 표시하는 옵션
- **On/Off** : Layer를 화면상에서 표시/표시하지 않는 옵션
- **Freeze/Thaw** : Layer를 동결/해제시키는 옵션
- **Lock/Unlock** : Layer를 잠금/해제하는 옵션
- **Color** : Layer의 색을 설정하는 옵션

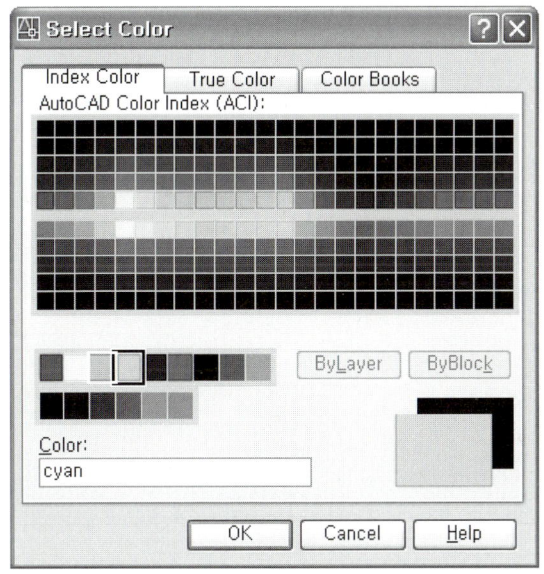

- **Linetype** : 선의 종류를 선택하는 옵션

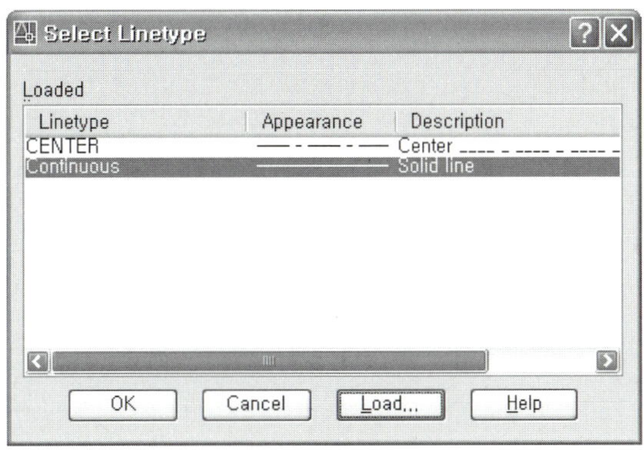

• **Linetype – Load** : Autocad가 제공하는 선들을 Select Linetype상에 올리는 옵션

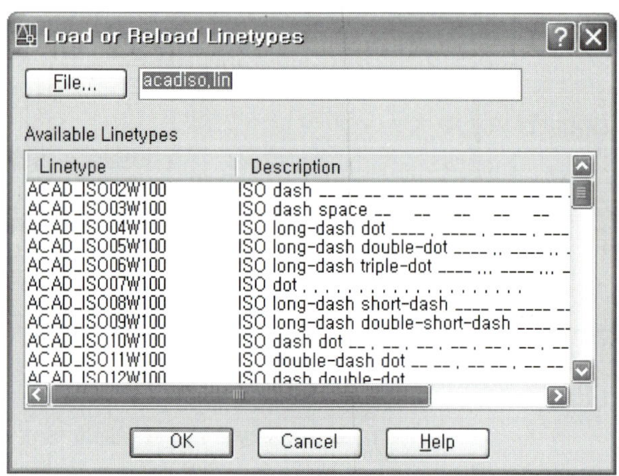

• **Lineweight** : 선의 굵기를 설정하는 옵션

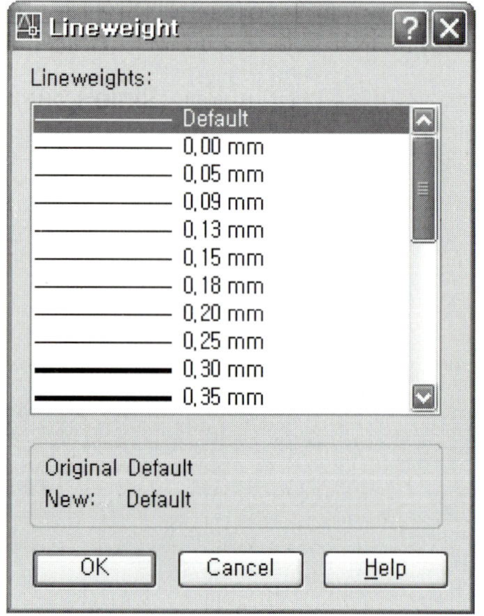

- **Plot Style** : Plot 대화상자에서 설정한 Plot 색상을 표시해주는 옵션
- **Plot** : Plot의 여부를 결정하는 옵션

2 Ltscale Tools ➔ InquiryLayer 선의크기

Line Type Scale - 선의 크기를 조정하는 명령어

Commend : Ltscale Enter↵

Enter new linetype scale factor ⟨1.0000⟩: 10 Enter↵ ← Scale 입력

Regenerating model.

3 Change Modify ○ Properties 변경

Object의 속성을 바꾸는 명령어

Commend : Change [Enter↵]

Option

- Specify change point :
  바꾸고자 하는 Object의 변화값을 점(Point)로 설정하는 옵션
- Properties : 바꾸려고 하는 내용을 속성별로 제공하는 옵션
  - Color : Object의 색을 변경하는 옵션
  - Elevation : Object의 작업시점을 변경하는 옵션
  - Layer : Object의 도면층을 변경하는 옵션
  - Ltype : Object의 선의 종류를 변경하는 옵션
  - Ltscale : Object의 선의 축척을 변경하는 옵션
  - Lweight : Object의 선굵기를 변경하는 옵션
  - Thickness : Object의 선두께를 변경하는 옵션

Select objects: ← 바꾸고자 하는 Object 선택

Select objects: [Enter↵] ← 더 이상 선택할 Object가 없으면 [Enter↵]

Specify change point or [Properties]: Point [Enter↵] ← 기준이 되는 변경점 클릭

Command: Change [Enter↵]

Select objects: ← 바꾸고자 하는 Object 선택

Select objects: [Enter↵] ← 더 이상 선택할 Object가 없으면 [Enter↵]

Specify change point or [Properties]: P [Enter↵] ← Properties 옵션 선택

Enter property to change [Color/Elev/LAyer/LType/ltScale/LWeight/Thickness]:
C [Enter↵] ← Color 옵션 선택

Enter new color 〈ByLayer〉: Red [Enter↵] ← 새로운 색 입력

Enter property to change [Color/Elev/LAyer/LType/ltScale/LWeight/Thickness]:
[Enter↵] ← 더 이상 바꾸고자 하는 내용이 없으면 [Enter↵]

Command: Change Enter↵

Select objects: ← 바꾸고자 하는 Object 선택

Select objects: Enter↵ ← 더 이상 선택할 Object가 없으면 Enter↵

Specify change point or [Properties]: P Enter↵ ← Properties 옵션 선택

Enter property to change [Color/Elev/LAyer/LType/ltScale/LWeight/Thickness]:

LA Enter↵ ← Layer 옵션 선택

Enter new layer name ⟨0⟩: Wall Enter↵ ← 새로운 Layer 입력

Enter property to change [Color/Elev/LAyer/LType/ltScale/LWeight/Thickness]:

Enter↵ ← 더 이상 바꾸고자 하는 내용이 없으면 Enter↵

Command: Change Enter↵

Select objects: ← 바꾸고자 하는 Object 선택

Select objects: Enter↵ ← 더 이상 선택할 Object가 없으면 Enter↵

Specify change point or [Properties]: P Enter↵ ← Properties 옵션 선택

Enter property to change [Color/Elev/LAyer/LType/ltScale/LWeight/Thickness]:

LT Enter↵ ← LType 옵션 선택

Enter new linetype name ⟨ByLayer⟩: Center Enter↵ ← 새로운 선종류 입력

Enter property to change [Color/Elev/LAyer/LType/ltScale/LWeight/Thickness]:

Enter↵ ← 더 이상 바꾸고자 하는 내용이 없으면 Enter↵

Command: Change Enter↵

Select objects: ← 바꾸고자 하는 Object 선택

Select objects: Enter↵ ← 더 이상 선택할 Object가 없으면 Enter↵

Specify change point or [Properties]: P Enter↵ ← Properties 옵션 선택

Enter property to change [Color/Elev/LAyer/LType/ltScale/LWeight/Thickness]:

Lts Enter↵ ← LtScale 옵션 선택

Specify new linetype scale ⟨1.0000⟩: 2 Enter↵ ← 새로운 Ltscale 값 입력

Enter property to change [Color/Elev/LAyer/LType/ltScale/LWeight/Thickness]:

Enter↵ ← 더 이상 바꾸고자 하는 내용이 없으면 Enter↵

Command: Change Enter↵

Select objects: ← 바꾸고자 하는 Object 선택

Select objects: Enter↵ ← 더 이상 선택할 Object가 없으면 Enter↵

Specify change point or [Properties]: **P** Enter↵ ← Properties 옵션 선택

Enter property to change [Color/Elev/LAyer/LType/ltScale/LWeight/Thickness]:
LW Enter↵ ← LWeight 옵션 선택

Enter new lineweight 〈ByLayer〉: **2** Enter↵ ← 새로운 선굵기 입력

Enter property to change [Color/Elev/LAyer/LType/ltScale/LWeight/Thickness]:
Enter↵ ← 더 이상 바꾸고자 하는 내용이 없으면 Enter↵

4 DDchprop Modify ➔ Propertis 변경

Dialoguebox Display Change Property : 대화상자를 이용하여 Object의 속성을 바꾸는 명령어

Commend : DDchprop Enter↵

- General : 일반사항
  - Color : 색상
  - LAyer : 도면층
  - Linetype : 선종류
  - Linetype scale : 선종류의 축척
  - Lineweight : 선굵기
  - Thickness : 두께

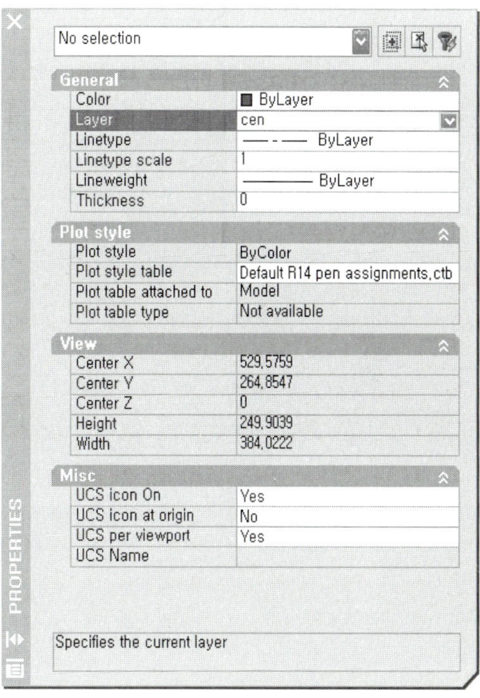

- Plot style : 인쇄방법
  - Plot style : 높이
  - Plot style table : 높이
  - Plot table attached to : 색상
  - Plot table type : 색상
- View : 시점
  - Center X : X축
  - Center Y : Y축
  - Center Z : Z축
  - Height : 높이
  - Width : 넓이
- Misc - 기타사항
  - UCS icon On : 사용자 좌표계 표시여부
  - UCS icon at origin : 현재 좌표계의 원점에 아이콘을 위치
  - UCS per vport : 뷰포트 별 좌표계
  - UCS Name : 좌표계의 이름

예제 10-1 주택평면 I

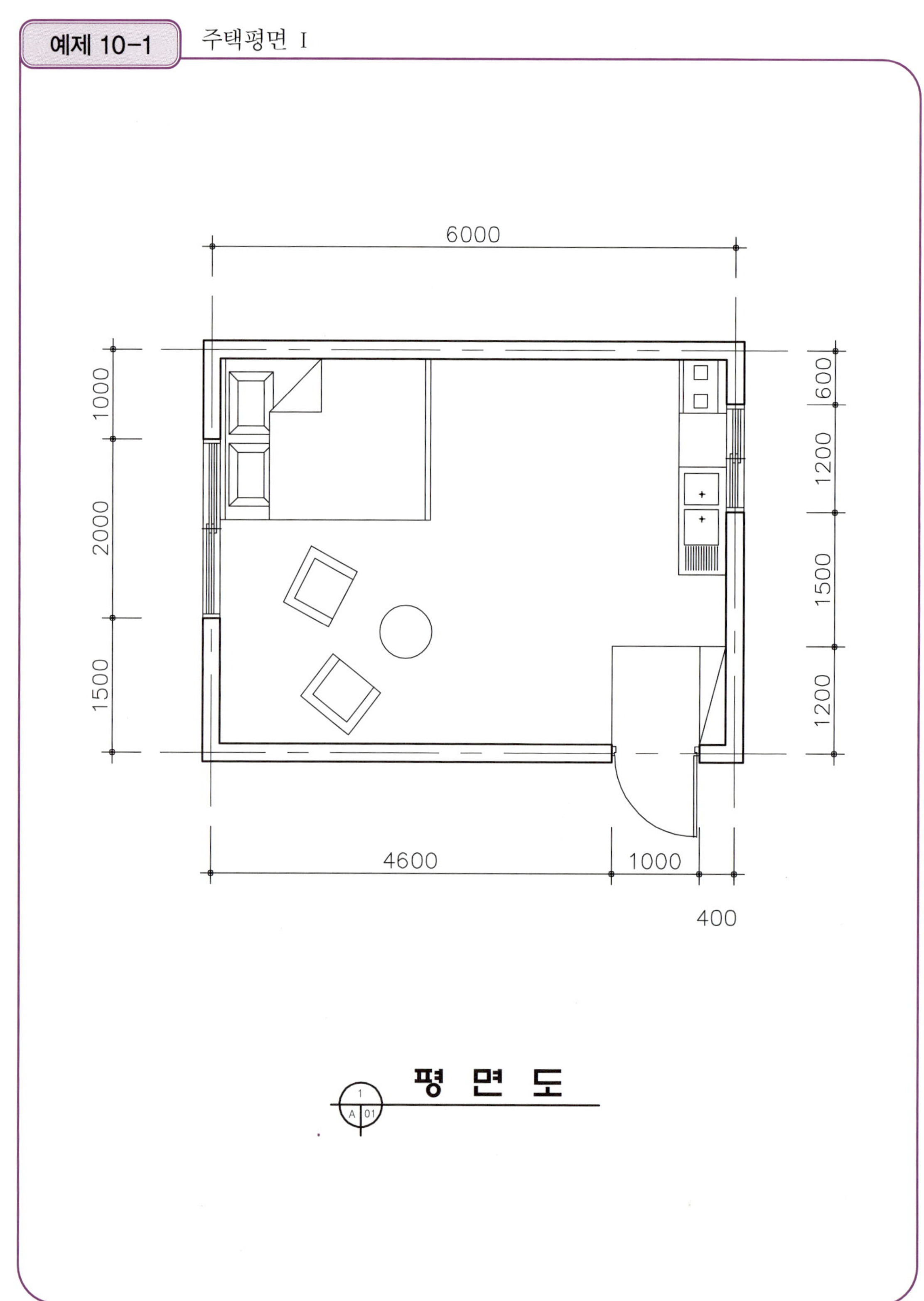

예제 10-2 주택평면 II

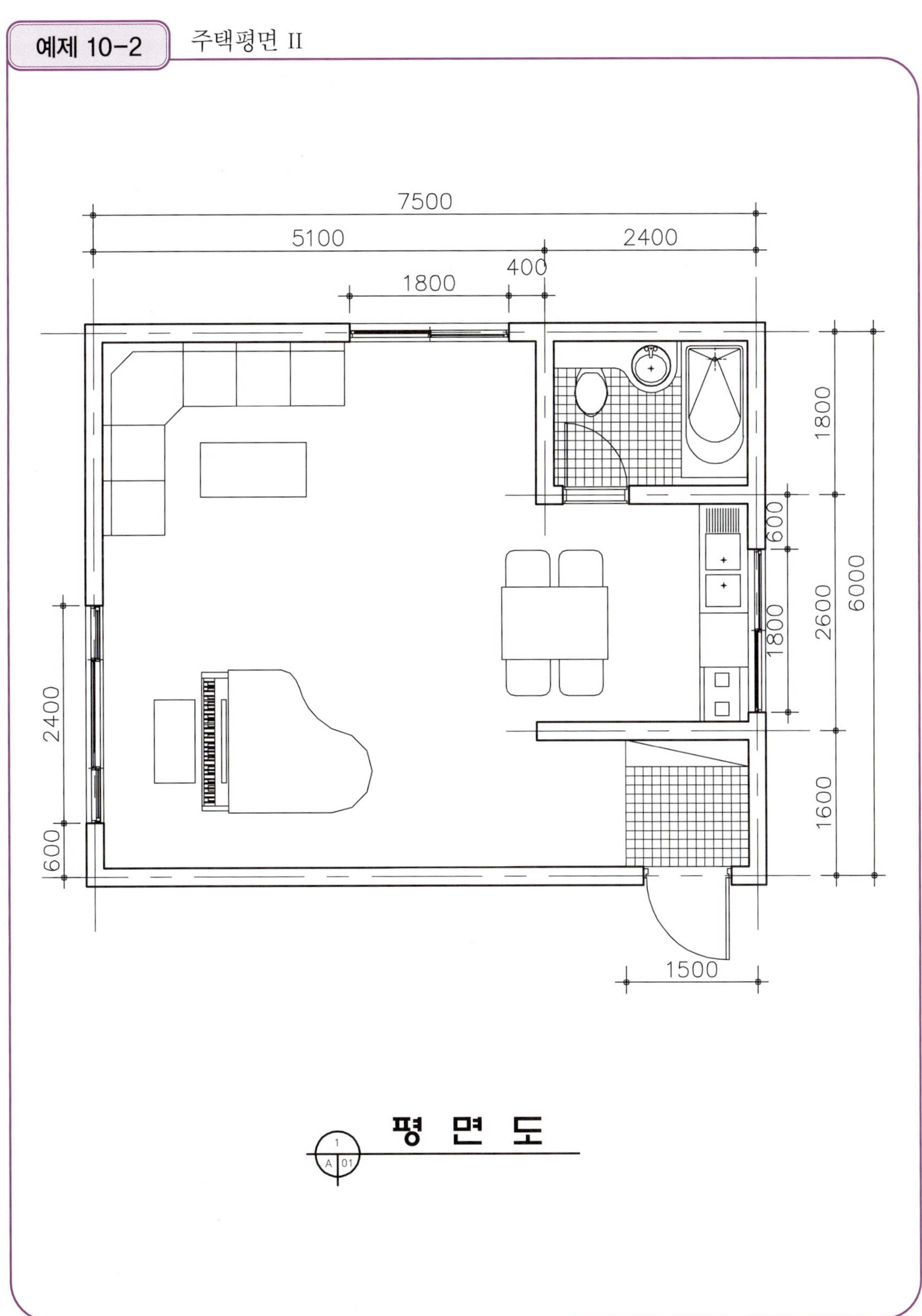

영역 채우기

11 Week

- Polyline
- Pedit
- Explode
- Hatch

11주 평면 패턴 채우기

1 Polyline Draw ▶ Polyline 폴리선

하나의 Object로 된 폴리선을 그리는 명령어

Commend : Pline Enter↵

Option

- Arc : Line 옵션에서 Arc 옵션으로 변경하는 옵션
  - Angle : 호의 내부각도를 지정하는 옵션
  - CEnter : 호의 중심점을 지정하는 옵션
  - CLose : 현재의 마지막점과 첫 번째점을 연결하는 옵션
  - Direction : 시작점을 기준으로 호가 그려지는 방향을 지정하는 옵션
  - Halfwidth : 선 두께의 반을 가지고 전체 선의 두께를 지정하는 옵션
  - Line : Arc 옵션에서 Line 옵션으로 변경하는 옵션
  - Radius : 호의 반지름값을 지정하는 옵션
  - Second pt : 호의 두 번째점을 지정하는 옵션
  - Undo : 바로 전에 그려진 호 명령을 취소하는 옵션
  - Width : Arc의 두께를 지정하는 옵션

- Halfwidth : Polyline의 두께의 반을 설정하여 전체 선의 두께를 지정하는 옵션
- Length : 전단계 선의 각을 이용하여 지정하는 거리값만큼 Polyline을 그리는 옵션
- Undo : 바로 전단계에 실행한 옵션을 취소하는 옵션
- Width : Polyline의 두께를 지정하는 옵션

Specify start point: Point1 ← 폴리선의 시작점 클릭

Current line-width is 0.0000

Specify next point or [Arc/Halfwidth/Length/Undo/Width]: Point2

← 옵션을 선택하거나 폴리선의 두 번째점 클릭

Specify next point or [Arc/Halfwidth/Length/Undo/Width]: Point3

← 옵션을 선택하거나 폴리선의 세 번째점 클릭

Specify next point or [Arc/Halfwidth/Length/Undo/Width]: Enter↵

← 더 이상 그릴 선이 없으면 Enter↵

Command: Pline Enter↵

Specify start point: Point1 ← 폴리선의 시작점 클릭

Current line-width is 0.0000

Specify next point or [Arc/Halfwidth/Length/Undo/Width]: W Enter↵

← width 옵션 선택

Specify starting width ⟨0.0000⟩: 2 Enter↵ ← 선의 시작부분의 두께 입력

Specify ending width ⟨2.0000⟩: 2 Enter↵ ← 선의 끝부분의 두께 입력

Specify next point or [Arc/Halfwidth/Length/Undo/Width]: Point2

← 옵션을 선택하거나 폴리선의 두 번째점 클릭

Specify next point or [Arc/Halfwidth/Length/Undo/Width]: Enter↵

← 더 이상 그릴 선이 없으면 Enter↵

Command: Pline Enter↵

Specify start point: Point1 ← 폴리선의 시작점 클릭

Current line-width is 0.0000

Specify next point or [Arc/Halfwidth/Length/Undo/Width]: L Enter↵

← Length 옵션 선택

Specify length of line: 20 Enter↵ ← 선의 길이 입력

Specify next point or [Arc/Halfwidth/Length/Undo/Width]: Point2

← 옵션을 선택하거나 폴리선의 두 번째점 클릭

Specify next point or [Arc/Halfwidth/Length/Undo/Width]: Enter↵

← 더 이상 그릴 선이 없으면 Enter↵

Command: Pline Enter↵

Specify start point: Point1 ← 폴리선의 시작점 클릭

Current line-width is 0.0000

Specify next point or [Arc/Halfwidth/Length/Undo/Width]: A Enter↵

← Arc 옵션 선택

Specify endpoint of arc or

[Angle/CEnter/Direction/Halfwidth/Line/Radius/Second pt/Undo/Width]: Point2

← Arc의 끝점을 클릭하거나 Arc의 옵션 선택

Specify endpoint of arc or

[Angle/CEnter/Direction/Halfwidth/Line/Radius/Second pt/Undo/Width]: Enter↵

← 더 이상 그릴 선이 없으면 Enter↵

2 Pedit Modify ➲ Polyline 폴리선편집

Polyline을 편집하는 명령어

Commend : Pedit Enter↵

Option

- Close :
  열려있는 Polyline을 선택할 경우 나타나는 옵션으로 시작점과 마지막 점을 연결하는 옵션
- Join : 끝점이 연결되어 있는 두 개 이상의 Object를 하나의 Polyline으로 변경하는 옵션
- Width : Polyline의 두께를 변경하는 옵션
- Edit vertex : Polyline의 각 정점을 편집하는 옵션
- Fit :
  Polyline의 모든 정점을 통과하며 각 정점을 곡선으로 하는 Polyline으로 편집하는 옵션
- Spline : 직선으로 된 Polyline을 곡선으로 변경하는 옵션
- Decurve :
  Fit 옵션과 Spline 옵션에 의해 곡선으로 편집된 Polyline을 직선으로 변경하는 옵션
- Ltype gen : 일정한 간격의 선종류를 설정하는 옵션
- Undo : 바로 전단계에 실행한 옵션을 취소하는 옵션

Select polyline: ← 폴리선 Object 선택

Object selected is not a polyline

Do you want to turn it into one? 〈Y〉 Y Enter ← Yes 옵션 선택

Enter an option [Close/Join/Width/Edit vertex/Fit/Spline/Decurve/Ltype gen/Undo]:
J Enter ← Join 옵션 선택

Select objects: ← 하나의 폴리선으로 연결할 다른 Object1 선택
Select objects: ← 하나의 폴리선으로 연결할 다른 Object2 선택
Select objects: ← 하나의 폴리선으로 연결할 다른 Object3 선택
Select objects: ← 하나의 폴리선으로 연결할 다른 Object4 선택
Select objects: Enter ← 더 이상 선택할 Object가 없으면 Enter

3 segments added to polyline

Enter an option [Join/Width/Edit vertex/Fit/Spline/Decurve/Ltype gen/Undo]:
Enter ← 더 이상 편집할 옵션이 없으면 Enter

Command: Pedit Enter

Select polyline: ← 폴리선 Object 선택
Enter an option [Close/Join/Width/Edit vertex/Fit/Spline/Decurve/Ltype gen/Undo]: C Enter ← Close 옵션 선택

Enter an option [Join/Width/Edit vertex/Fit/Spline/Decurve/Ltype gen/Undo]:
Enter ← 더 이상 편집할 옵션이 없으면 Enter

Command: Pedit Enter

Select polyline: ← 폴리선 Object 선택
Enter an option [Join/Width/Edit vertex/Fit/Spline/Decurve/Ltype gen/Undo]:
O Enter ← Open 옵션 선택

Enter an option [Close/Join/Width/Edit vertex/Fit/Spline/Decurve/Ltype gen/Undo]: Enter ← 더 이상 편집할 옵션이 없으면 Enter

Command: Pedit Enter↵

Select polyline: ← 폴리선 Object 선택

Enter an option [Join/Width/Edit vertex/Fit/Spline/Decurve/Ltype gen/Undo]:
W Enter↵ ← Width 옵션 선택

Specify new width for all segments: 2 Enter↵ ← Polyline의 두께 입력

Enter an option [Close/Join/Width/Edit vertex/Fit/Spline/Decurve/Ltype gen/Undo]: Enter↵ ← 더 이상 편집할 옵션이 없으면 Enter↵

Command: Pedit Enter↵

Select polyline: ← 폴리선 Object 선택

Enter an option [Join/Width/Edit vertex/Fit/Spline/Decurve/Ltype gen/Undo]:
F Enter↵ ← Fit 옵션 선택

Enter an option [Close/Join/Width/Edit vertex/Fit/Spline/Decurve/Ltype gen/Undo]: Enter↵ ← 더 이상 편집할 옵션이 없으면 Enter↵

3 Explode Modify ▶ Explode 분해

Polyline, Dimmension, Block 등과 같이 하나로 된 Object를 각각의 Object로 분해하는 명령어

Commend : Explode Enter↵

Select objects: ← 분해하고자 하는 첫 번째 Object 선택

Select objects: ← 분해하고자 하는 두 번째 Object 선택

Select objects: Enter↵ ← 더 이상 분해할 Object가 없으면 Enter↵

4 Hatch Draw ⮕ Hatch / Gradient 영역 채우기

지정된 영역에 일정한 문양을 채워넣는 명령어

Commend : Hatch Enter↵

Option

- Hatch : 패턴 유형을 설정하는 옵션
- Gradient : 적용할 그라데이션 유형을 설정하는 옵션

Command: Hatch Enter↵

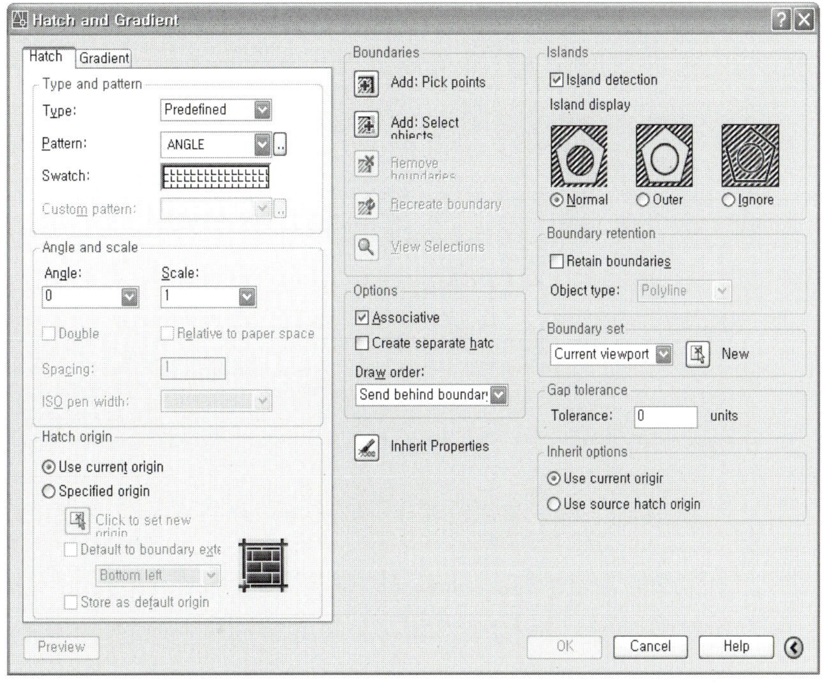

■ Type and pattern : Hatch의 유형 및 Pattern 설정

• Type - 문양형태 : Hatch Pattern의 종류를 지정하는 옵션
  - Predifined - 사전정의 : Acad.pat 파일에 저장되어 있는 Hatch Pattern을 사용하는 옵션
  - User difined - 사용자 정의 : 택사용자가 정의하여 Hatch Pattern을 만들어 사용하는 옵션
  - Custom - 사용자화 : 사용자가 만든 *.pat 파일에 저장되어 있는 Hatch Pattern을 사용하는 옵션

• Pattern - 문양 : Type - Predifined 옵션 선택시 활성화 되는 옵션으로 Hatch Pattern을 선택하는 옵션
  - ANSI : AINS 표준규격의 Pattern 종류를 선택하는 옵션
  - ISO : ISO 표준규격의 Pattern 종류를 선택하는 옵션
  - Other Predifined : AINS와 ISO의 Pattern을 제외한 Acad,pat 파일의 Pattern 종류를 선택하는 옵션
  - Custom : 사용자화 된 Pattern 종류를 선택하는 옵션

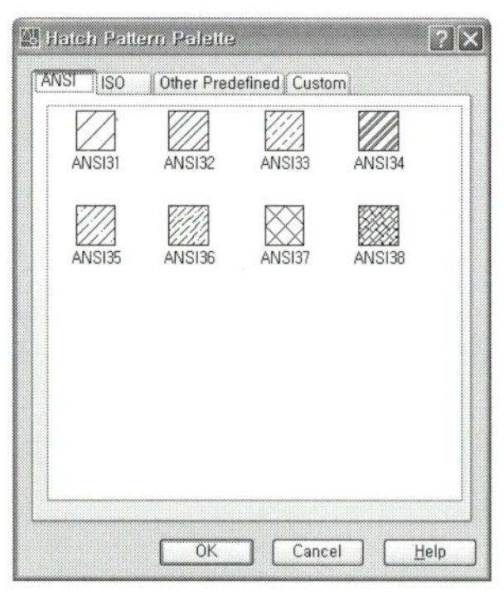

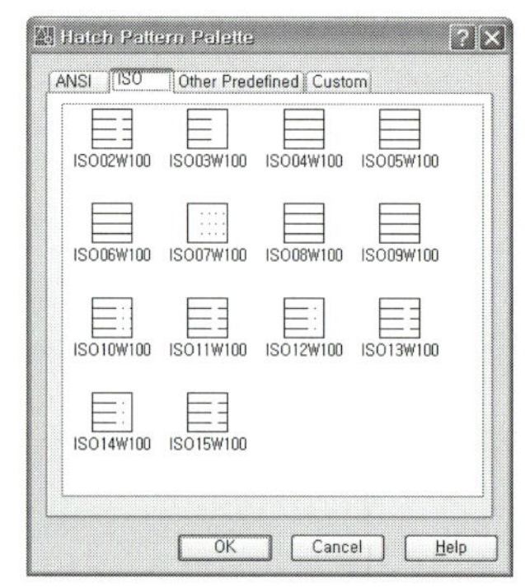

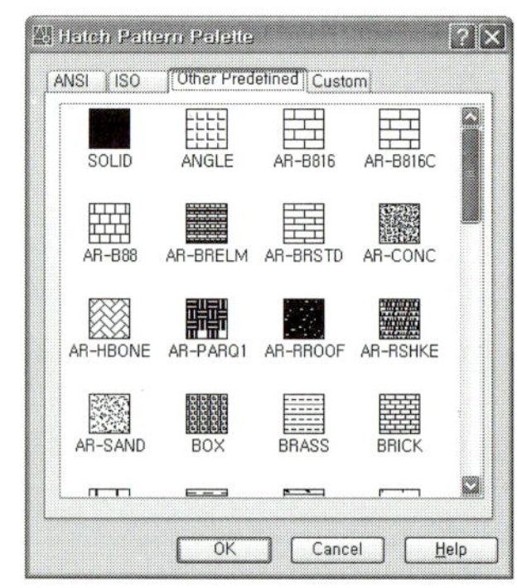

• Swatch - 견본 : 선택된 Hatch Pattern의 견본 모양을 보여주는 옵션

■ Angle and scale : Hatch의 각도와 크기 설정

• Angle - 각도 : 현재 UCS의 X축을 기준으로 상대적인 Hatch Pattern의 각도를 지정하는 옵션

• Scale - 축척 : Type - Predifined/Custom 옵션 선택시 활성화 되는 옵션으로 Hatch Pattern의 크기를 조절하는 옵션

• Spacing - 간격 : Type - Userdifined 옵션 선택시 활성화 되는 옵션으로 Hatch Pattern의 간격을 조절하는 옵션

- **ISO Pen width** - ISO 펜두께 : Predifined의 ISO 관련 pattern 선택시 활성화 되는 옵션으로 ISO pattern의 크기를 조절하는 옵션

■ **Hatch origin** : Hatch의 중심 설정

- **Use current origin** - 현재 원점 사용
- **Specified origin** - 원점 지정
  - **Click to set new origin** - 새로운 원점을 직접 지정
  - **Default to boundary** - 기본값으로 설정된 옵션 사용
  - **Store as default origin** - 기본값으로 저장하여 사용

■ **Boundaries** : Hatch의 영역 설정

- **Pick Point**(점 선택) : 점을 지정하여 Hatch 영역을 설정하는 옵션
- **Select Object**(객체 선택) : Object를 지정햐여 Hatch 영역을 설정하는 옵션
- **Remove Boundaries**(고립영역제거) : 선택된 부분을 Hatch 영역에서 제외시키는 옵션 → Hatch 영역 선택시 활성화
- **Recreate Boundary**(주변부선택) : 선택한 Hatch 영역 주변의 플리선이나 영역을 설정하는 옵션
- **View Selections**(선택요소보기) : 현재 설정되어 있는 Hatch 경계를 보여주는 옵션

■ **Option**

- **Associative** - 연관 : 경계가 수정될 경우 내부의 Hatch도 수정되는 옵션
- **Create separate hatch** - 여러 개의 영역이 있을 경우, 단일 해치 또는 멀티 해치를 지정하는 옵션
- **Draw order** - 해치를 다른 요소의 앞/뒤에 놓거나 해치 경계의 앞/뒤에 놓는 순서를 지정하는 옵션

■ **Inherit Properties**(특성 계승) : 이미 Hatch된 Pattern을 선택하여 다른 영역에 적용하는 옵션

■ **Islands**

- **Island Detection** : 영역을 채우는 방법을 설정하는 옵션

- Nomal : 일반
- Outer : 외부
- Ignore : 무시

Normal	Outer	Ignore

■ **Boundary retention** : 영역을 채운 후 Object의 경계유지 여부를 설정하는 옵션

- **Retain Boundaries** : Region - 영역 / Polyline - 폴리선

■ **Boundary Set** : Pick Point를 이용하여 영역을 탐지할 경우 탐지 영역을 설정하는 옵션

- **Current Viewport** : 현재 뷰포트에 있는 모든 Object에 대해 영역 탐지
- **Existing Set** : New 버튼을 이용하여 선택된 Object에 대해 영역 탐지
- **New** : 영역을 탐지할 Object를 선택하는 버튼

Command: **Hatch** Enter↵

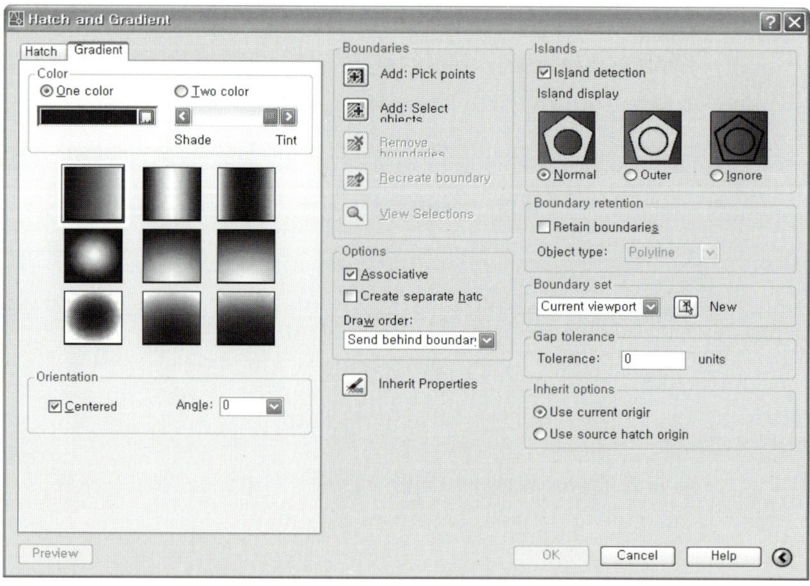

- Color(색상) : 색상을 지정하는 옵션
  - One color(한 색상) : 단일 색상으로 그라데이션을 만드는 옵션
  - Two color(두 색상) : 두가지 색상으로 그라데이션을 만드는 옵션

Index Color

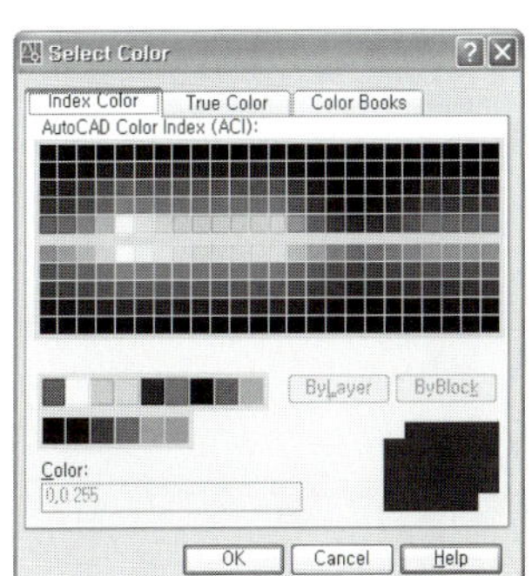

True Color

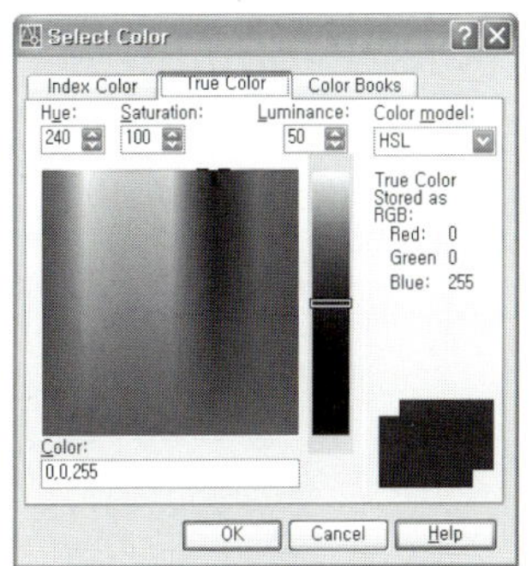

Color Book

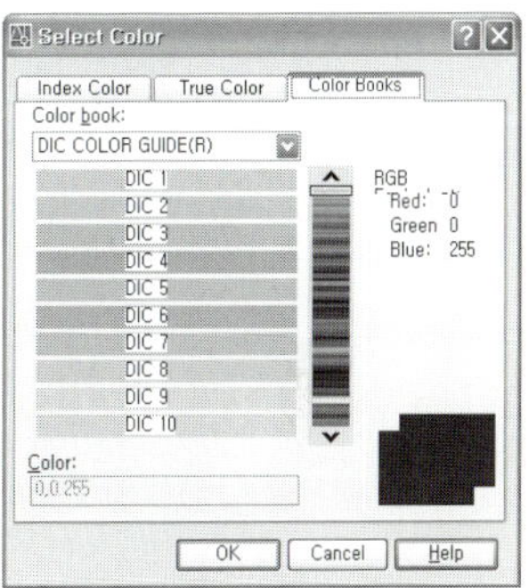

- Orientation
  - Centered : 선택한 개체의 중심을 시작점으로 그라데이션이 만들어지는 옵션
  - Angle : 그라데이션의 회전각을 지정하는 옵션

예제 11-1 주택평면 I

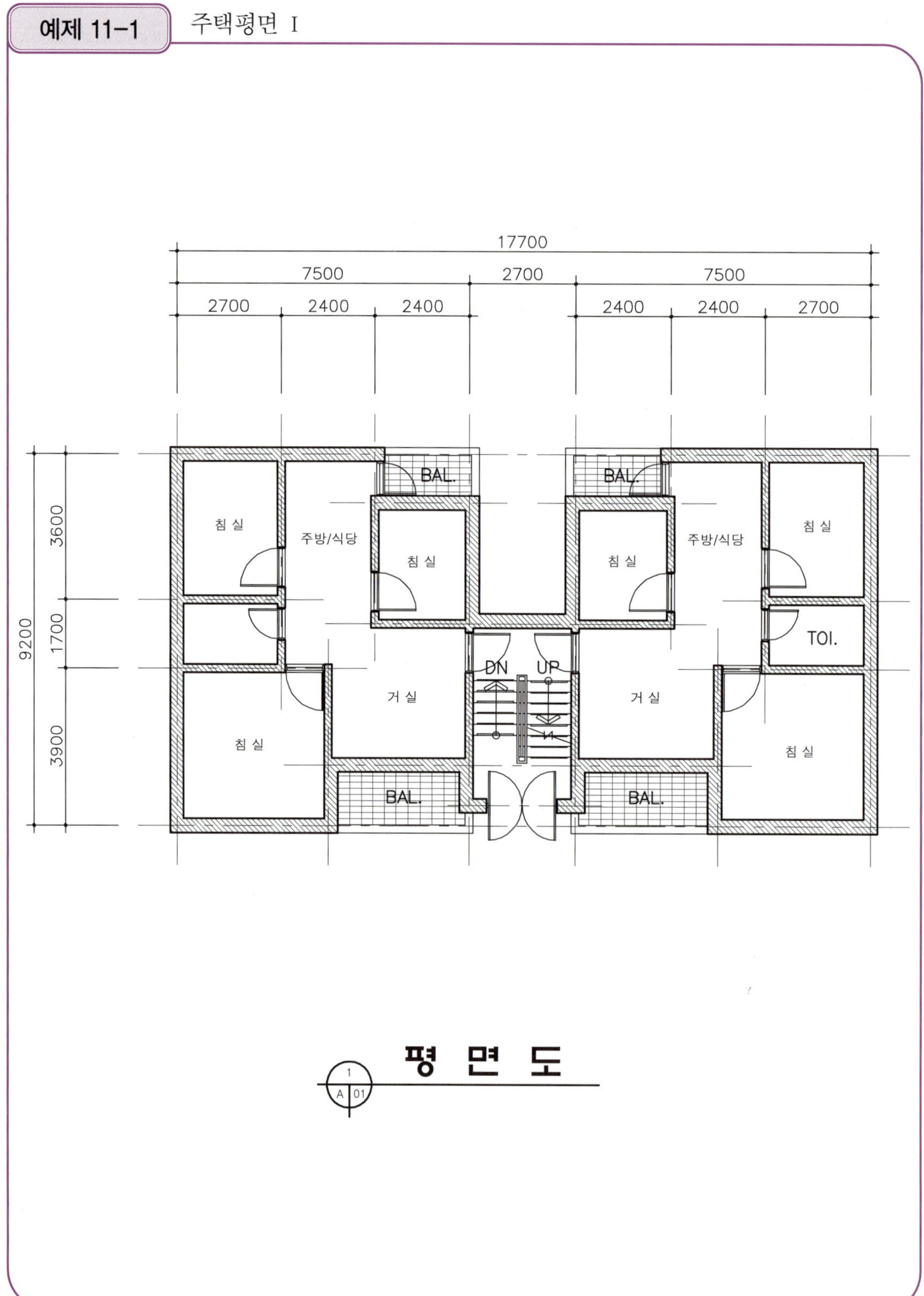
17700
7500
2700
7500
2700
2400
2400
2400
2400
2700
9200
3600
1700
3900
BAL.
BAL.
침 실
주방/식당
침 실
침 실
주방/식당
침 실
TOI.
DN
UP
거 실
거 실
침 실
침 실
BAL.
BAL.
평 면 도
1
A
01

예제 11-2 주택평면 II

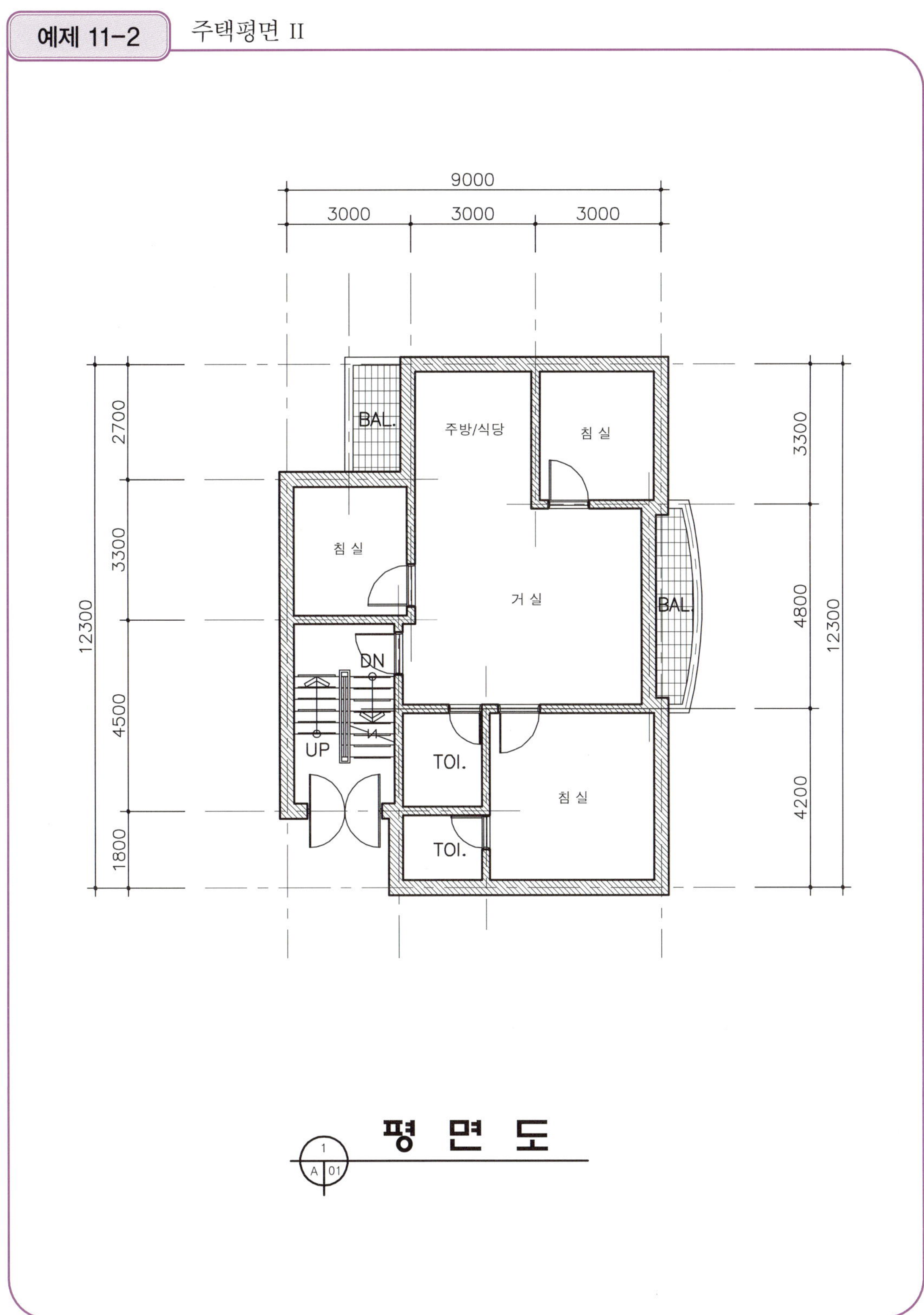

가구 블록 만들기

12 Week

- Copy
- Paste
- Paste as Block
- Block
- Wblock
- Insert
- Area
- Matchprop

12주 **주택평면**

1 _Copyclip | Edit ▶ Copy | 클립보드에 복사

현재 작업 중인 파일의 Object를 다른 CAD파일이나 다른 프로그램으로 가져가기 위하여 Clipboard에 복사하는 명령어 → [Ctrl] + C

Commend : _Copyclip [Enter↵]

Select object : ← Clipboard에 복사하고자 하는 Object 선택

Select object : [Enter↵] ← 더 이상 복사하고자 하는 Object가 없으면 [Enter↵]

2 _Pasteclip | Edit ▶ Paste | 붙여넣기

Clipboard에 복사해 놓은 Object를 작업 중인 파일에 그대로 붙여넣는 명령어 → [Ctrl] + V

Commend : _Pasteclip [Enter↵]

Specify insertion point : ← 붙여넣기 하고자 하는 Object의 삽입점 지정

3 _PasteBlock | Edit ▶ Paste as Block | 블록으로 붙여넣기

Clipboard에 복사해 놓은 Object를 작업 중인 파일에 블록의 형태로 붙여넣는 명령어 → [Ctrl] + [Shift] + V

Commend : _Pasteblock [Enter↵]

Specify insertion point : ← 붙여넣기 하고자 하는 Object의 삽입점 지정

4 Block Draw ◯ Block ◯ Make 블록

현재 작업 중인 파일에 블록을 만드는 명령어

Commend : block [Enter↵]

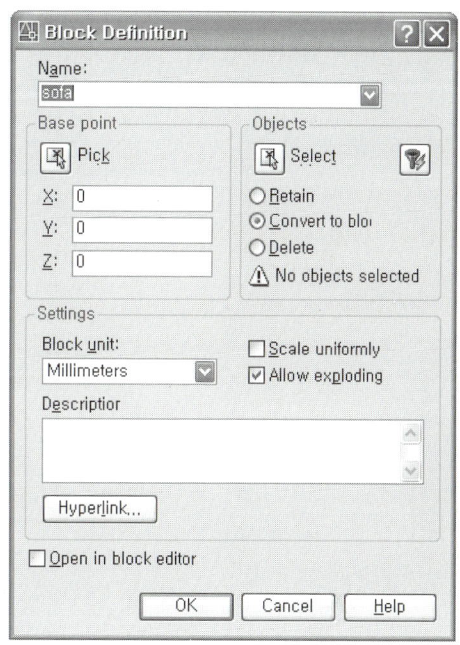

- Name - 이름 : 블록명을 입력하는 옵션
- Base Point - 기준점
  - Pick point - 점 선택 : 기준점을 선택하는 옵션
  - X/Y/Z : 기준점을 좌표값으로 입력하는 옵션
  - Object - 객체 : 파일로 저장할 Object를 도면에서 선택하는 옵션
  - Select object - 객체 선택 : 블록화 할 Object를 선택하는 옵션
  - Retain - 유지 : 선택한 Object를 원 상태대로 유지시키는 옵션
  - Convert to block - 블록으로 변환 : 선택한 Object를 블록으로 변환시키는 옵션
  - Delete - 삭제 : 선택한 Object를 블록 정의해서 삭제시키는 옵션
- Preview icon - 미리보기 아이콘 : 블록으로 설정한 Object의 아이콘 이미지의 생성여부를 선택하는 옵션
  - Do not include icon - 아이콘을 포함하지 않음 : 아이콘을 작성하지 않는 옵션
  - Create icon from block geometry - 블록형상으로부터 아이콘 작성 : 아이콘을 작성하는 옵션
- Insert Units - 단위삽입 : 사용할 단위를 선택하는 옵션
- Description - 설명 : 블록을 검색할 경우 구별될 수 있는 설명문을 입력하는 옵션

5 Wblock 블록

작업중인 파일에 블록을 만드는 것이 아니라 독립적인 파일로 저장하여 블록을 만드는 명령어

Commend : Wblock Enter↲

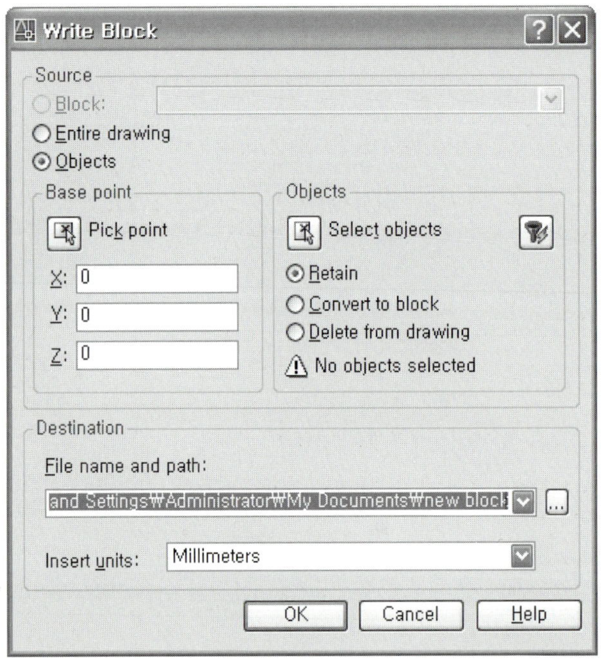

• Source - 근원
- Block - 블록 : 현재 도면에 정의된 블록을 외부파일로 저장하는 옵션
- Entire drawing - 전체도면 : 현재 도면의 모든 Object를 외부파일로 저장하는 옵션
- Object - 객체 : 파일로 저장할 Object를 도면에서 선택하는 옵션

• Base Point - 기준점
- Pick point - 점 선택 : 기준점을 선택하는 옵션
- X/Y/Z : 기준점을 좌표값으로 입력하는 옵션
- Object - 객체 : 파일로 저장할 Object를 도면에서 선택하는 옵션

- Object - 객체
  - Select object - 객체 선택 : 블록화 할 Object를 선택하는 옵션
  - Retain - 유지 : 선택한 Object를 원 상태대로 유지시키는 옵션
  - Convert to block - 블록으로 변환 : 선택한 Object를 블록으로 변환시키는 옵션
  - Delete - 삭제 : 선택한 Object를 블록 정의해서 삭제시키는 옵션

- Destination - 대상
  - File name - 파일명 : 파일명을 입력하는 옵션
  - Location - 위치 : 파일의 위치를 입력하는 옵션
  - Insert units - 단위삽입 : 사용할 단위를 선택하는 옵션

6 Insert Insert ◯ Block 삽입

현재 작업중인 파일에 블록이나 다른 파일을 불러들이는 명령어

Commend : Insert Enter↵

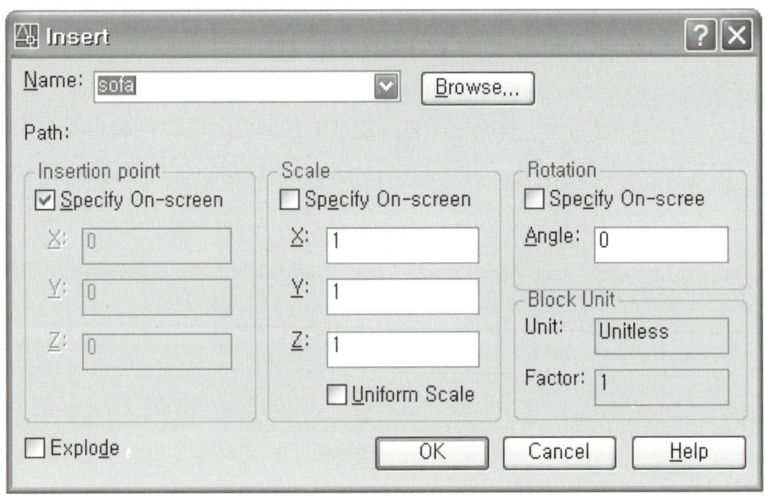

- Name - 이름 : 삽입할 블록명을 입력하거나 Browser를 사용하여 삽입할 파일을 선택하는 옵션
- Insertion Point - 삽입점 : 화면상에 지정하거나
  - X/Y/Z : 삽입점을 좌표값으로 입력하는 옵션
- Scale - 축척 : 화면상에 지정하거나
  - X/Y/Z : X/Y/Z축의 축척값을 입력하는 옵션
- Rotation - 회전 : 화면상에 지정하거나
  - Angle - 각도 : 각도를 입력하는 옵션

7 Area Tools ⮕ Inquiry ⮕ Area 면적

면적을 계산해 주는 명령어

Commend : Area Enter↵

Option

- **First corner point** : 점을 연속 지정하여 면적을 구하는 옵션
- **Object** : Object를 선택하여 면적을 구하는 옵션
- **Add** : 점을 연속지정하거나 Object를 추가로 선택하여 면적을 합산하는 옵션
- **Subtract** : 점을 연속지정하거나 Object를 추가로 선택하여 면적을 감하는 옵션

Specify first corner point or [Object/Add/Subtract]: O Enter↵

← Object 옵션 선택

Select objects: ← 면적을 확인하고자 하는 Object 선택

Area = 6000.0000, Perimeter = 320.0000

8 Matchprop Modify ➡ Match Properties 특성일치

Object의 일부 또는 모든 특성을 하나이상의 다른 Object에 복사하는 명령어

Commend : Matchprop [Enter↵]

Select source object: ← 특성일치를 하고자하는 원본 Object 선택

Current active settings: Color Layer Ltype Ltscale Lineweight Thickness PlotStyle Text Dim Hatch

Select destination object(s) or [Settings]:

← 특성일치를 하고자하는 대상 Object 선택

Select destination object(s) or [Settings]:

← 특성일치를 하고자하는 대상 Object 선택

Select destination object(s) or [Settings]: [Enter↵]

← 더 이상 특성일치 하고자 하는 Object가 없으면 [Enter↵]

예제 12-1 주택평면 Ⅰ

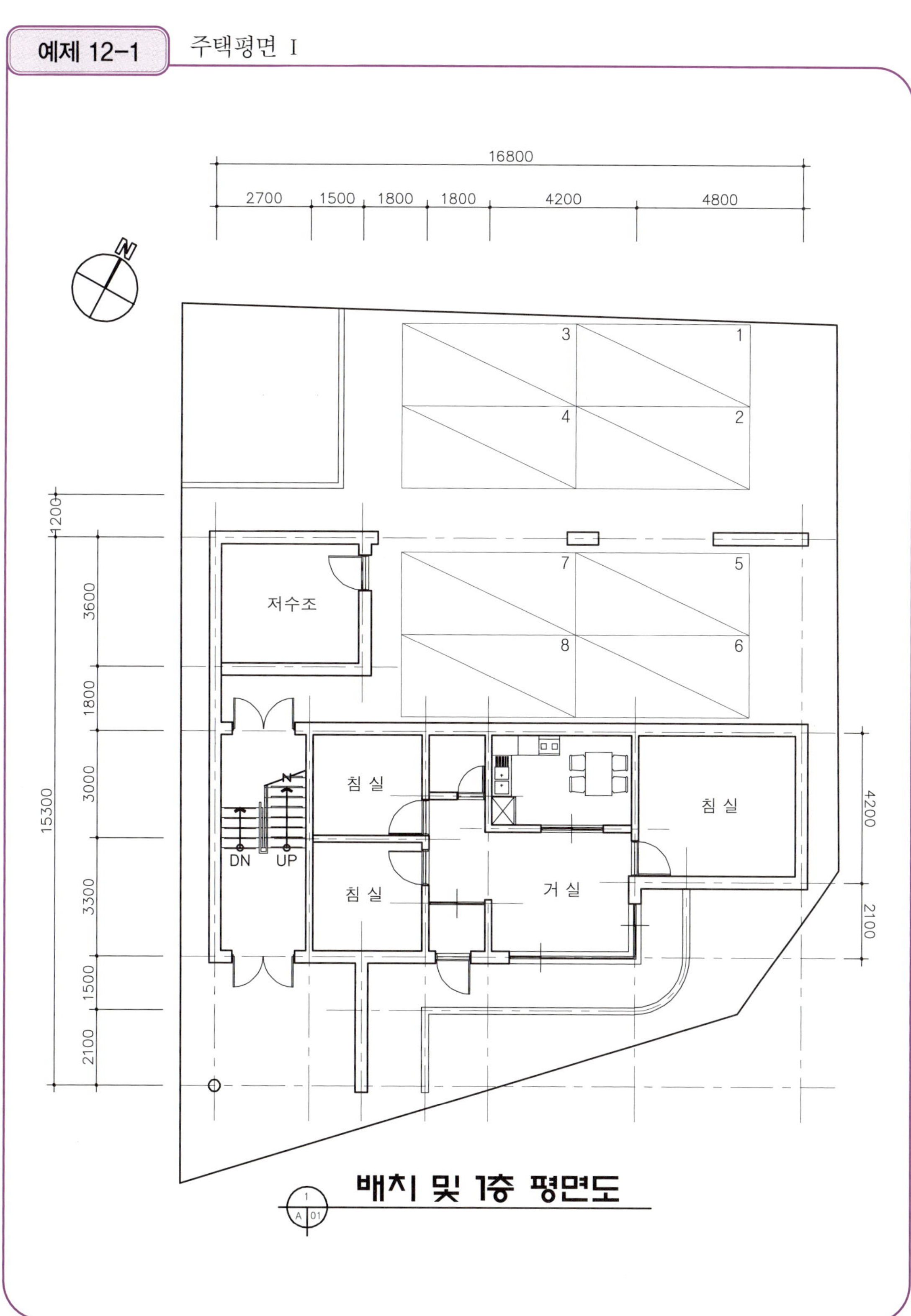
16800
2700
1500
1800
1800
4200
4800
N
3
1
4
2
7
5
8
6
저수조
침 실
침 실
침 실
거 실
DN
UP
1200
3600
1800
3000
3300
1500
2100
15300
4200
2100
1
A
01
배치 및 1층 평면도

예제 12-2 주택평면 II

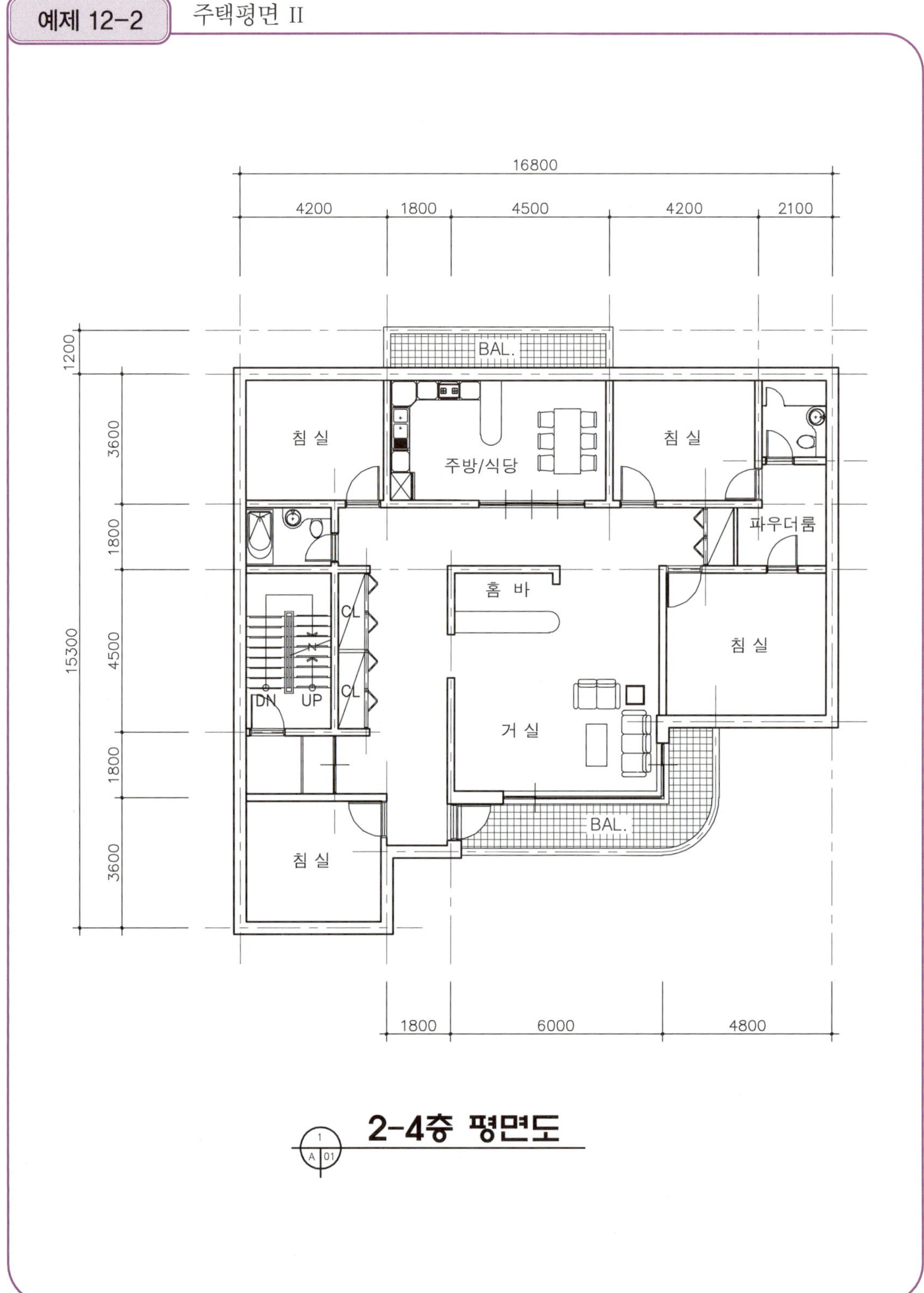

문자 기입

13 Week

- Text
- Ddedit
- Mtext
- Style

13주 **개요작성**

1 Text Draw ▶ Text ▶ Single Line Text 문자

문자를 기입하는 명령어

Commend : Text [Enter↵]

Option

- Start point of text : 문자 작성의 시작점을 지정하는 옵션
- Justify : 문자를 작성하는 경우 문자의 정렬 방법을 설정하는 옵션
  - Align :
    첫 번째 기준점과 두 번째 기준점까지의 각도와 거리에 비례하여 문자를 정렬하는 옵션
  - Fit : 첫 번째 기준점과 두 번째 기준점까지의 크기에 맞게 정렬하는 옵션
  - Center : 문자 작성의 시작점을 문자의 중심으로 하는 옵션
  - Middle : 문자 작성의 시작점을 문자의 중간으로 하는 옵션
  - Rright : 문자 작성의 시작점을 문자의 오른쪽으로 하는 옵션
  - TL : 문자 작성의 시작점을 문자의 왼쪽 위로 하는 옵션
  - TC : 문자 작성의 시작점을 문자의 위쪽 중심으로 하는 옵션
  - TR : 문자 작성의 시작점을 문자의 오른쪽 위로 하는 옵션
  - ML : 문자 작성의 시작점을 문자의 왼쪽 중간으로 하는 옵션
  - MC : 문자 작성의 시작점을 문자의 중심 중간으로 하는 옵션
  - MR : 문자 작성의 시작점을 문자의 오른쪽 중간으로 하는 옵션
  - BL : 문자 작성의 시작점을 문자의 왼쪽 아래로 하는 옵션
  - BC : 문자 작성의 시작점을 문자의 중심 아래로 하는 옵션
  - BR : 문자 작성의 시작점을 문자의 오른쪽 아래로 하는 옵션

- Style : 문자를 작성하는 경우 문자의 유형을 설정하는 옵션
  - Style name : 문자 유형의 이름을 지정하는 옵션
  - ? : 현재 설정되어 있는 문자 유형을 보여주는 옵션

Current text style: "Standard" Text height: 2.5000

Specify start point of text or [Justify/Style]: Point ← 문자작성의 시작점 클릭

Specify height ⟨2.5000⟩: 3 Enter↵ ← 문자의 크기 입력

Specify rotation angle of text ⟨0⟩: 0 Enter↵ ← 문자의 각도 입력

Enter text: Autocad 2D Enter↵ ← 원하는 문자 입력

Enter text: Autocad 3D Enter↵ ← 원하는 문자 입력

Enter text: Enter↵ ← 더 이상 입력할 문자가 없으면 Enter↵

Command: Text Enter↵

Current text style: "Standard" Text height: 2.5000

Specify start point of text or [Justify/Style]: J Enter↵ ← Justify 옵션 선택

Enter an option [Align/Fit/Center/Middle/Right/TL/TC/TR/ML/MC/MR/BL/BC/BR]: A Enter↵ ← Align 옵션 선택

Specify first endpoint of text baseline: Point1 ← 기준선의 첫 번째점 클릭

Specify second endpoint of text baseline: Point2 ← 기준선의 두 번째점 클릭

Enter text: Autocad Enter↵ ← 원하는 문자 입력

Enter text: Enter↵ ← 더 이상 입력할 문자가 없으면 Enter↵

Command: Text Enter↵

Current text style: "Standard" Text height: 2.5000

Specify start point of text or [Justify/Style]: J Enter↵ ← Justify 옵션 선택

Enter an option [Align/Fit/Center/Middle/Right/TL/TC/TR/ML/MC/MR/BL/BC/BR]: C Enter↵ ← Center 옵션 선택

Specify center point of text: Point ← 문자작성의 시작점 클릭

Specify height ⟨2.5000⟩: 2.5 Enter↵ ← 문자의 크기 입력

Specify rotation angle of text ⟨0⟩: 0 Enter↵ ← 문자의 각도 입력

Enter text: Autocad Enter↵ ← 원하는 문자 입력

Enter text: Enter↵ ← 더 이상 입력할 문자가 없으면 Enter↵

위치	Left	Center	Right
Top	(TL) × AutoCAD	(TC) × AutoCAD	(TR) × AutoCAD
Middle	(ML) × AutoCAD	(MC) × AutoCAD	(MR) × AutoCAD
기본		(Middle) × AutoCAD	
	(Left) × AutoCAD	(Center) × AutoCAD	(Right) × AutoCAD
Below	(BL) × AutoCAD	(BC) × AutoCAD	(BR) × AutoCAD

Command: Text Enter↵

Current text style: "Standard" Text height: 2.5000

Specify start point of text or [Justify/Style]: **S** Enter↵ ← Style 옵션 선택

Enter style name or [?] ⟨Standard⟩: **?** Enter↵ ← ? 옵션 선택

Enter text style(s) to list ⟨*⟩: Enter↵

Text styles: ← 설정된 문자 유형의 목록을 표시

Style name: "ROMANS" Font files: ROMANS

Height: 0.0000 Width factor: 1.0000 Obliquing angle: 0

Generation: Normal

Style name: "Standard" Font typeface: 휴먼우린체

Height: 0.0000 Width factor: 1.0000 Obliquing angle: 0

Generation: Normal

Current text style: "Standard" ← 현재 설정된 문자 유형 표시

Current text style: "Standard" Text height: 1.5000

Specify start point of text or [Justify/Style]: **S** Enter↵ ← Style 옵션 선택

Enter style name or [?] 〈Standard〉: **Romans** Enter↵

← 원하는 문자 유형의 이름 입력

Current text style: "ROMANS" Text height: 2.5000

Specify start point of text or [Justify/Style]: **Point** ← 문자작성의 시작점 클릭

Specify height 〈2.5000〉: **3** Enter↵ ← 문자의 크기 입력

Specify rotation angle of text 〈0〉: **0** Enter↵ ← 문자의 각도 입력

Enter text: **Autocad 2D** Enter↵ ← 원하는 문자 입력

Enter text: Enter↵ ← 더 이상 입력할 문자가 없으면 Enter↵

2 DDedit Modify ▶ Object ▶ Text ▶ Edit 문자 수정

문자를 수정하는 명령어

Commend : **DDedit** Enter↵

Select an annotation object or [undo] ← 수정할 문자 선택

Select an annotation object or [undo] Enter↵ ← 수정할 문자가 더 이상 없으면 Enter↵

3 Mtext Draw ⭘ Text ⭘ Multiline Text 문자열

문자 대화상자를 이용하여 여러행의 문자를 한번에 작성하는 명령어

Commend : Mtext Enter↵

Current text style: "Standard" Text height: 2.5

Specify first corner: Point1 ← 문자열 상자의 첫 번째점 클릭

Specify opposite corner or [Height/Justify/Line spacing/Rotation/Style/Width]

Point1 ← 문자열 상자의 두 번째점 클릭

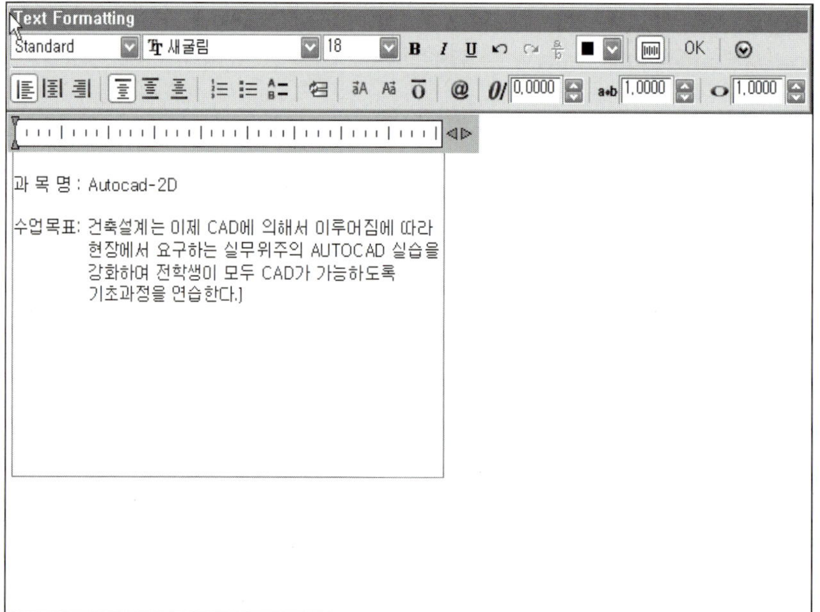

← 문자열 입력창에 원하는 문자를 입력

← 더 이상 입력할 문자가 없으면 OK

- Character - 문자 : 문자의 유형, 문자의 글꼴, 크기, 색상 등을 설정하는 옵션

- **Properties** - 특성 : 자리 맞추기, 폭, 각도를 설정하는 옵션

  - **Justificatin** - 자리 맞추기
  - **Width** - 폭
  - **Rotation** - 각도
  - **Linespacing** - 행간격

- **Degrees** - %%d : 도 ex) 45°
- **Plus/Minus** - %%p : 양수/음수 ex) ±45
- **Diameter** - %%c : 지름 ex) ϕ45
- **Non-breaking Space** : 비-중단 공백 문자열 편집가애서눈 반컨으로 출력되지만 화면상에는 빈간이 출력되지 않게 하는 옵션

- **Other** - 기타

Degrees	%%d
Plus/Minus	%%p
Diameter	%%c
Almost Equal	₩U+2248
Angle	₩U+2220
Boundary Line	₩U+E100
Center Line	₩U+2104
Delta	₩U+0394
Electrical Phase	₩U+0278
Flow Line	₩U+E101
Identity	₩U+2261
Initial Length	₩U+E200
Monument Line	₩U+E102
Not Equal	₩U+2260
Ohm	₩U+2126
Omega	₩U+03A9
Property Line	₩U+214A
Subscript 2	₩U+2082
Squared	₩U+00B2
Cubed	₩U+00B3
Non-breaking Space	Ctrl+Shift+Space
Other...	

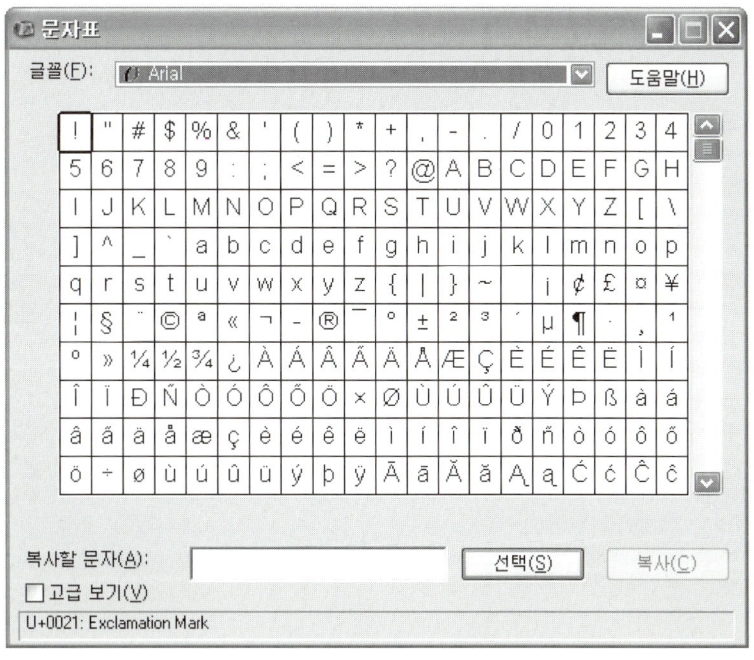

4 Style Format ➡ Text Style 문자유형

문자의 유형을 설정하는 명령어

Commend : Style Enter↵

- Style name : 유형 이름
  - New : 신규
  - Rename : 이름바꾸기
  - Delete : 삭제
- Font : 글꼴
  - Font name : 글꼴 이름
  - Font style : 글꼴 유형
  - Height : 높이
- Effects : 효과
  - Upside down : 위아래가 뒤집힘
  - Backword : 거꾸로
  - Vertical : 수직
  - Width factor : 폭 요인
  - Oblique angle : 기울기 각도
- Preview : 미리보기

예제 13-1 설계 개요

설 계 개 요

대 지 위 치	서울특별시 강남구 논현동 10-23				
지역 / 지구	1종 일반주거지역				
도로와의 관계	8M, 6M 도로에 면함				
대 지 면 적	$401.^{0}$ M^2 ($121.^{3}$ PY)				
건 축 면 적	구 분	면 적		용 도	비 고
		(M^2)	(PY)		
	지상 1 층	$95.^{76}$	$28.^{67}$	연립주택	
	지상 2 층	$204.^{30}$	$61.^{80}$	연립주택	
	지상 3 층	$204.^{30}$	$61.^{80}$	연립주택	
	지상 4 층	$204.^{30}$	$61.^{80}$	연립주택	
	옥 탑 층			계단실, 물탱크	연면적산정시 제외
	합 계	708.	214.		
지상층면적	$709.^{66}$ M^2 ($214.^{67}$ PY)				
건 축 면 적	$209.^{80}$ M^2 ($63.^{46}$ PY)				
연 면 적	$708.^{66}$ M^2 ($214.^{37}$ PY)				
건 폐 율	($209.^{80}$ / $401.^{00}$) x 100 = $52.^{32}$ %				
용 적 율	($708.^{80}$ / $401.^{00}$) x 100 = $176.^{72}$ %				
주 차 대 수	8 대				
층 수	지상 4 층				
구 조	철근콘크리트조				
비 고	본 설계시 면적증감 가능				

예제 13-2 주택평면 I

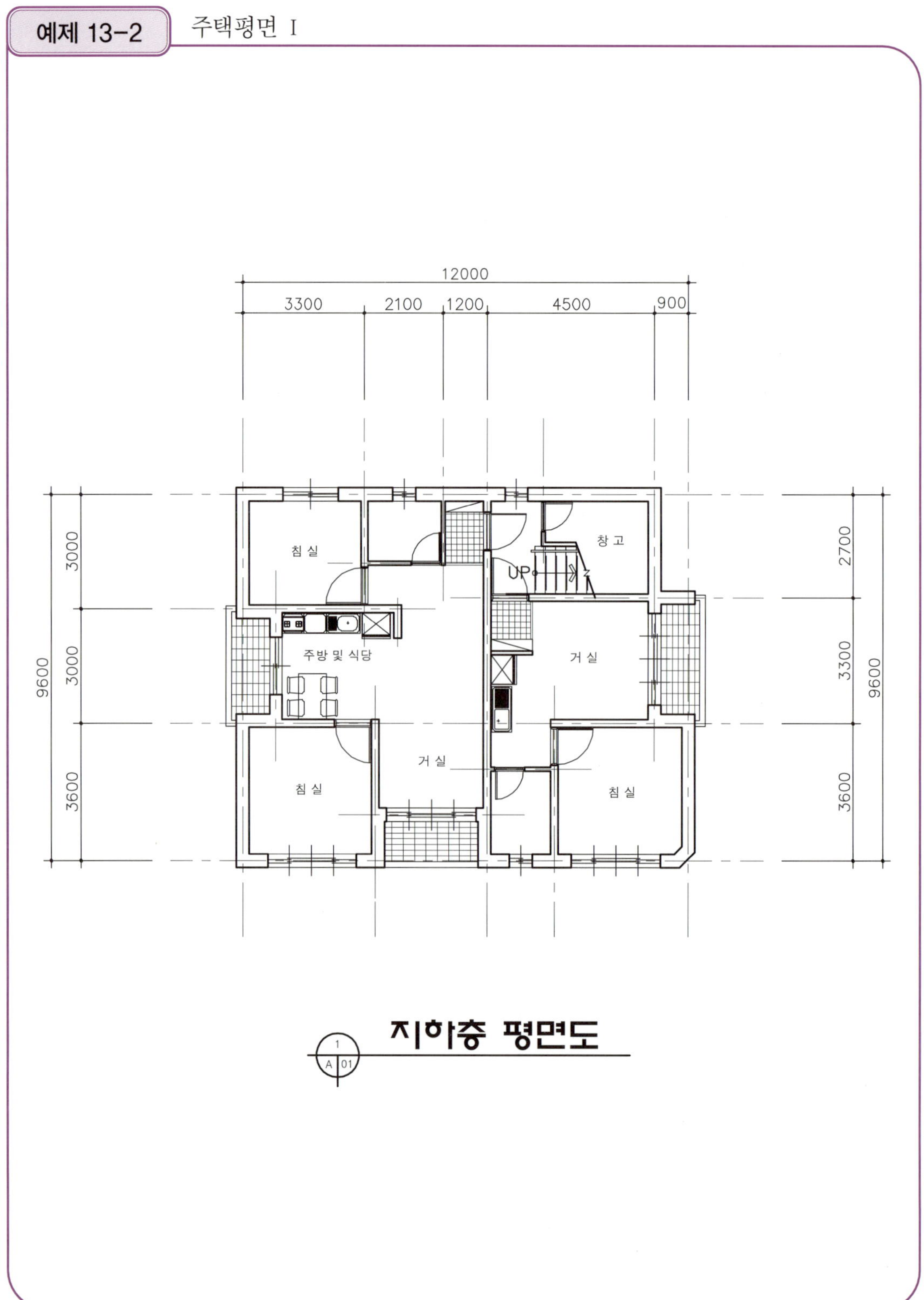
12000
3300
2100
1200
4500
900
9600
3000
3000
3600
2700
3300
3600
9600
침 실
창 고
UP
주방 및 식당
거 실
거 실
침 실
침 실
지하층 평면도
1
A
01

예제 13-3 주택평면 II

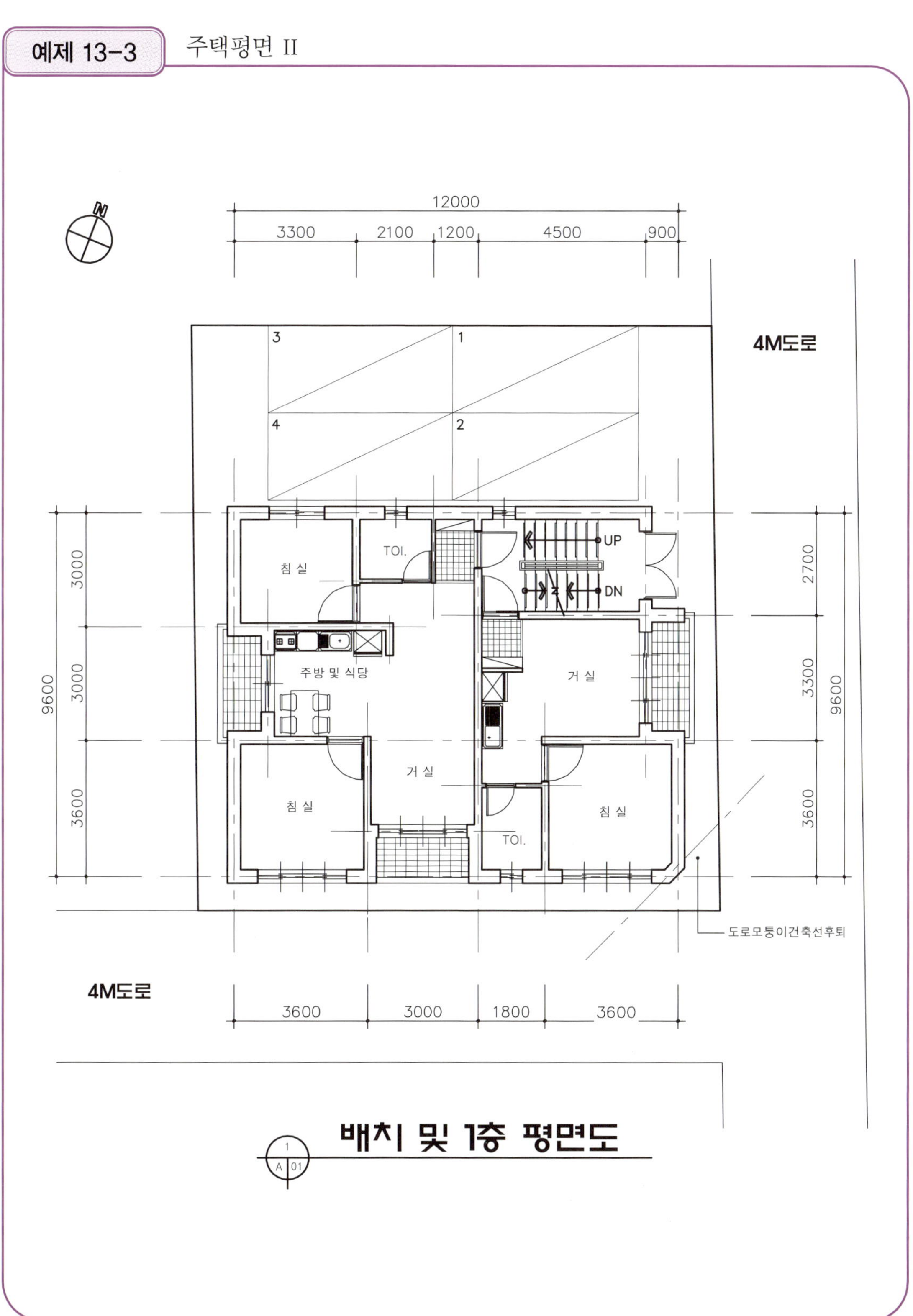

치수 기입

14 Week

Dimension

14주 **치수기입**

1 Dim Dim 치수

치수를 기입하는 명령어

Commend : Dim Enter↵

Option

- **QDim** : 복잡한 형상의 물체를 일련의 치수로 한번에 신속하게 기입하는 옵션
- **Liner** : 원이나 호의 지름을 기입하는 옵션
- **Aligned** : 기울기가 있는 치수선을 기입하는 옵션
- **Ordinate** : 세로좌표 치수를 기입하는 옵션
- **Radius** : 원이나 호의 반지름을 기입하는 옵션
- **Diameter** : 원이나 호의 지름을 기입하는 옵션
- **Angular** : 교차하는 두 선이 이루는 각을 기입하는 옵션
- **Baseline** : 처음 지정된 치수선을 기준으로 상단에 연이어 치수를 기입하는 옵션
- **Continue** : 연속적으로 치수선을 기입하는 옵션
- **Leader** : 지시선을 사용하여 치수를 기입하는 옵션
- **Tolerance** : 치수문자 공차의 형식을 조절하는 옵션
- **Center mark** : 원이나 호의 중심을 표시하는 옵션
- **Oblique** : 이미 작성된 치수보조선에 대한 경사각을 새로 설정하는 옵션
- **Aline text** : 치수문자를 정렬하는 옵션
- **Style** : 치수 유형을 설정하는 옵션
- **Override** : 특정 치수에 대해 임시적으로 변수를 재지정하는 옵션
- **Update** : 재 설정된 특정한 치수의 변수값을 적용하는 옵션

Quick Dimension
Linear
Aligned
Arc Length
Ordinate
Radius
Jogged
Diameter
Angular
Baseline
Continue
Leader
Tolerance...
Center Mark
Oblique
Align Text
Dimension Style...
Override
Update
Reassociate Dimensions

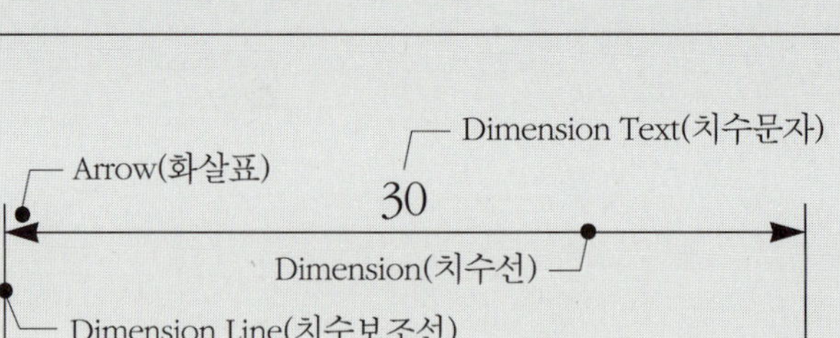

2 Dimlinear Dimension ▶ Linear 선형치수

선형치수를 기입하는 명령어

Commend : Dim Enter↵

Option

- HORizontal : 점을 연속 지정하여 면적을 구하는 옵션
  - Mtext : 문자열 상자를 이용하여 문자를 기입하는 옵션
  - Text : 치수문자를 수정하는 옵션
  - Angle : 치수문자에 기울기를 주는 옵션
- VERtical : Object를 선택하여 면적을 구하는 옵션
- ROTated : 점을 연속지정하거나 Object를 추가로 선택하여 면적을 합산하는 옵션

Dim: Hor / Ver Enter↵ ← 옵션 선택

Specify first extension line origin or 〈select object〉: Point1

← 치수선의 시작점 클릭

Specify second extension line origin: Point2 ← 치수선의 끝점 클릭

Specify dimension line location or [Mtext/Text/Angle]: A Enter↵

← Angle 옵션 선택

Specify angle of dimension text: 30 Enter↵ ← 각도 입력

Specify dimension line location or [Mtext/Text/Angle]: T Enter↵

← Text 옵션 선택

Enter dimension text 〈60.00〉: 50 Enter↵ ← 새로운 치수문자 입력

Specify dimension line location or [Mtext/Text/Angle]: M Enter↵

← MText 옵션 선택

변화치수< >

Specify dimension line location or [Mtext/Text/Angle]: **9** Enter↵
← 치수선의 위치값 지정

Dim: Esc ← 더 이상 기입할 치수가 없으면 Esc

Command: Dim Enter↵

Dim: **Rot** Enter↵ ← Rotate 옵션 선택

Specify angle of dimension line ⟨0⟩: **30** Enter↵ ← 치수선의 회전각도 입력

Specify first extension line origin or ⟨select object⟩: **Point1**
← 치수선의 시작점 클릭

Specify second extension line origin: **Point2** ← 치수선의 끝점 클릭

Specify dimension line location or [Mtext/Text/Angle]: **9** Enter↵
← 치수선의 위치값을 지정하거나 옵션선택

Enter dimension text ⟨30⟩: Enter↵ ← 치수값을 확인하거나 새로운 값 입력

Dim: Esc ← 더 이상 기입할 치수가 없으면 Esc

옵션별 Dimension의 형태

Horizontal	Vertical	Rotate	Aligned
 12	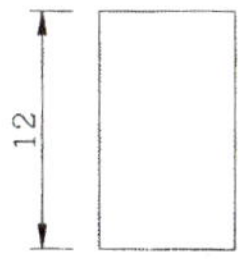 12	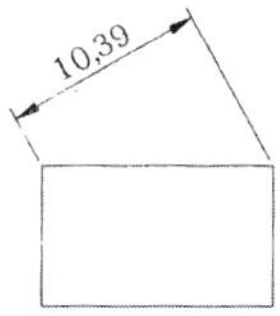 10.39	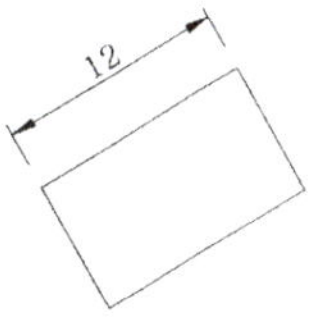 12
Baseline	Continue		Leader
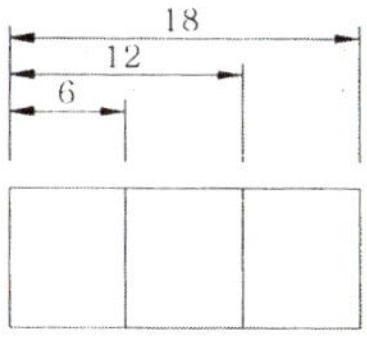 18 12 6	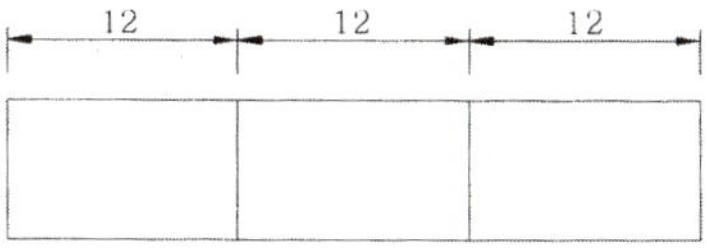 12 12 12		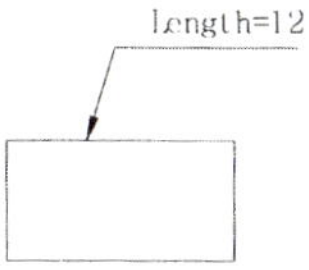 Length=12
Radius	Diameter	Center mark	Angular
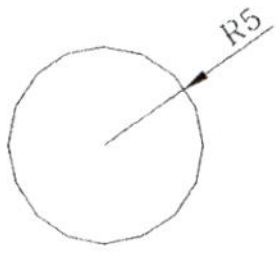 R5	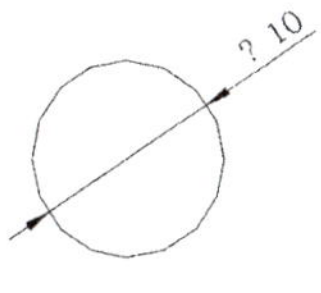 ? 10	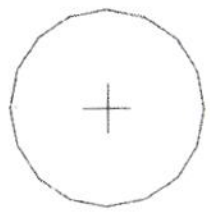	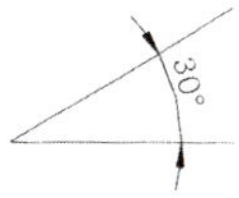 30°

3 Dimaligned Dimension ➡ Aligned 정렬치수

기울기가 있는 Object의 치수를 기입하는 명령어

Commend : Dim [Enter↵]

Dim: Ali [Enter↵] ← Aligned 옵션 선택

Specify first extension line origin or 〈select object〉: Point1
← 치수선의 시작점 클릭

Specify second extension line origin: Point2 ← 치수선의 끝점 클릭

Specify dimension line location or [Mtext/Text/Angle]: 9 [Enter↵]
← 치수선의 위치값을 지정하거나 옵션선택

Enter dimension text 〈30〉: [Enter↵] ← 치수값을 확인하거나 새로운 값 입력

Dim: [Esc] ← 더 이상 기입할 치수가 없으면 [Esc]

4 Dimbaseline　Dimension ➔ Baseline　기준치수

미리 작성한 치수의 첫 번째 치수선을 기준으로 상단에 연속으로 치수를 기입하는 명령어

Commend : Dim [Enter↵]

Dim: Hor [Enter↵] ← Horizental 옵션 선택

Specify first extension line origin or 〈select object〉: Point1
← 치수선의 시작점 클릭

Specify second extension line origin: Point2 ← 치수선의 끝점 클릭

Specify dimension line location or [Mtext/Text/Angle]: 9 [Enter↵]
← 치수선의 위치값 지정

Enter dimension text 〈12〉: [Enter↵] ← 치수값을 확인하거나 새로운 값 입력

Dim: Bas [Enter↵] ← Baseline 옵션 선택

Specify a second extension line origin or [Select]〈Select〉: Point3
← 치수선의 끝점 클릭

Enter dimension text 〈24〉: [Enter↵] ← 치수값을 확인하거나 새로운 값 입력

Dim: Bas [Enter↵] ← Baseline 옵션 선택

Specify a second extension line origin or [Select]〈Select〉: Point4
← 치수선의 끝점 클릭

Enter dimension text 〈36〉: [Enter↵] ← 치수값을 확인하거나 새로운 값 입력

Dim: [Esc] ← 더 이상 기입할 치수가 없으면 [Esc]

5 Dimacontinue | Dimension ▸ Continue | 연속치수

치수를 연속해서 기입하는 명령어

Commend : **Dim** [Enter↵]

Dim: **Hor** [Enter↵] ← Horizental 옵션 선택

Specify first extension line origin or ⟨select object⟩: **Point1**

← 치수선의 시작점 클릭

Specify second extension line origin: **Point2** ← 치수선의 두 번째점 클릭

Specify dimension line location or [Mtext/Text/Angle]: **9** [Enter↵]

← 치수선의 위치값 지정

Enter dimension text ⟨12⟩: [Enter↵] ← 치수값을 확인하거나 새로운 값 입력

Dim: **Con** [Enter↵] ← Baseline 옵션 선택

Specify a second extension line origin or [Select]⟨Select⟩: **Point3**

← 치수선의 세 번째점 클릭

Enter dimension text ⟨12⟩: [Enter↵] ← 치수값을 확인하거나 새로운 값 입력

Dim: **Con** [Enter↵] ← Baseline 옵션 선택

Specify a second extension line origin or [Select]⟨Select⟩: **Point4**

← 치수선의 네 번째점 클릭

Enter dimension text ⟨12⟩: [Enter↵] ← 치수값을 확인하거나 새로운 값 입력

Dim: [Esc] ← 더 이상 기입할 치수가 없으면 [Esc]

6 Dimradius | Dimension ➡ Radius | 반지름 치수

Object의 반지름 치수를 기입하는 명령어

Commend : Dim [Enter↵]

Dim: Rad [Enter↵] ← Radius 옵션 선택

Select arc or circle: Select ← 지름 치수를 기입하고자 하는 Object 선택

Enter dimension text ⟨5⟩: 5 [Enter↵] ← 반지름 치수를 확인하거나 재입력

Specify dimension line location or [Mtext/Text/Angle]: 9 [Enter↵]

← 치수선의 위치값을 지정하거나 옵션선택

Dim: [Esc] ← 더 이상 기입할 치수가 없으면 [Esc]

7 Dimdiameter | Dimension ➡ Diameter | 지름 치수

Object의 지름 치수를 기입하는 명령어

Commend : Dim [Enter↵]

Dim: Dia [Enter↵] ← Diameter 옵션 선택

Select arc or circle: Select ← 지름 치수를 기입하고자 하는 Object 선택

Enter dimension text ⟨10⟩: 10 [Enter↵] ← 지름 치수를 확인하거나 재입력

Specify dimension line location or [Mtext/Text/Angle]: 9 [Enter↵]

← 치수선의 위치값을 지정하거나 옵션선택

Dim: [Esc] ← 더 이상 기입할 치수가 없으면 [Esc]

8 Dimangular Dimension ➡ Angular 각도치수

교차하는 두 Object가 이루는 각도 치수를 기입하는 명령어

Commend : Dim Enter↵

Dim: Ang Enter↵ ← Angular 옵션 선택

Select arc, circle, line, or 〈specify vertex〉: Select
← 각도를 기입하고자 하는 첫 번째 Object 선택
Select second line: Select ← 각도를 기입하고자 하는 두 번째 Object 선택
Specify dimension arc line location or [Mtext/Text/Angle]: 9 Enter↵
← 치수선의 위치값을 지정하거나 옵션선택
Enter dimension text 〈30〉: 30 Enter↵ ← 각도 치수를 확인하거나 재입력
Enter text location (or press ENTER): Enter↵

Dim: Esc ← 더 이상 기입할 치수가 없으면 Esc

9 Dimleader Dimension ➔ Leader 지시선

지시선을 사용하여 치수를 기입하는 명령어

Commend : Dim Enter↵

Dim: Lea Enter↵ ← Leader 옵션 선택

Leader start: Point1 ← 지시선의 시작점 클릭
To point: Point2 ← 지시선의 두 번째점 클릭
To point: Point3 ← 지시선의 세 번째점 클릭
To point: Enter↵ ← 더 이상 표시할 지시선이 없으면 Enter↵

Dimension text ⟨0⟩: **변화치수** ← 원하는 치수나 문자 입력

Dim: Esc ← 더 이상 기입할 치수가 없으면 Esc

10 Dimcenter Dimension ➔ Center Mark 중심표시

원이나 호의 중심에 중심표시를 기입하는 명령어

Commend : Dim Enter↵

Dim: Cen Enter↵ ← Center 옵션 선택
Select arc or circle: Select ← 중심을 표시하고자 하는 Object 선택

Dim: Esc ← 더 이상 기입할 치수가 없으면 Esc

치수편집

15 Week

- Dimension Edit
- Dimension Style

15주 **치수기입**

1 Dimedit Dimension ➡ Oblique 기울기

이미 작성된 치수문자를 편집하는 명령어

Commend : **Dimedit** [Enter↵]

Option

- **Home** : 편집된 치수문자를 처음 상태로 되돌리는 옵션
- **New** : 치수문자를 새로 입력하거나 수정하는 옵션
- **Rotate** : 치수문자의 방향을 재설정하는 옵션
- **Oblique** : 치수 보조선에 대한 경사각을 재설정하는 옵션

Enter type of dimension editing [Home/New/Rotate/Oblique] 〈Home〉: **N** [Enter↵]
← New 옵션 선택

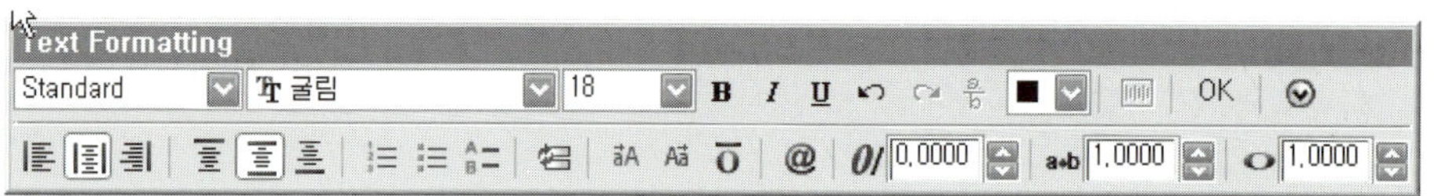

변화치수< >

Select objects: ← 편집하고자 하는 치수문자 선택
Select objects: [Enter↵] ← 더 이상 편집할 치수가 없으면 [Enter↵]

Commend : **Dimedit** [Enter↵]

Enter type of dimension editing [Home/New/Rotate/Oblique] 〈Home〉: **R** [Enter↵]
← Rotate 옵션 선택
Specify angle for dimension text: **30** [Enter↵] ← 치수문자의 회전각도 입력
Select objects: ← 편집하고자 하는 치수문자 선택
Select objects: [Enter↵] ← 더 이상 편집할 치수가 없으면 [Enter↵]

Commend : Dimedit Enter↵

Select Dimension: ← 편집하고자 하는 치수문자 선택

Enter type of dimension editing [Home/New/Rotate/Oblique] 〈Home〉: O Enter↵
← Oblique 옵션 선택

Select objects: ← 편집하고자 하는 치수문자 선택
Select objects: Enter↵ ← 더 이상 편집할 치수가 없으면 Enter↵

Enter obliquing angle (press ENTER for none): 30 Enter↵
← 치수 보조선의 회전각도 입력

Commend : Dimedit Enter↵

Select Dimension: ← 편집하고자 하는 치수문자 선택

Enter type of dimension editing [Home/New/Rotate/Oblique] 〈Home〉: H Enter↵
← Home 옵션 선택

Select objects: ← 편집하고자 하는 치수문자 선택
Select objects: Enter↵ ← 더 이상 편집할 치수가 없으면 Enter↵

옵션별 Dimension의 형태

Home	New	Rotate	Oblique
 12	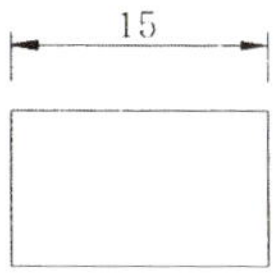 15	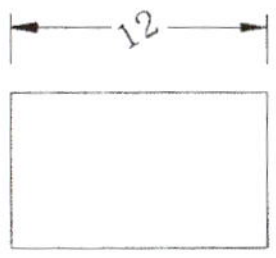 12	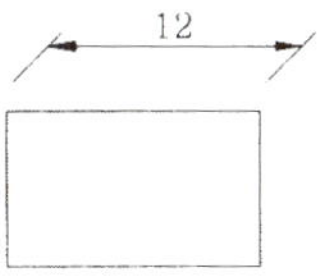 12

2 Dimtedit Dimension ➡ Align Text 문자정렬

이미 작성된 치수문자의 위치를 편집하는 명령어

Commend : Dimtedit Enter↵

Option

- **Left** : 점을 연속 지정하여 면적을 구하는 옵션
- **Right** : Object를 선택하여 면적을 구하는 옵션
- **Center** : 점을 연속지정하거나 Object를 추가로 선택하여 면적을 합산하는 옵션
- **Home** : 점을 연속지정하거나 Object를 추가로 선택하여 면적을 감하는 옵션
- **Angle** : 점을 연속지정하거나 Object를 추가로 선택하여 면적을 감하는 옵션

Select Dimension: ← 편집하고자 하는 치수문자 선택

Specify new location for dimension text or [Left/Right/Center/Home/Angle]: R Enter↵ ← Right 옵션 선택

Commend : Dimtedit Enter↵

Select Dimension: ← 편집하고자 하는 치수문자 선택

Specify new location for dimension text or [Left/Right/Center/Home/Angle]: A Enter↵ ← Angle 옵션 선택

Specify angle for dimension text: 30 Enter↵ ← 치수문자의 각도 입력

옵션별 Dimension의 형태

Left	Right	Center	Home	Angle
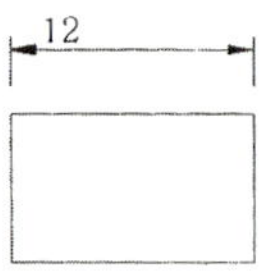 12	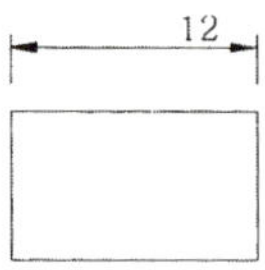 12	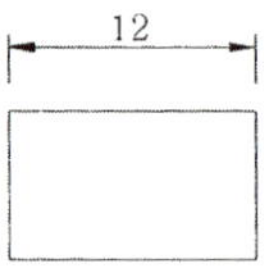 12	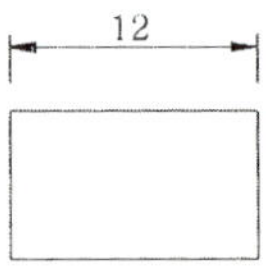 12	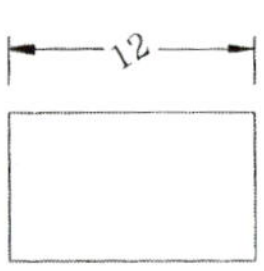 12

3 Dimoverride | Dimension ➡ Override | 치수재지정

특정 치수에 변수값을 적용하여 재지정하는 명령어

Commend : Dimoverride Enter↵

Enter dimension variable name to override or [Clear overrides]: Dimscale Enter↵
← 재지정할 치수변수의 이름 입력

Enter new value for dimension variable 〈1.0000〉: 2 Enter↵
← 치수변수의 새로운값 입력

Enter dimension variable name to override: Enter↵ ← 재지정할 치수변수의 이름을 입력하거나 더 이상 재지정할 변수가 없으면 Enter↵

Select objects: ← 재지정할 치수 선택

Select objects: Enter↵ ← 더 이상 재지정할 치수가 없으면 Enter↵

➡ 재지정한 치수변수의 값을 기본값으로 복구할 경우

Enter dimension variable name to override or [Clear overrides]: C Enter↵

4 Dim-Up | Dimension ➡ Update | 변수적용

재설정한 치수의 변수를 적용하는 명령어

Commend : Dimscale Enter↵

Enter new value for DIMSCALE 〈1.0000〉: 2 Enter↵ ← 치수 축척 입력

Commend : Dim Enter↵

Dim: Up Enter↵

Select objects: ← 재설정된 축척값을 적용하고자 하는 치수 선택

Select objects: [Enter↵] ← 더 이상 적용하고자 하는 치수가 없으면 [Enter↵]

Dim: [Esc] ← 더 이상 재지정할 치수가 없으면 [Esc]

Dimension의 변수 – 명암처리된 부분이 기본 설정값

변수이름	내 용	
DIMTAD	치수문자의 위치 ; 치수선 상단 / 치수선 위	
	DIMTAD=1	DIMTAD=0
	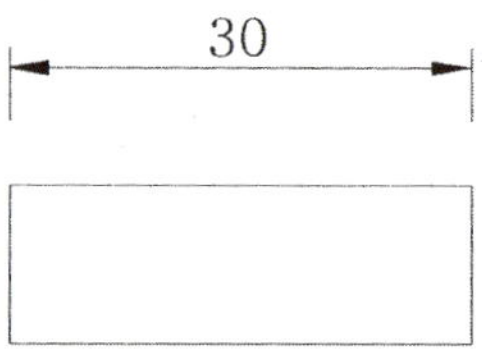 30	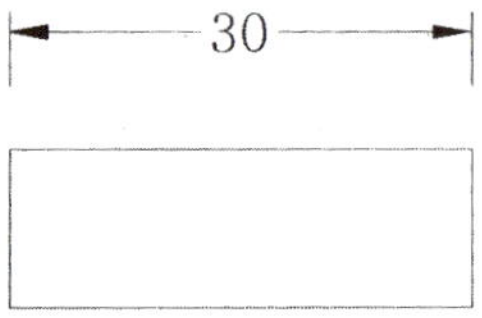 30
DIMTIH	세로치수 기입시 치수문자의 위치 : 치수선과 평행 / 수직	
	DIMTIH=On	DIMTIH=Off
	20	 20
DIMTOFL	치수선의 위치 : 치수보조선 안 /밖	
DIM	치수문자의 위치 : 치수보조선 안 / 밖	
DIMTXT	치수문자의 크기 조절	
DIMASZ	치수선 화살표의 크기 조절	
DIMSCALE	치수의 축척을 설정하는 변수	
DIMEXO	치수측정 기준점과 치수보조선의 간격을 설정하는 변수	
DIMAEXE	치수보조선이 치수선 밖으로 연장되는 길이를 설정하는 변수	
DIMDLI	치수선과 치수선의 간격을 설정하는 변수	
DIMGAP	치수문자와 치수선 사이의 간격을 설정하는 변수	
DIMTVP	치수문자와 치수선 사이의 거리를 조절하는 변수	
DIMDEC	치수문자의 소숫점 아래 자리수를 지정하는 옵션의 축척을 설정하는 변수	

5 DDim Dimension ➡ Style 치수유형

치수의 유형을 설정하는 명령어

Commend : DDim Enter↵

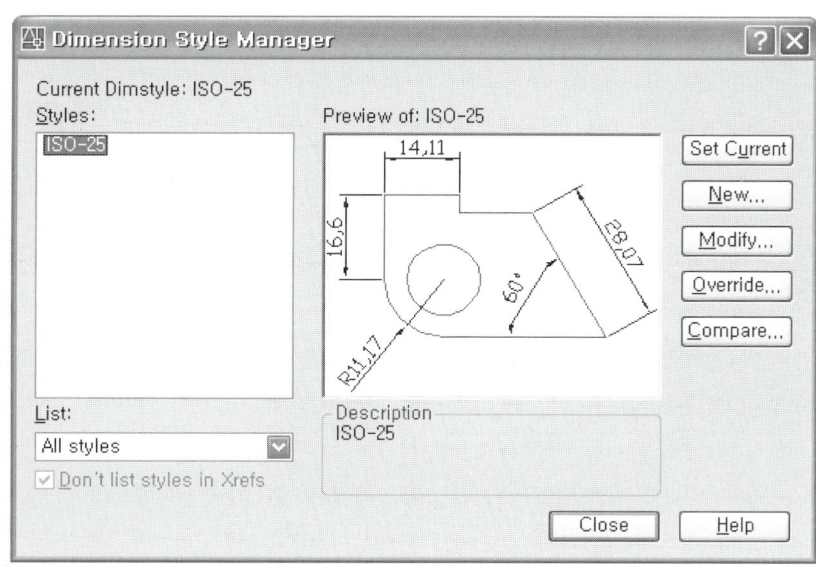

- Current Dimstyle - 현재 치수 유형 : 현재 설정된 치수 유형의 이름이 표시되는 옵션
- Style - 유형 : 이미 작성된 치수의 유형들의 목록을 표시하는 옵션
- List - 리스트 : 전체 치수 유형과 사용된 치수 유형 중 선택된 한가지를 표시하는 옵션
- Preview - 미리보기 : 리스트에서 선택된 치수 유형의 간단한 예를 미리 보여주는 옵션
- Description - 설명 : 현재 설정된 치수 유형이 기본설정값과 어떻게 다른지 설명해주는 옵션
- New - 신규 : 새로운 치수 유형을 작성하는 옵션
- Modify - 수정 : 기존 치수 유형을 수정하는 옵션
- Override - 재지정 : 특정 치수 설정값에 대해서 임시적으로 재지정하는 옵션
- Compare - 비교 : 치수 유형을 비교해주는 옵션
- Close - 닫기

New–신규

Create New Dimension Style

New Style Name: Copy of ISO-25

Start With: ISO-25

Use for: All dimensions

Continue Cancel Help

- **New Style Name** : 새로운 DIM형식의 이름지정
- **Start With** : 새로운 Dim 형식과 비슷한 형식을 선택
- **User for** : 사용할 Dim의 종류 지정

Modify – 수정

■ Lines

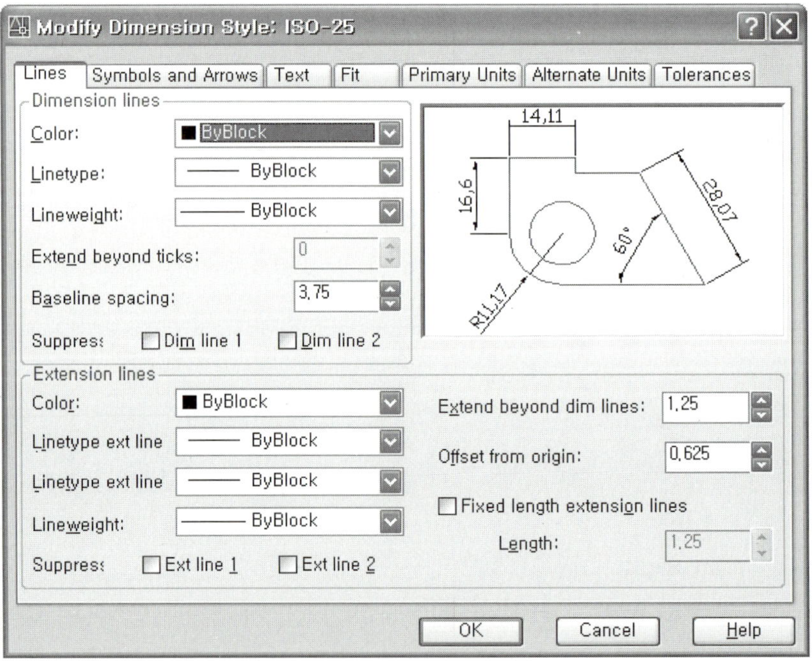

- **Dimension Lines** - 치수선 : 치수선에 대한 사항
  - **Color** - 색상 : 치수선의 색상 설정
  - **Lineweight** - 선가중치 : 치수선의 두께 설정
  - **Extend beyond ticks** - 이음새 너머로 연장 : 화살표가 〈tick〉로 설정시 활성화 되며 치수선이 치수 보조선을 벗어나는 길이 지정
  - **Baseline spacing** - 기준선 간격두기 : Baseline으로 치수 작성시 치수선 사이의 간격 설정
  - **Suppress** - 억제 : 치수선의 표시 여부 설정
- **Extension Lines** - 치수보조선 : 치수보조선에 대한 사항
  - **Color** - 색상 : 치수보조선의 색상 설정
  - **Lineweight** - 선가중치 : 치수보조선의 두께 설정
  - **Extend beyond Dim lines** - 치수선 너머로 연장 : 치수선을 벗어나는 치수보조선의 길이 지정
  - **Offset from origin** - 원점으로부터 간격 띄우기 : 치수의 기준점과 치수보조선 사이의 간격 설정
  - **Suppress** - 억제 : 치수선의 표시 여부 설정

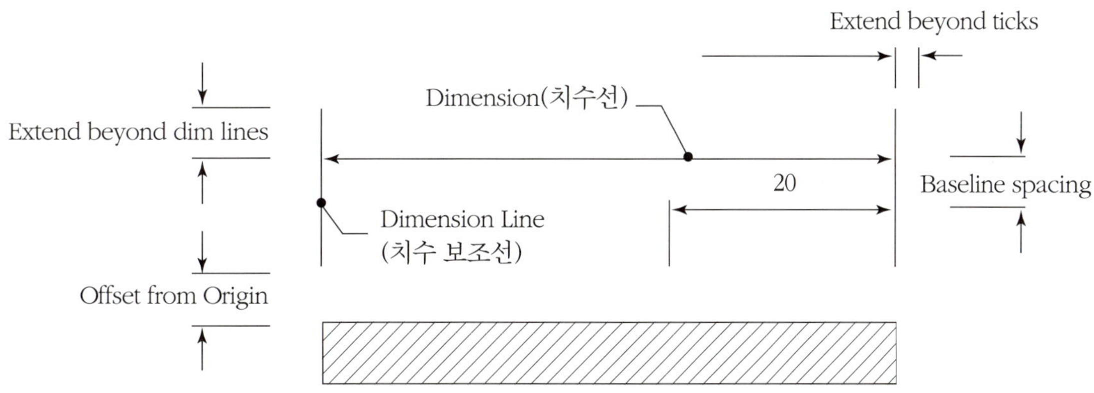

■ Symbols and Arrows

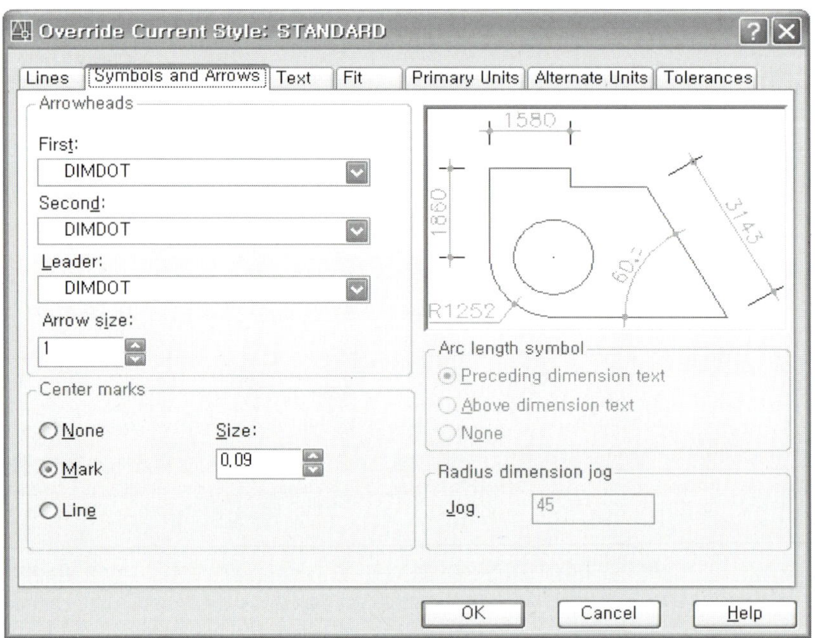

- **Arrowheads** - 화살촉 : 화살촉에 대한 사항
  - **1st** - 첫 번째 : 첫 번째 화살촉의 모양 설정
  - **2nd** - 두 번째 : 두 번째 화살촉의 모양 설정
  - **Leader** - 지시선 : 지시선의 화살촉 모양 설정
  - **Arrow size** - 화살표 크기 : 화살촉의 크기 설정
- **Center Marks for Circles** : 원에 대한 중심표식
  - **Type** - 형태 : None / Mark / Line 중에서 설정
  - **Size** - 크기 : 중심 표식의 크기 설정

■ Text

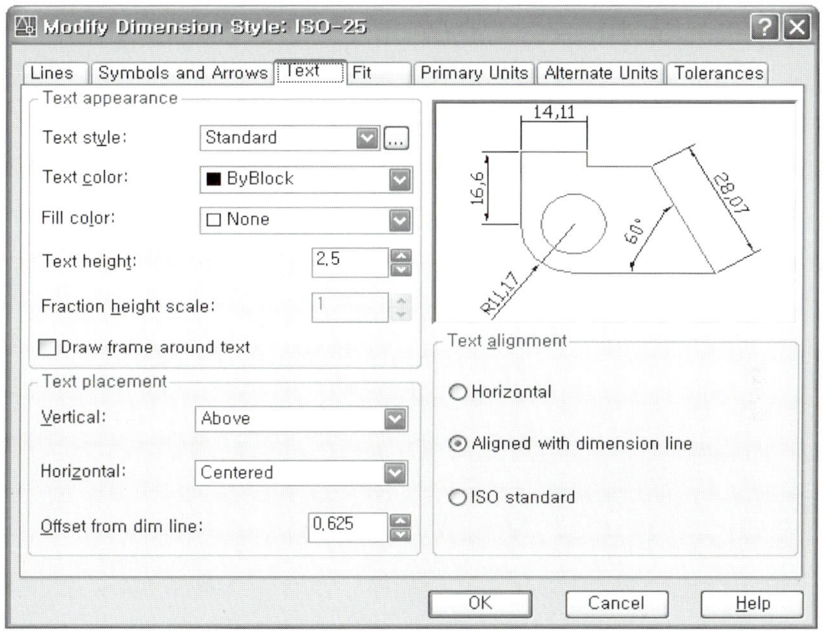

- Text Appearance - 문자모양 : 치수문자에 대한 사항
  - Text style - 문자유형 : 치수문자 유형 설정
  - Text color - 문자색상 : 치수문자 색상 설정
  - Text height - 문자높이 : 치수문자 높이 설정
  - Fraction height scale - 분수높이 축척 : 단위가 분수인 경우 활성화되며 치수문자에 대한 분수의 크기 설정 문자높이 × 설정값 = 치수분수의 높이
  - Draw frame around text - 문자 주위에 프레임 그리기
- Text Placement - 문자배치 : 문자배치에 대한 사항
  - Vertical - 수직 : 치수문자의 수직 문자 배치
  - Horizontal - 수평 : 치수문자의 수평 문자 배치
  - Offset from dim line - 원점으로부터 간격 띄우기 : 치수선에서 치수문자의 간격 설정
- Text Alignment - 문자정렬 : 문자정렬에 대한 사항
  - Horizontal - 수평 : 치수문자를 치수선에 관계없이 수평으로 배치

- Aligned with dimension line - 치수선에 정렬 : 치수문자를 치수선에 나란히 배치
- ISO Standard - ISO 표준 : 치수문자가 치수보조선 외부에 위치할 경우 치수문자를 수평으로 배치

■ Fit

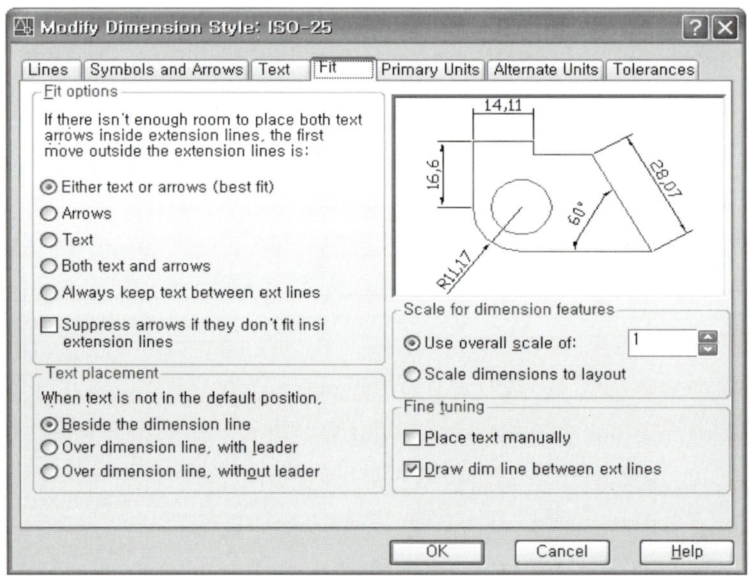

• Fit Option - 맞춤옵션 : 맞춤 옵션에 대한 사항
- Either the text or the arrows whichever first best - 문자 또는 화살표를 최상으로 맞춤 : 공간의 여유에 따라 최상의 방법으로 치수문자와 화살표 배치
- Arrows - 화살표 : 공간이 부족한 경우 화살표만 치수보조선 사이에 배치
- Text - 문자 : 공간이 부족한 경우 문자만 치수보조선 사이에 배치
- Both text and arrows - 문자 및 화살표 모두 : 공간이 부족한 경우 문자와 화살표 모두를 치수보조선 외부에 배치
- Always keep text Between ext lines - 항상 보조선 사이에 문자 유지
- Suppress arrows if they don't fit inside the extension lines - 치수보조선 내부에 화살표 공간이 충분치 않으면 화살표 억제 : 공간이 부족한 경우 화살표 표시 안함

- Text Placement - 문자배치 : 치수유형에 의해 정의된 위치로 변경되어 있지 않을 경우의 위치 설정
  - Beside the dimension line - 첫 번째 치수선 열 : 치수선 옆에 치수문자 배치
  - Over the dimension line, with a leader - 문자를 이동하면, 지시선을 추가 : 치수문자가 치수선으로부터 떨어져 위치한 경우 치수선과 문자를 연결시키는 지시선을 생성 - Over the dimension line, without a leader - 지시선 이동없이 문자를 자유로이 이동 : 치수문자가 치수선으로부터 떨어져 위치한 경우 치수선과 문자를 연결시키는 지시선이 없음
- Scale for Dimension Features - 전체적인 축척 : 전체적인 치수 축척값의 설정
  - Use overall scale of - 전체 축척 사용 : 치수의 전체적인 축척 설정
  - Scale dimension to layout(paperspace) - 배치할 치수 축척(도면공간) :
- Fine Tuning - 최상으로 조정 : 추가적인 맞춤 옵션의 설정
  - Place text manually when dimensioning - 치수 기입시 문자 수동배치 : 수평자리맞추기의 설정값에 관계없이 사용자가 설정하는 위치에 문자 배치
  - Always draw dim line between ext lines - 항상 보조선 사이에 치수선을 그림 : 화살표가 외부에 위치할 경우 측정점 사이에 치수선을 항상 그림

■ Primary Units

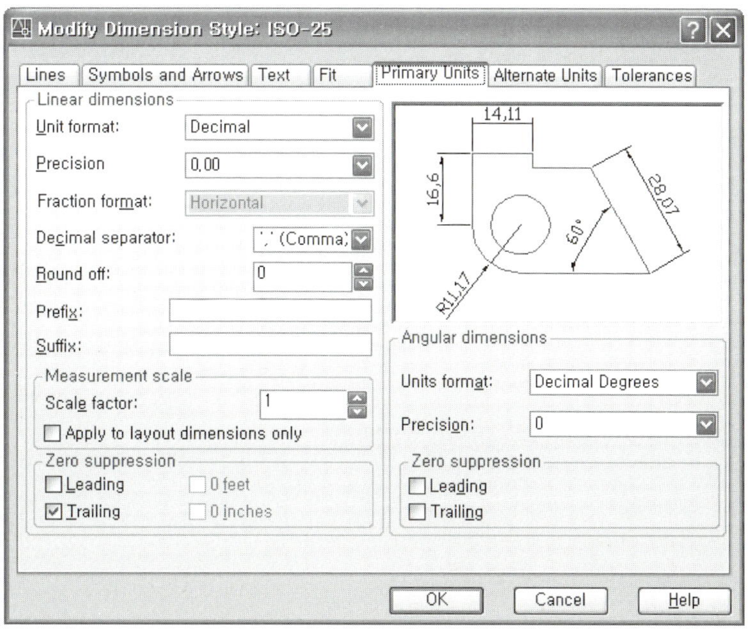

- Liner Dimensions - 선형치수 : 선형치수에 대한 사항
  - Unit format - 단위형식 : 각도치수를 제외한 모든 치수형태를 현재 단위로 설정
  - Precision - 정밀도 : 소수점 이하의 자릿수를 설정
  - Fraction format - 분수형식 : 분수설정시 활성화 되며 분수의 형식을 설정
  - Decimal separator - 소수점 구분자 : 소수점의 형태 설정
  - Round off - 반올림 : 각도치수를 제외한 모든 치수의 반올림 설정
  - Prefix - 머리말 : 치수문자의 접두사를 지정
  - Suffix - 꼬리말 : 치수문자의 접미사를 지정
- Measurement scale - 측정 축척 : 측정 축척에 대한 사항
  - Scale factor - 축척 요인 : 각도치수를 제외한 모든 치수의 축척값 설정
  - Apply to layout dimensions only - 배치의 치수에만 적용 : 치수의 축척값을 배치에서 생성된 치수에만 적용
- Zero Suppression - 0 억제 : 0의 표시여부 설정
  - Leading - 선행 : 소수점 앞에 오는 0을 표시 안함
  - Trailing - 후행 : 소수점 뒤에 오는 0을 표시 안함
  - 0 Feet - 0 피트 : 거리가 1피트보다 작을 경우, 피트-인치 치수의 피트 위치를 억제
  - 0 Inches - 0 인치 : 거리의 피트가 정수일 경우, 피트-인치 치수의 인치 위치를 억제
- Angular Dimensions - 각도치수 : 각도치수에 대한 사항
  - Unit format - 단위형식 : 각도의 단위 형식 설정
  - Precision - 정밀도 : 각도치수의 소수점 이하의 자릿수를 설정
- Zero Suppression - 0 억제 : 0의 표시여부 설정
  - Leading - 선행
  - Trailing - 후행

■ Alternate Units

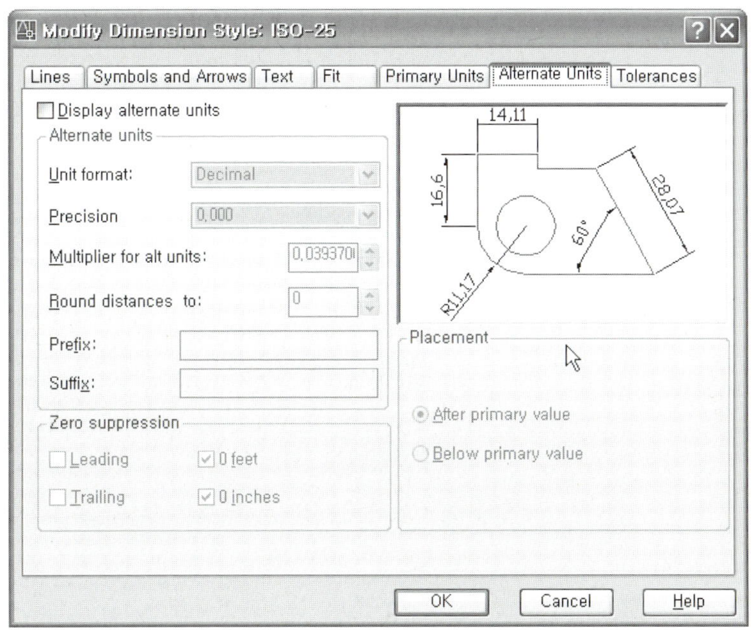

- **Dislay alternate units** - 대체단위 표시 : 치수문자에 대체단위의 첨부 결정
- **Alternate units** - 대체단위 : 대체단위에 대한 사항
  - **Unit format** - 단위형식 : 대체단위의 형식을 설정
  - **Precision** - 정밀도 : 소수점 이하의 자릿수를 설정
  - **Multiplier for alt units** - 대체단위에 대한 승수 : 1차단위와 대체단위 사이의 전환값을 승수로 사용
  - **Round distance to** - 반지름 거리 : 각도치수를 제외한 모든 치수의 반올림 설정
  - **Prefix** - 머리말 : 치수문자의 접두사를 지정
  - **Suffix** - 꼬리말 : 치수문자의 접미사를 지정
- **Zero Suppression** - 0 억제 : 0의 표시여부 설정
  - **Leading** - 선행 : 소수점 앞에 오는 0을 표시 안함
  - **Trailing** - 후행 : 소수점 뒤에 오는 0을 표시 안함
  - **0 Feet** - 0 피트 : 거리가 1피트보다 작을 경우, 피트-인치 치수의 피트 위치를 억제
  - **0 Inches** - 0 인치 : 거리의 피트가 정수일 경우, 피트-인치 치수의 인치 위치를 억제

- **Placement** - 배치 : 배치에 대한 사항
  - **After primary value** - 선행값 후 : 대체단위를 1차단의 뒤에 배치
  - **Below primary value** - 선행값 아래 : 대체단위를 1차단위 아래에 배치

■ Tolerances

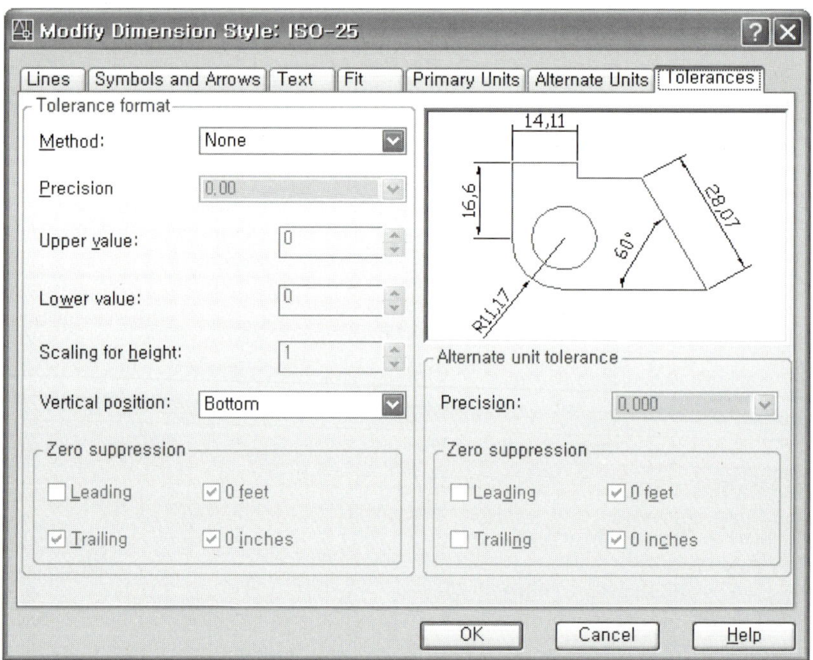

- **Tolerance format** - 공차형식 : 공차형식에 대한 사항
  - **Method** - 방법 : 공차를 계산하여 표현하는 방법 설정
  - **Precision** - 정밀도 : 소수점 이하의 자릿수를 설정
  - **Upper value** - 상한값 : 최대값 또는 상부 공차값 설정
  - **Lower value** - 하한값 : 최소값 또는 하부 공차값 설정
  - **Scaling for height** - 높이에 대한 표현식 : 공차문자의 높이 설정
  - **Vertical position** - 수직위치 : Symmetrical / Deviation 공차의 경우 수직문자의 위치 설정
- **Zero Suppression** - 0 억제 : 0의 표시여부 설정
  - **Leading** - 선행 : 소수점 앞에 오는 0을 표시 안함
  - **Trailing** - 후행 : 소수점 뒤에 오는 0을 표시 안함

- **0 Feet** - 0 피트 : 거리가 1피트보다 작을 경우, 피트-인치 치수의 피트 위치를 억제
- **0 Inches** - 0 인치 : 거리의 피트가 정수일 경우, 피트-인치 치수의 인치 위치를 억제

• **Alternate Unit Tolerance** - 대체단위 공차 : 대체단위 공차에 대한 사항

- **Precision** - 정밀도 : 소수점 이하의 자릿수를 설정

• **Zero Suppression** - 0 억제 : 0의 표시여부 설정

Override - 재지정

Modify - 수정 참조.

Compare - 비교

• Compare - 비교 : 비교를 원하는 치수유형 선택

• With - 대치 후 : 비교할 기준 치수유형 선택

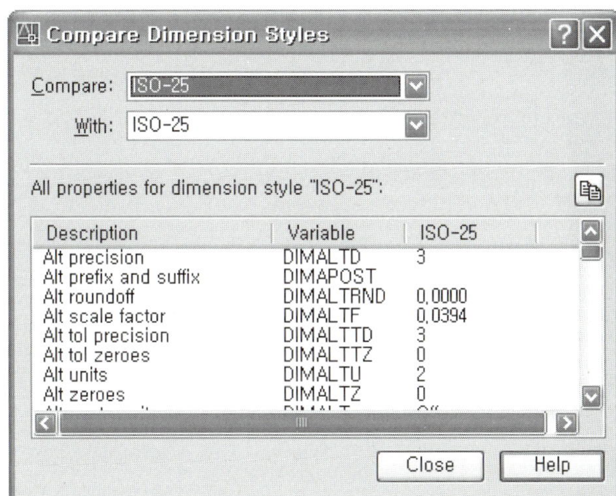

출력하기

16 Week

- Plot

16주 치수기입

1 Plot File ▸ Plot 출력

작성된 도면을 출력하는 명령어

Commend : Plot Enter↵

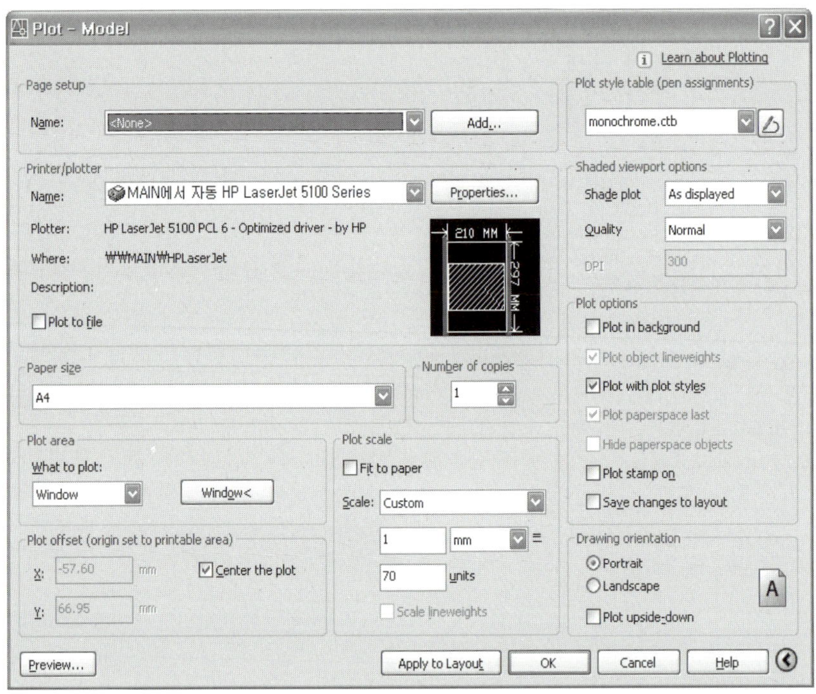

- **Page setup**
  - **name** : 이미 작성된 설정값의 이름 지정
- **Printer/plotter** : 프린터/플롯터 지정
  - **Plot to file** : 출력될 도면을 파일로 저장
- **Paper size** : 용지크기 설정
- **Number of copies** : 플롯 매수 설정
- **Plot area** : 플롯영역
  - **Limits** - 한계 : Limits 설정값으로 출력
  - **Extents** - 범위 : 도면을 종이에 가득 차게 출력

- Display - 화면 : 현재 보여지고 있는 화면영역을 출력
- View - 뷰 : 도면에 정의된 View로 출력
- Window - 윈도우 : 지정하는 두 점을 대각선으로 하는 사각형 창만큼 출력

• Plot offset : X/Y축의 플롯 간격 설정
- Center the plot : 도면의 중심을 기준으로 출력

• Plot scale : 출력될 도면의 축척 지정

• Plot style table(pen assignment) : 플롯유형 테이블(펜 지정)

• Shaded viewport option :
- Shade plot : Shade 옵션 선택
- Quality : 출력 해상도 선택

• Plot option : 플롯 옵션
- Plot in background : 배경 출력
- Plot object lineweights : Object의 두께를 출력
- Plot with plot styles : 플롯 유형을 기준으로 출력
- Plot paperspace last : 마지막에 출력된 Paperspace를 기준으로 출력
- Hide paperspace objects : 3차원 Object 출력시 Hide 상태로 출력
- Plot stamp on : stamp 출력
- Save changes to layout : 레이아웃에 플롯 내용을 저장

• Drawing orientation : 출력될 도면의 방향 설정
- Portrait : 세로방향으로 출력
- Landscape : 가로방향으로 출력
- Plot upside-down : 위/아래를 뒤집어 출력

• Preview - 미리보기 : 도면의 내용 확인

Part 3

교과과정-3D

2D 명령어 연습

1 Week

건축도면

예제 평면/입면

예제 1-1-1 평면도

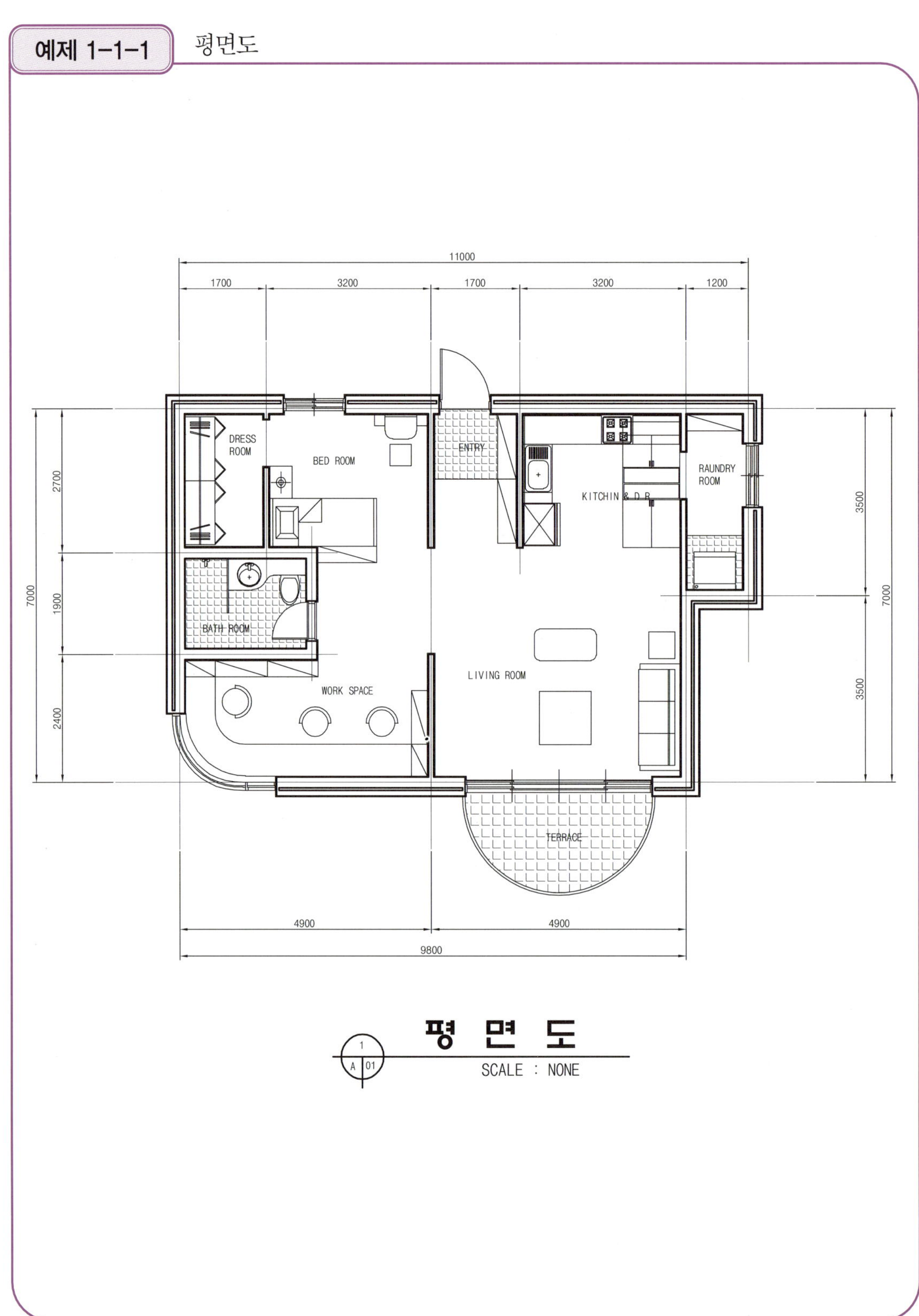
11000
1700
3200
1700
3200
1200
DRESS ROOM
BED ROOM
ENTRY
KITCHIN & D.R
RAUNDRY ROOM
BATH ROOM
WORK SPACE
LIVING ROOM
TERRACE
2700
1900
2400
7000
3500
3500
7000
4900
4900
9800
평 면 도
SCALE : NONE
1
A 01

예제 1-1-2 입면도

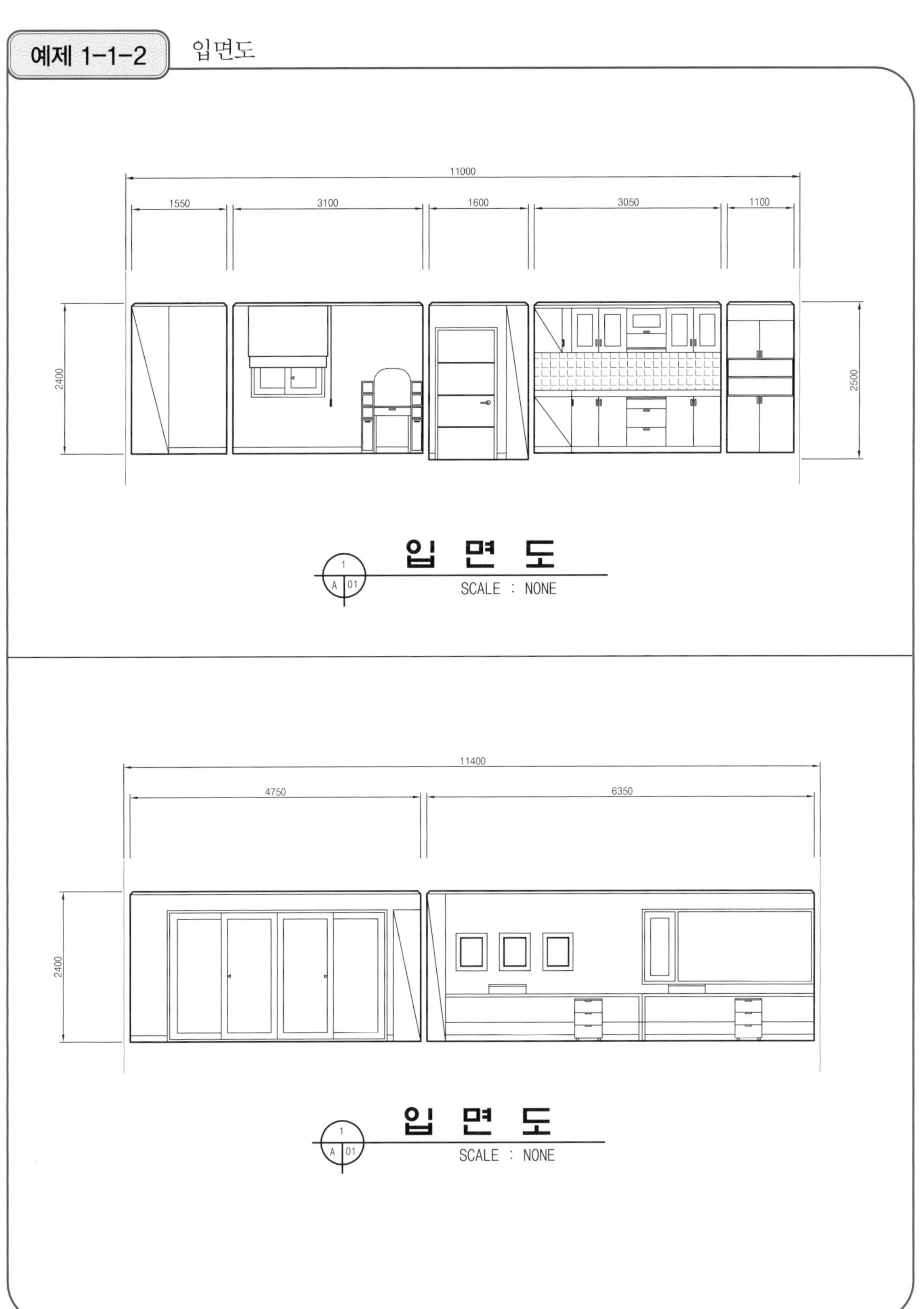
11000
1550
3100
1600
3050
1100
2400
2500
입 면 도
1
A 01
SCALE : NONE
11400
4750
6350
2400
입 면 도
1
A 01
SCALE : NONE

예제 1-2-1 평면도

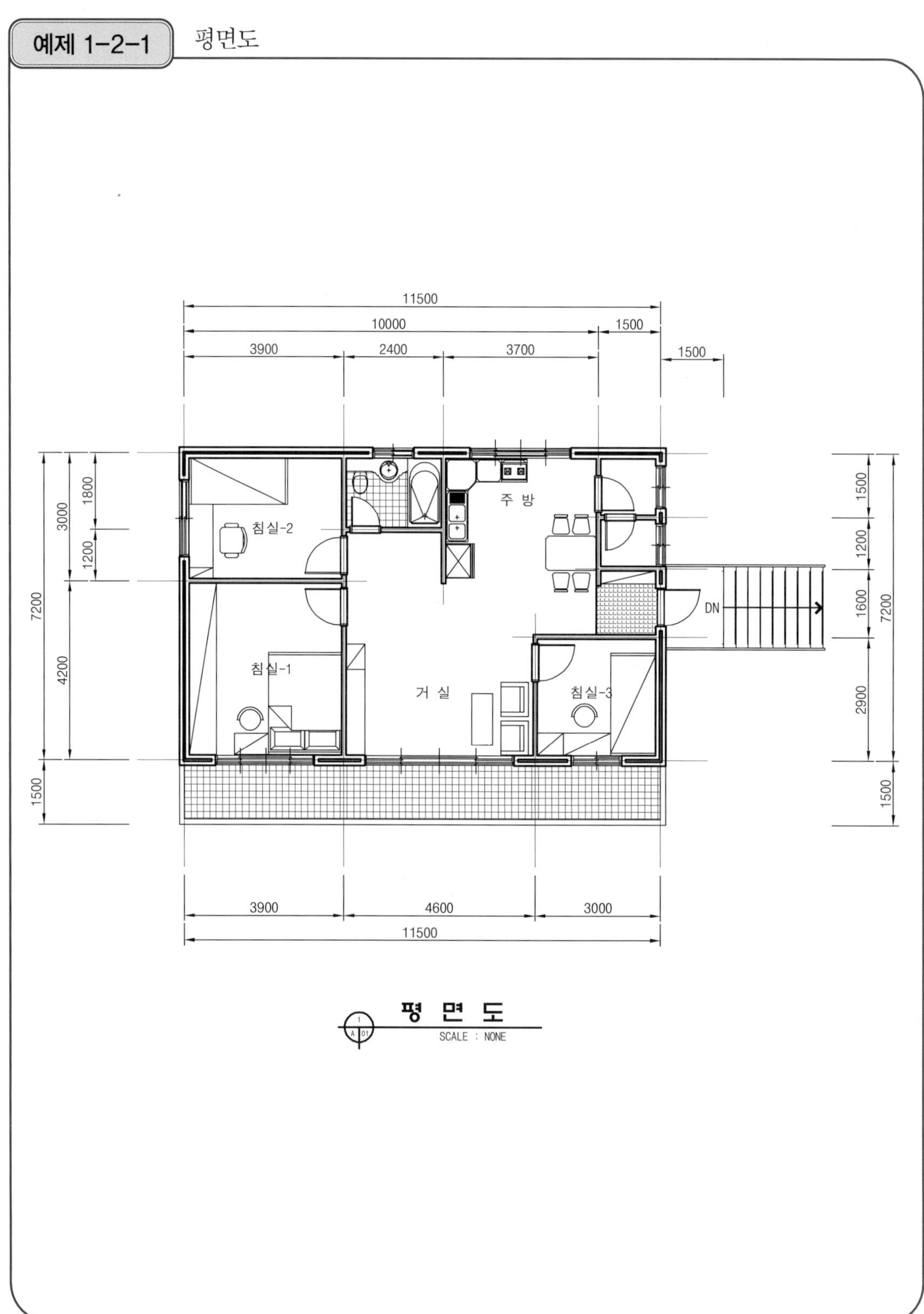
11500
10000
1500
3900
2400
3700
1500
1800
3000
1200
7200
4200
1500
1500
1200
1600
7200
2900
1500
침실-2
주 방
침실-1
거 실
침실-3
DN
3900
4600
3000
11500
평 면 도
SCALE : NONE

예제 1-2-2 입면도 I

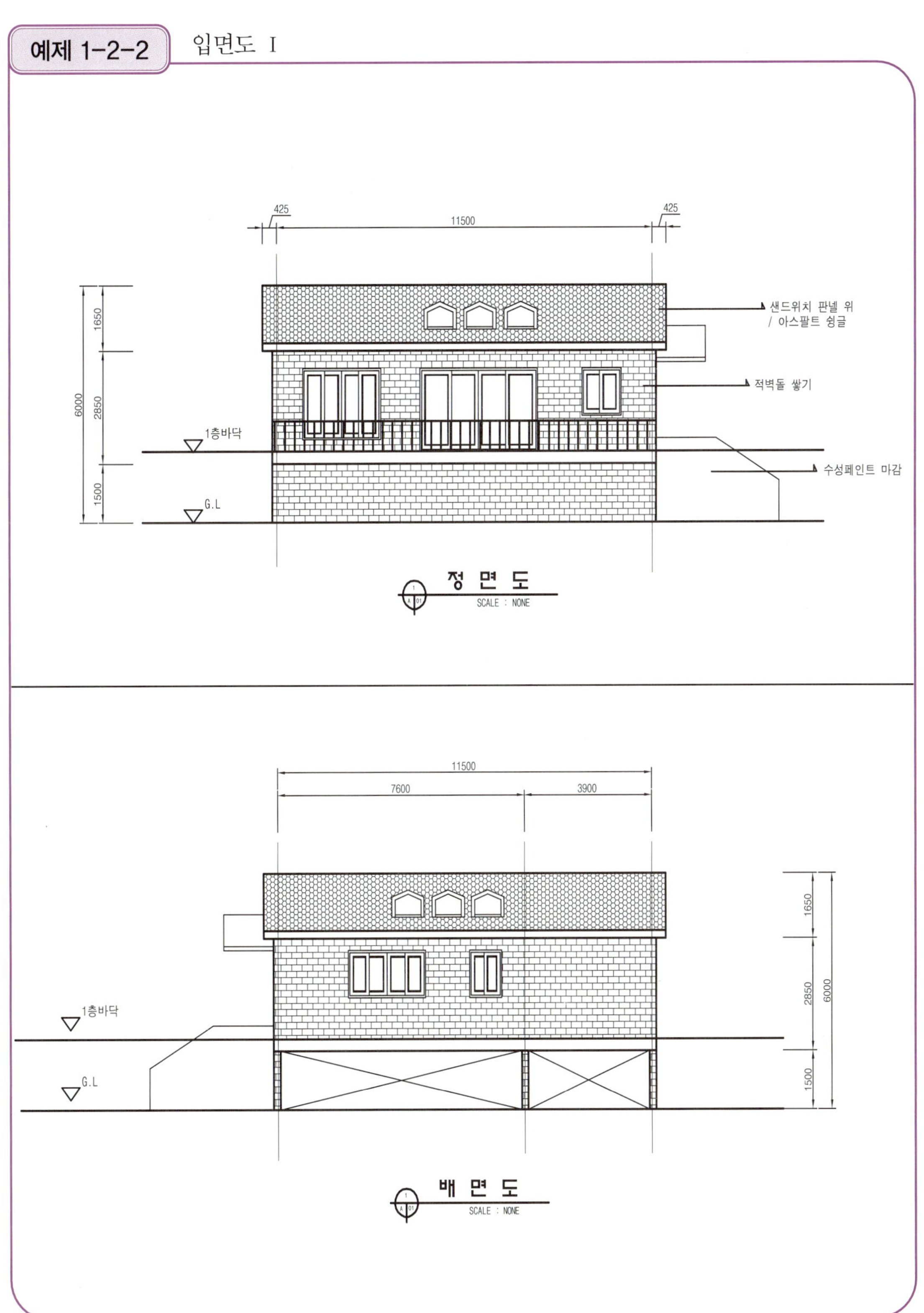
425
11500
425
1650
6000
2850
1500
샌드위치 판넬 위
/ 아스팔트 쉬글
적벽돌 쌓기
1층바닥
수성페인트 마감
G.L
정 면 도
SCALE : NONE
11500
7600
3900
1650
2850
6000
1500
1층바닥
G.L
배 면 도
SCALE : NONE

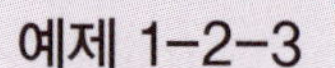
예제 1-2-3

입면도 II

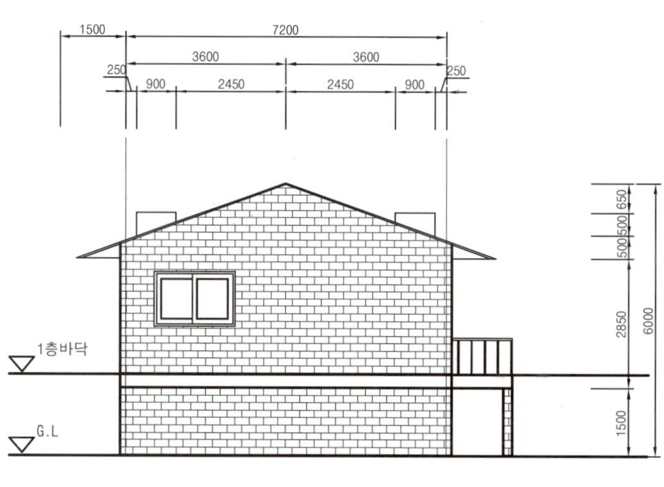
1500
7200
3600
3600
250
900
2450
2450
900
250
650
500
500
2850
6000
1500
1층바닥
G.L

1
A
01
좌측면도
SCALE : NONE

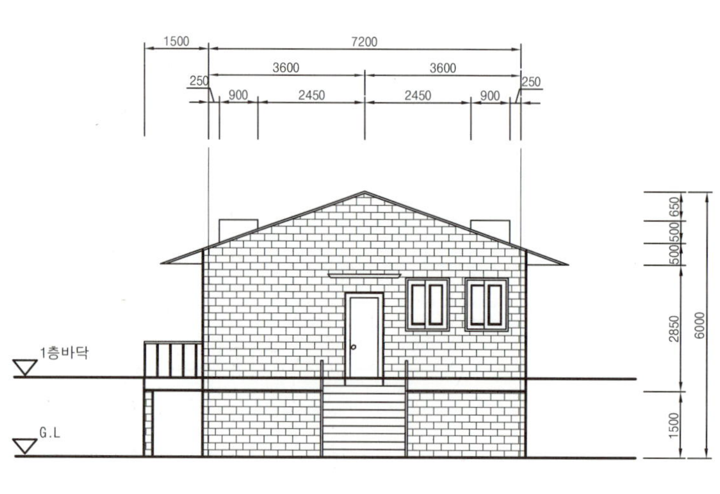
1500
7200
3600
3600
250
900
2450
2450
900
250
650
500
500
2850
6000
1500
1층바닥
G.L

1
A
01
우측면도
SCALE : NONE

시점의 이해

2 Week

- Vpoint
- Thickness
- Elevation
- 3Dface
- Hide
- Regen
- Vports

예제 탁자/의자/책장/책상

1 Vpoint View ⇨ 3D View ⇨ Vpoint 시점

3차원 공간상에서 도면을 보는 방향과 각도를 지정하는 명령어로 관찰자가 보는 시점을 표현

Commend : Vpoint [Enter↵]

Option

- **Specify a view point** : 관찰자가 위치하는 곳을 좌표값으로 입력하는 옵션
- **Rotate** :
  관찰자가 위치하는 곳을 xy평면상의 각도와 xy평면으로부터 z축으로의 각도로 입력하는 옵션

Current view direction: VIEWDIR=0.0000,0.0000,1.0000

Specify a view point or [Rotate] 〈display compass and tripod〉: **1, −2, 1** [Enter↵]

← 좌표값 입력

Command: **vpoint** [Enter↵]

Current view direction: VIEWDIR=1.0000,-2.0000,1.0000

Specify a view point or [Rotate] 〈display compass and tripod〉: **R** [Enter↵]

← Rotate 옵션 선택

Enter angle in XY plane from X axis 〈297〉: **270** [Enter↵]

← 평편상에서 x축으로부터의 회전각도

Enter angle from XY plane 〈24〉: **90** [Enter↵] ← 평면으로 부터의 각도(z축 각도)

Vpoint의 좌표값

Vpoint	관찰자의 위치와 보는 방향	도면명
0, 0, 1	위쪽에서 아래쪽으로	평 면
0, 0, −1	아래쪽에서 위쪽으로	밑 면
1, 0, 0	오른쪽에서 왼쪽으로	우측면
−1, 0, 0	왼쪽에서 오른쪽으로	좌측면
0, 1, 0	뒤쪽에서 앞쪽으로	배 면
0, −1, 0	앞쪽에서 뒤쪽으로	정 면

2 Thickness Change / DDChprop 두께

Z축으로의 돌출값으로 3차원 공간상에서 Object에 두께를 주는 명령어

Commend : Change [Enter↵]

Option

- **Specify change point** :
  바꾸고자 하는 Object의 변화값을 점(Point)으로 설정하는 옵션
- **Properties** : 바꾸려고 하는 내용을 속성별로 제공하는 옵션

cf) Object의 속성 중에서 두께(Thickness) 옵션을 선택하여 두께값을 변화시키는 명령어

Select objects: ← 바꾸고자 하는 Object 선택

Select objects: [Enter↵] ← 더 이상 선택할 Object가 없으면 [Enter↵]

Specify change point or [Properties]: P [Enter↵] ← Properties 옵션 선택

Enter property to change [Color/Elev/LAyer/LType/ltScale/LWeight/Thickness]:
T [Enter↵] ← Thickness 옵션 선택

Specify new thickness 〈0.0000〉: 5 [Enter↵] ← 두께값 입력

Enter property to change [Color/Elev/LAyer/LType/ltScale/LWeight/Thickness]:
[Enter↵] ← 더 이상 바꿀 내용이 없으면 [Enter↵]

Properties의 옵션

- Color - 색상 : Object의 색을 변경하는 옵션
- Elevation - 높이 : Object의 작업시점, 곧 XY평면으로부터의 높이값을 변경하는 옵션
- LAyer - 도면층 : Object의 도면층을 변경하는 옵션
- LType - 선종류 : 선의 종류를 변경하는 옵션
- ltScale - 선종류의 축척 : 선의 종류의 축척을 변경하는 옵션
- LWeight - 선굵기 : 선의 굵기를 변경하는 옵션
- Thickness - 두께 : Object의 두께를 변경하는 옵션

Commend : DDchprop Enter↵

- General : 일반사항
  - Color : 색상
  - Elevation : 높이
  - LAyer : 도면층
  - Linetype : 선종류
  - Linetype scale : 선종류의 축척
  - Lineweight : 선굵기
  - Thickness : 두께

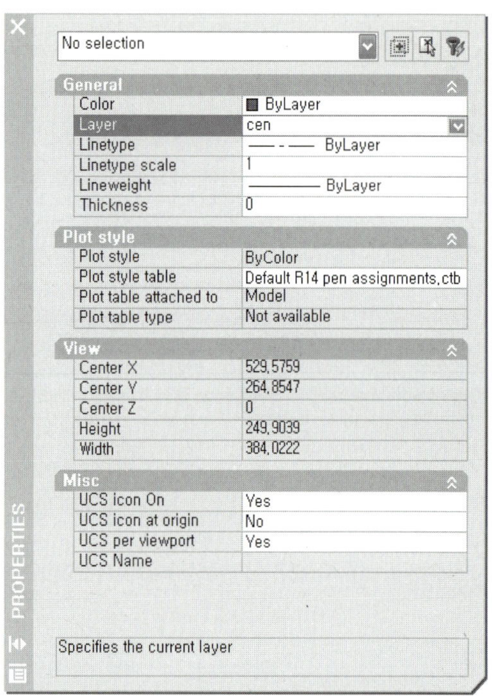

- Plot style : 인쇄방법
  - Plot style : 높이
  - Plot style table : 높이
  - Plot table attached to : 색상
  - Plot table type : 색상

- View : 시점
  - Center X : X축
  - Center Y : Y축
  - Center Z : Z축
  - Height : 높이
  - Width : 넓이

- Misc - 기타사항
  - UCS icon On : 사용자 좌표계 표시여부
  - UCS icon at origin : 현재 좌표계의 원점에 아이콘을 위치
  - UCS per vport : 뷰포트 별 좌표계
  - UCS Name : 좌표계의 이름

3 Elevation Change / DDChprop 높이

3차원 공간상에서 Object가 위치하는 높이를 설정하는 명령어

Commend : Change Enter↵

Select objects: ← 바꾸고자 하는 Object 선택

Select objects: Enter↵ ← 더 이상 선택할 Object가 없으면 Enter↵

Specify change point or [Properties]: P Enter↵ ← Properties 옵션 선택

Enter property to change [Color/Elev/LAyer/LType/ltScale/LWeight/Thickness]: E Enter↵ ← Elevation 옵션 선택

Specify new thickness ⟨0.0000⟩: 5 Enter↵ ← 높이값 입력

Enter property to change [Color/Elev/LAyer/LType/ltScale/LWeight/Thickness]: Enter↵ ← 더 이상 바꿀 내용이 없으면 Enter↵

4 3Dface Draw ▶ Surface ▶ 3D Face 면생성

Object의 면을 형성하는 명령어

Commend : 3Dface Enter↵

Specify first point or [Invisible]: ← 첫 번째 정점 선택

Specify second point or [Invisible]: ← 두 번째 정점 선택

Specify third point or [Invisible] ⟨exit⟩: ← 세 번째 정점 선택

Specify fourth point or [Invisible] ⟨create three-sided face⟩: ← 네 번째 정점 선택

Specify third point or [Invisible] ⟨exit⟩:
← 세 번째와 네 번째를 첫 번째와 두 번째로 인식한 세 번째 정점 선택 또는 더 이상 생성할 면이 없으면 Enter↵

cf) 3DFace명령어는 사각형(네 개의 정점) 또는 삼각형(세 개의 정점)단위로 면을 인식

5 Hide View ➡ Hide 가리기

면에 의해 가려진 선과 면을 보이지 않게하는 명령어로 면의 형성여부를 확인하는 데 사용

Commend : Hide Enter↵

Regenerating model. ← 가려진 선들을 숨기고 다시 그림

6 Regen View ➡ Regen 다시그리기

Hide 명령어에 의해 보이지 않게된 선들을 다시 보이게 해 주는 명령어

Commend : Regen Enter↵

Regenerating model. ← 가려진 선까지 모두 다시 그림

7 Vports View ▶ Viewports 화면분할

여러 방향의 작업상황을 보기위해 화면을 분할하는 명령어

Commend : Vports Enter↵

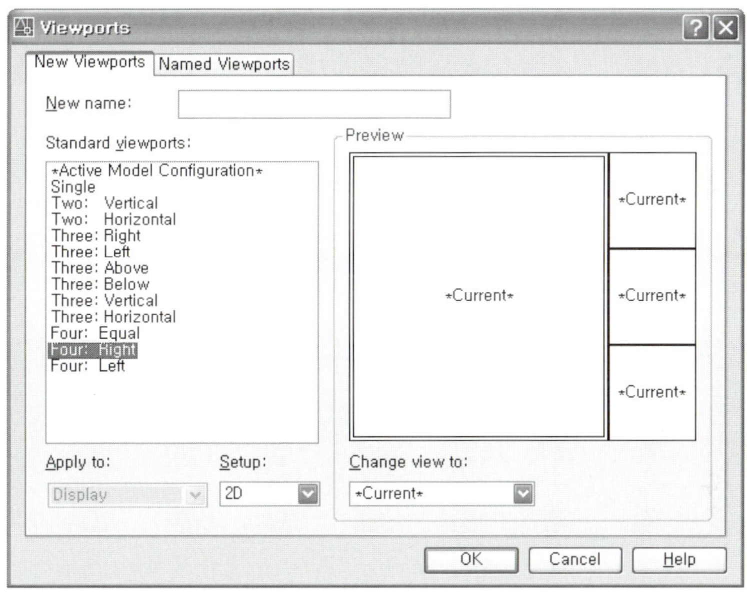

Standard Viewports의 옵션

- Single : 하나의 뷰포트
- Two - vertecal : 수직으로 나눈 두 개의 뷰포트
- Two - Horizontal : 수평으로 나눈 두 개의 뷰포트
- Three - Right : 오른쪽에 큰 뷰포트가 있는 세 개의 뷰포트
- Three - Left : 왼쪽에 큰 뷰포트가 있는 세 개의 뷰포트
- Three - Above : 위쪽에 큰 뷰포트가 있는 세 개의 뷰포트
- Three - Below : 아래쪽에 큰 뷰포트가 있는 세 개의 뷰포트
- Three - vertecal : 수직으로 삼등분 한 세 개의 뷰포트
- Three - Horizontal : 수평으로 삼등분 한 세 개의 뷰포트
- Four - Equal : 수직, 수평으로 사등분 한 네 개의 뷰포트

- Four - Right : 오른쪽에 큰 뷰포트가 있는 네 개의 뷰포트
- Four - Left : 왼쪽에 큰 뷰포트가 있는 네 개의 뷰포트

Commend : -Vports Enter↵

Option

- Save : 현재 뷰포트 상태를 저장하는 옵션
- Restore : 저장한 뷰포트를 불러들이는 옵션
- Delete : 저장한 뷰포트를 지우는 옵션
- Join : 뷰포트를 하나의 뷰포트로 합치는 옵션
- SIngle/?/2/3/4 : 나누고자 하는 뷰포트의 개수를 선택하는 옵션

cf) 저장된 뷰포트의 상태는 작업중인 파일 안에서의 블록 개념으로 이해

Enter an option [Save/Restore/Delete/Join/SIngle/?/2/3/4] 〈3〉: 3 Enter↵
  ← 나누고자 하는 뷰포트의 개수 입력
Enter a configuration option [Horizontal/Vertical/Above/Below/Left/Right]
  〈Right〉: B Enter↵ ← 나누고자 하는 뷰포트의 옵션 선택

Command: -vports Enter↵

Enter an option [Save/Restore/Delete/Join/SIngle/?/2/3/4] 〈3〉: S Enter↵
  ← Save 옵션 선택
Enter name of viewport configuration to restore or [?]: VPORT1 Enter↵
  ← 저장할 뷰포트 이름 지정

예제 2-1 탁자

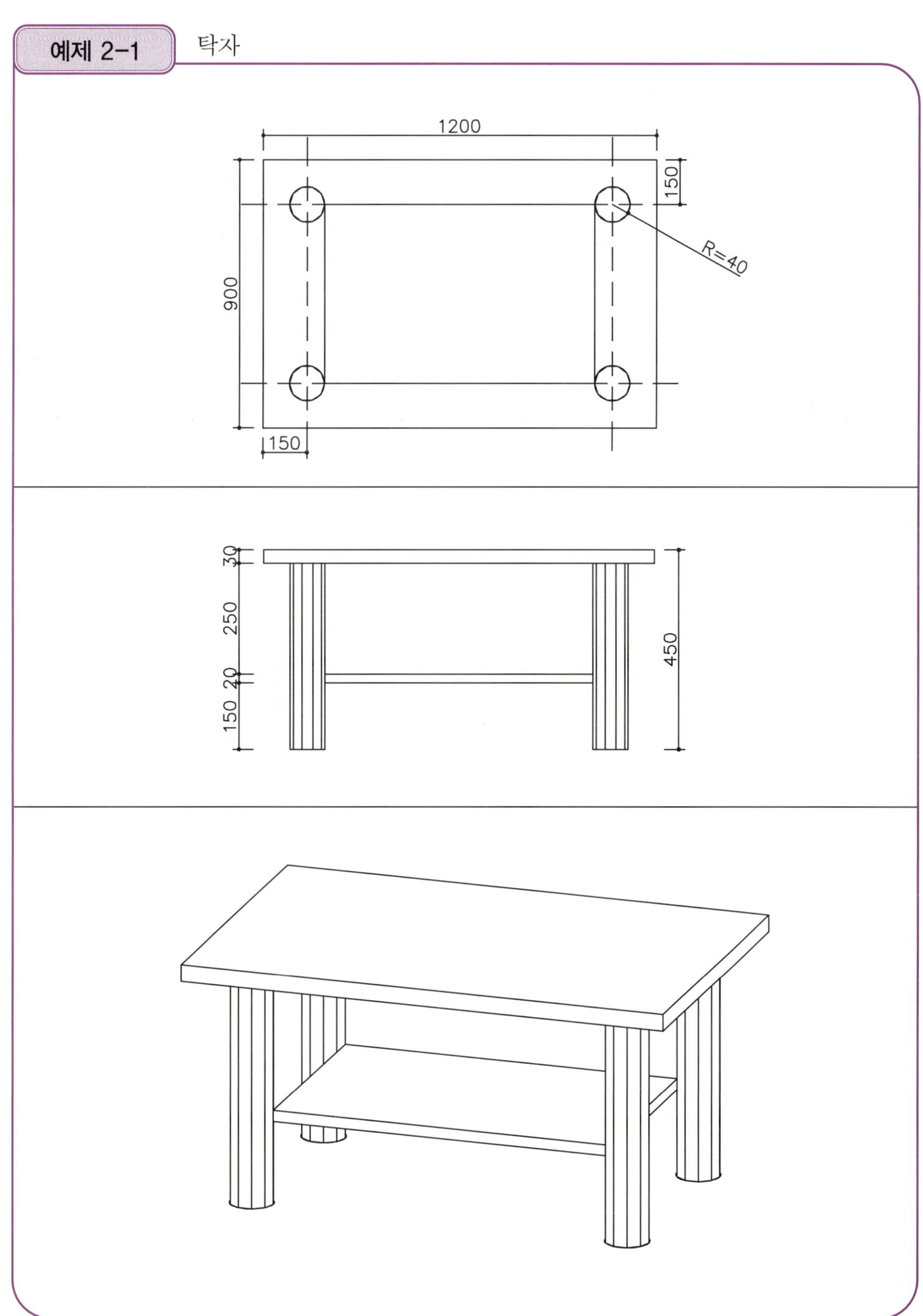

예제 2-2 의자

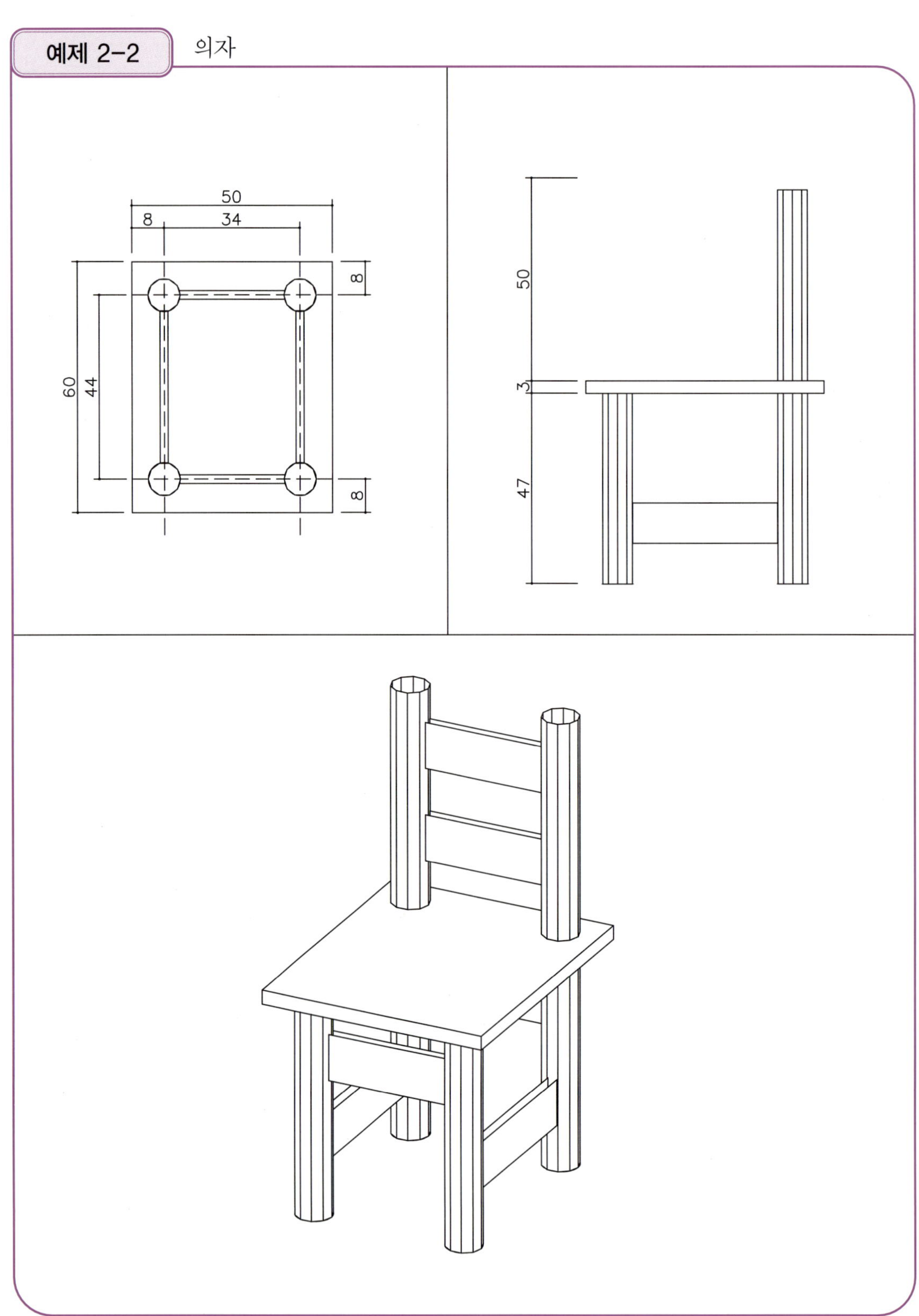

예제 2-3-1 책장

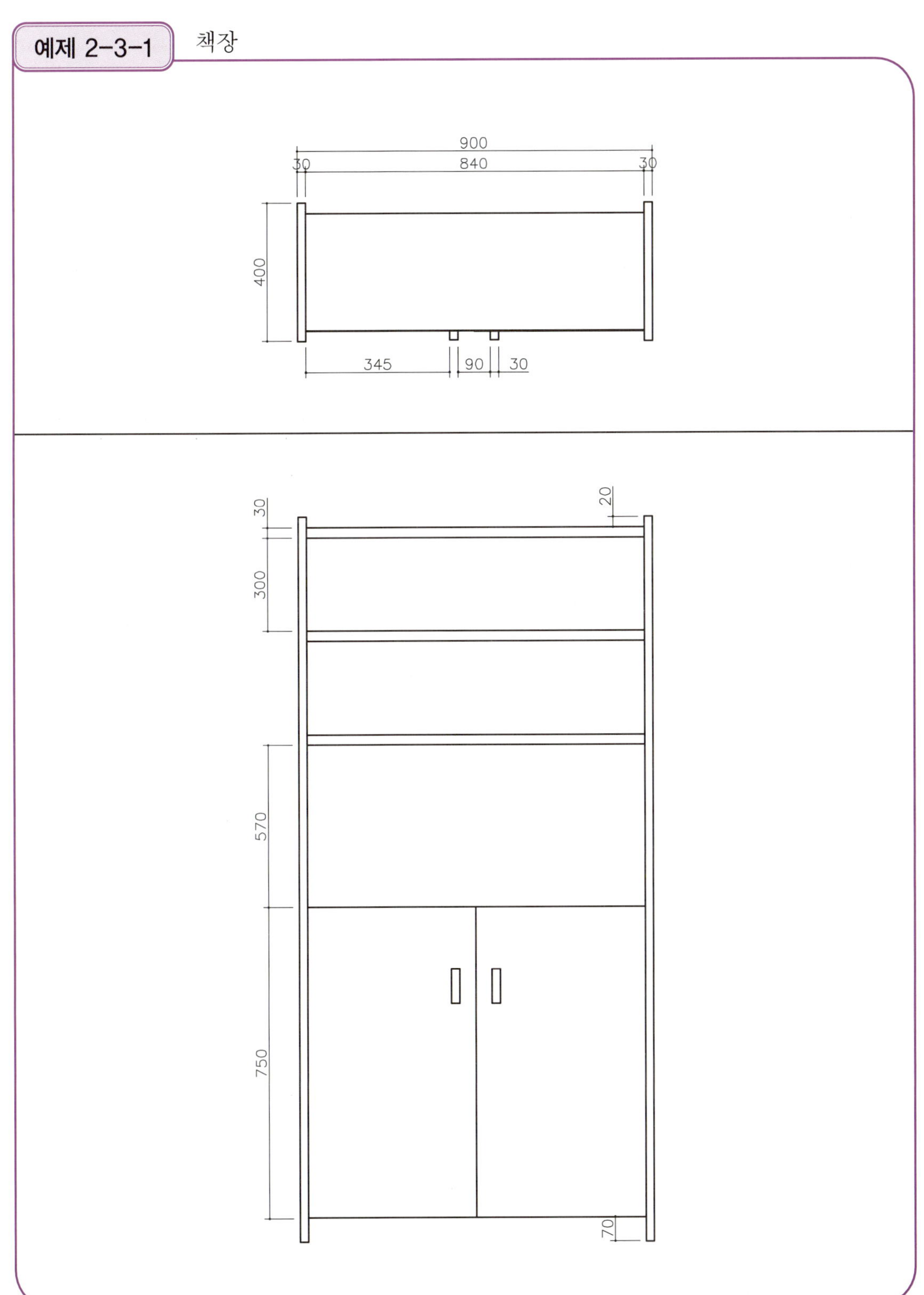

예제 2-3-2 책장

예제 2-4-1 책상

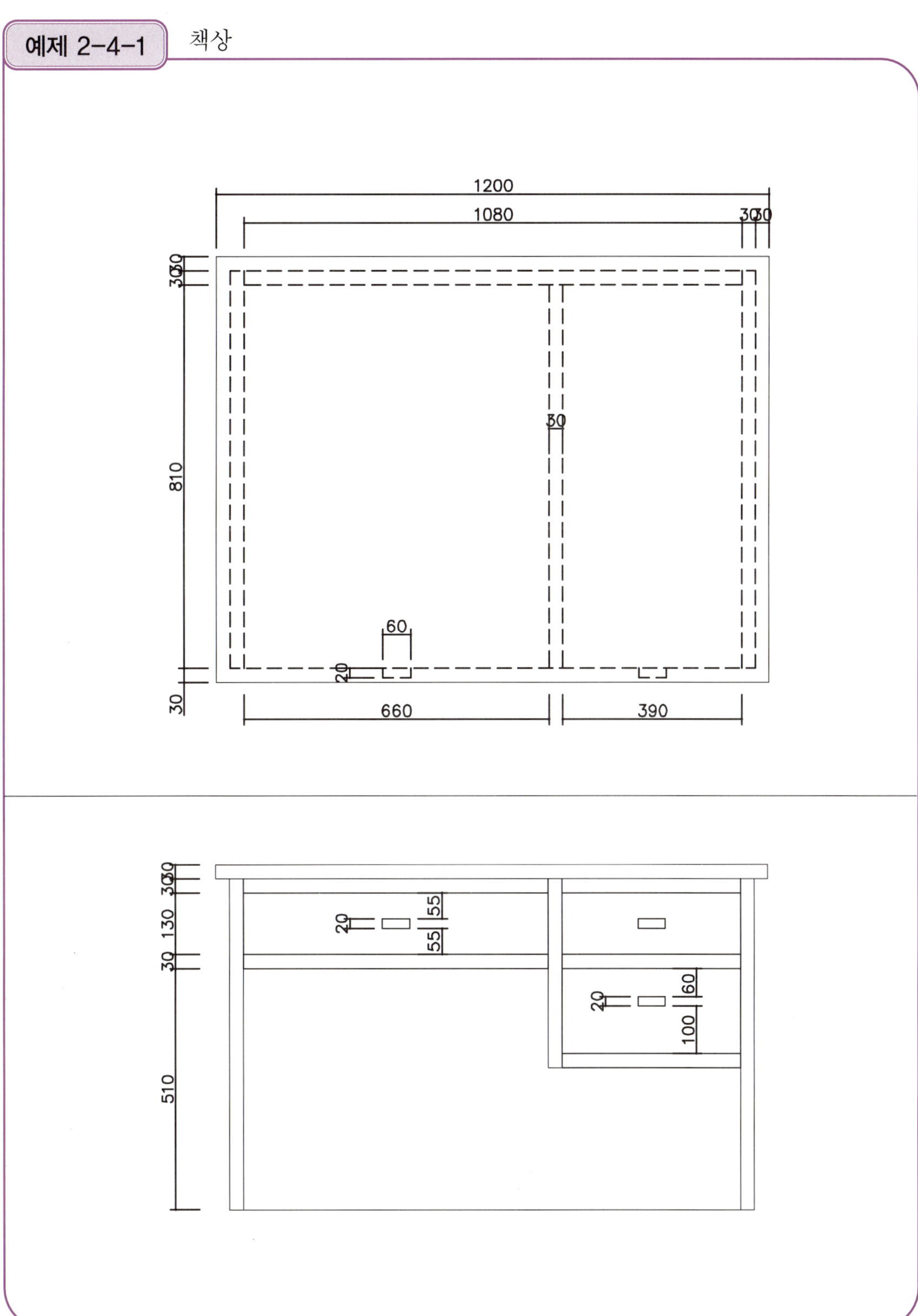
1200
1080
30
30
30
30
30
810
60
20
30
660
390
30
30
30
130
20
55
55
30
20
60
100
510

예제 2-4-2 책상

면 생성

3 Week

- 3Dface / Invisible
- Pface
- Edge
- Shade
- Shadedge

예제 탑/사무용 책상

1 3Dface Draw ➡ Surface ➡ 3D Face / Invisible 면

삼각형 또는 사각형 단위로 면을 생성하는 명령어

Commend : 3Dface Enter↵

Option

- Specify first point : 면을 구성하는 모서리 선이 보이도록 면을 생성하는 옵션
- Invisible : 면을 구성하는 모서리 선이 보이지 않도록 면을 생성하는 옵션

Specify first point or [Invisible]: Point 1

← 면을 생성하고자 하는 첫 번째 점 입력

Specify second point or [Invisible]: Point 2

← 면을 생성하고자 하는 두 번째 점 입력

Specify third point or [Invisible] 〈exit〉: i

← 모서리 선이 보이지 않도록 하는 옵션 선택

Specify third point or [Invisible] 〈exit〉: Point 3

← 면을 생성하고자 하는 세 번째 점 입력

Specify fourth point or [Invisible] 〈create three-sided face〉: Point 4

← 면을 생성하고자 하는 네 번째 점 입력

Specify third point or [Invisible] 〈exit〉: Enter↵

← 더 이상 생성할 면이 없으면 Enter↵ 하거나

← third poin와 fourth point번를 첫 번째와 두 번째 점으로 인식하는 면의 세 번째 점 입력

2 Pface Draw ▶ Surface ▶ Edge 면생성

- Point 별로 면을 생성하는 명령어
- 면을 만들 때 Point 별로 고유 Number를 주고 Point 별로 클릭하는 대신 고유 Number를 입력

Commend : Pface Enter↵

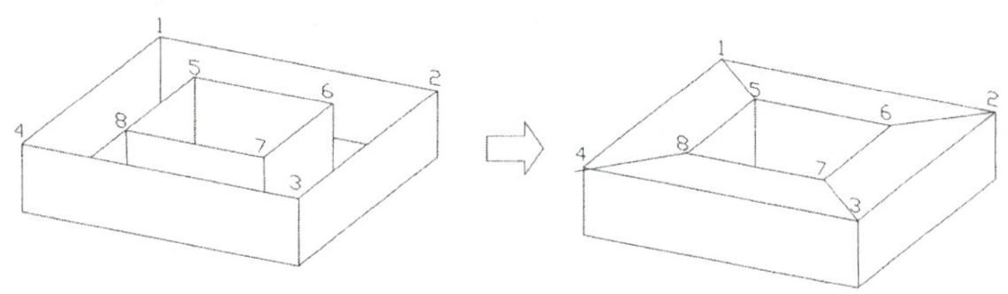

Specify location for vertex 1: Point 1

← 1이라는 이름의 첫 번째 점 입력

Specify location for vertex 2 or 〈define faces〉: Point 2

← 2라는 이름의 두 번째 점 입력

Specify location for vertex 3 or 〈define faces〉: Point 3

← 3이라는 이름의 세 번째 점 입력

Specify location for vertex 4 or 〈define faces〉: Point 4

← 4라는 이름의 네 번째 점 입력

Specify location for vertex 5 or 〈define faces〉: Point 5

← 5라는 이름의 다섯 번째 점 입력

Specify location for vertex 6 or 〈define faces〉: Point 6

← 6이라는 이름의 여섯 번째 점 입력

Specify location for vertex 7 or 〈define faces〉: Point 7

← 7이라는 이름의 일곱 번째 점 입력

Specify location for vertex 8 or 〈define faces〉: Point 8

← 8이라는 이름의 여덟 번째 점 입력

Specify location for vertex 9 or 〈define faces〉: Enter↵

← 더 이상 선택할 점이 없으면 Enter↵

Face 1, vertex 1: ← 생성하고자 하는 첫 번째 면의 첫 번째 점이라는 의미
Enter a vertex number or [Color/Layer]: 1 Enter↵
← 생성하고자 하는 첫 번째 면의 첫 번째 점의 이름 입력

Face 1, vertex 2: ← 생성하고자 하는 첫 번째 면의 두 번째 점이라는 의미
Enter a vertex number or [Color/Layer] 〈next face〉: 5 Enter↵
← 생성하고자 하는 첫 번째 면의 두 번째 점의 이름 입력

Face 1, vertex 3: ← 생성하고자 하는 첫 번째 면의 세 번째 점이라는 의미
Enter a vertex number or [Color/Layer] 〈next face〉: 6 Enter↵
← 생성하고자 하는 첫 번째 면의 세 번째 점의 이름 입력

Face 1, vertex 4: ← 생성하고자 하는 첫 번째 면의 네 번째 점이라는 의미
Enter a vertex number or [Color/Layer] 〈next face〉: 2 Enter↵
← 생성하고자 하는 첫 번째 면의 네 번째 점의 이름 입력

Face 1, vertex 5: ← 생성하고자 하는 첫 번째 면의 다섯 번째 점이라는 의미
Enter a vertex number or [Color/Layer] 〈next face〉: Enter↵
← 생성하고자 하는 첫 번째 면에 더 이상 선택할 점이 없으므로 Enter↵

Face 2, vertex 1: ← 생성하고자 하는 두 번째 면의 첫 번째 점이라는 의미
Enter a vertex number or [Color/Layer]: 2 Enter↵
← 생성하고자 하는 두 번째 면의 첫 번째 점의 이름 입력

Face 2, vertex 2: ← 생성하고자 하는 두 번째 면의 두 번째 점이라는 의미
Enter a vertex number or [Color/Layer] 〈next face〉: 6 Enter↵
← 생성하고자 하는 두 번째 면의 두 번째 점의 이름 입력

Face 2, vertex 3: ← 생성하고자 하는 두 번째 면의 세 번째 점이라는 의미
Enter a vertex number or [Color/Layer] 〈next face〉: 7 Enter↵
← 생성하고자 하는 두 번째 면의 세 번째 점의 이름 입력

Face 2, vertex 4: ← 생성하고자 하는 두 번째 면의 네 번째 점이라는 의미
Enter a vertex number or [Color/Layer] 〈next face〉: 3 Enter↵
← 생성하고자 하는 두 번째 면의 네 번째 점의 이름 입력

Face 2, vertex 5: ← 생성하고자 하는 두 번째 면의 다섯 번째 점이라는 의미

Enter a vertex number or [Color/Layer] 〈next face〉: Enter↵

← 생성하고자 하는 두 번째 면에 더 이상 선택할 점이 없으므로 Enter↵

Face 3, vertex 1: ← 생성하고자 하는 세 번째 면의 첫 번째 점이라는 의미

Enter a vertex number or [Color/Layer]: 3 Enter↵

← 생성하고자 하는 세 번째 면의 첫 번째 점의 이름 입력

Face 3, vertex 2: ← 생성하고자 하는 세 번째 면의 두 번째 점이라는 의미

Enter a vertex number or [Color/Layer] 〈next face〉: 7 Enter↵

← 생성하고자 하는 세 번째 면의 두 번째 점의 이름 입력

Face 3, vertex 3: ← 생성하고자 하는 세 번째 면의 세 번째 점이라는 의미

Enter a vertex number or [Color/Layer] 〈next face〉: 8 Enter↵

← 생성하고자 하는 세 번째 면의 세 번째 점의 이름 입력

Face 3, vertex 4: ← 생성하고자 하는 세 번째 면의 네 번째 점이라는 의미

Enter a vertex number or [Color/Layer] 〈next face〉: 4 Enter↵

← 생성하고자 하는 세 번째 면의 네 번째 점의 이름 입력

Face 3, vertex 5: ← 생성하고자 하는 세 번째 면의 다섯 번째 점이라는 의미

Enter a vertex number or [Color/Layer] 〈next face〉: Enter↵

← 생성하고자 하는 세 번째 면에 더 이상 선택할 점이 없으므로 Enter↵

Face 4, vertex 1: ← 생성하고자 하는 네 번째 면의 첫 번째 점이라는 의미

Enter a vertex number or [Color/Layer]: 4 Enter↵

← 생성하고자 하는 네 번째 면의 첫 번째 점의 이름 입력

Face 4, vertex 2: ← 생성하고자 하는 네 번째 면의 두 번째 점이라는 의미

Enter a vertex number or [Color/Layer] 〈next face〉: 8 Enter↵

← 생성하고자 하는 네 번째 면의 두 번째 점의 이름 입력

Face 4, vertex 3: ← 생성하고자 하는 네 번째 면의 세 번째 점이라는 의미

Enter a vertex number or [Color/Layer] 〈next face〉: 5 Enter↵

← 생성하고자 하는 네 번째 면의 세 번째 점의 이름 입력

Face 4, vertex 4: ← 생성하고자 하는 네 번째 면의 네 번째 점이라는 의미

Enter a vertex number or [Color/Layer] 〈next face〉: 1 Enter↵

← 생성하고자 하는 네 번째 면의 네 번째 점의 이름 입력

Face 4, vertex 5: ← 생성하고자 하는 네 번째 면의 다섯 번째 점이라는 의미

Enter a vertex number or [Color/Layer] 〈next face〉: Enter↵

← 생성하고자 하는 네 번째 면에 더 이상 선택할 점이 없으므로 Enter↵

Face 5, vertex 1: ← 생성하고자 하는 다섯 번째 면의 첫 번째 점이라는 의미

Enter a vertex number or [Color/Layer]: Enter↵

← 더 이상 생성하고자 하는 면이 없으므로 Enter↵

3 Edge Draw ⇨ Surface ⇨ Edge 은선표현

다각형의 면을 Invisible로 생성한 경우 보이지 않는 숨은선을 보여주는 명령어

Commend : Edge Enter↵

Specify edge of 3dface to toggle visibility or [Display]: D Enter↵

← Display 옵션 선택

Enter selection method for display of hidden edges [Select/All] 〈All〉: A Enter↵

← All 옵션 선택

** Regenerating 3DFACE objects...done.

Specify edge of 3dface to toggle visibility or [Display]: Enter↵

← 작업 종료 Enter↵

4 Shade View ◯ Shade ◯ Flat shade 음영처리

3차원 공간상에서 효과적인 입체감을 위해서 음영처리하는 명령어

Commend : Shade Enter↲

2D Wireframe : 경계선을 선과 곡선으로만 표현하는 옵션

3D Wireframe : 경계선을 선과 곡선으로만 표현하는 옵션이며 2D Wireframe보다 입체적

Hidden : Wireframe으로 표현하며 숨은 선은 표현하지 않는 옵션

Flat Shaded : 3D 뷰에서 입체적인 효과를 위해 음영처리하는 옵션

Gouraud Shaded : 3D 뷰에서 모서리를 부드럽게 처리하여 음영처리하는 옵션

Flat Shade, Edge on : 3D 뷰에서 모서리를 표현한 음영처리

Gouraud Shaded, Edge on : 3D 뷰에서 모서리를 부드럽게 처리하고 모서리를 표현한 음영처리 옵션

5 Shadedge View ◯ Shade ◯ Flat shade 음영효과

3차원 공간상에서 Shade로 처리한 음영의 효과를 조절하는 명령어

Commend : Shadege Enter↲

Enter new value for SHADEDGE 〈1〉: 2 Enter↲ ← 효과 옵션 선택

Shadedge = 0 : 모서리가 강조되지 않은 음영효과

Shadedge = 1 : 모서리가 배경색으로 강조된 음영효과

Shadedge = 2 : 다각형 표면은 배경색, 눈에 보이는 모서리는 객체의 색상으로 음영효과

Shadedge = 3 : 다각형 표면은 음영없이 원래의 색상으로 나타내며 모서리는 배경색으로 음영효과

예제 3-1-1 Object별 크기

Object	x , y	Thicness	Eelevation	Layer
1	50, 50	3	0	Flat
2	48, 48	3	3	support
3	50, 50	3	6	Flat
4	34, 34	1	9	Flat
5	32, 32	15	10	support
6	34, 34	1	25	Flat
7	24, 24	1	26	Flat
8	22, 22	1	27	Flat
9	20, 20	20	47	Body
10	30, 30	2	67	Cover
11	20, 20	1	74	Flat
12	18, 18	10	75	Body
13	25, 25	2	85	Cover
14	15, 15	1	92	Flat
15	13,13	8	93	Body
16	20, 20	2	101	Cover
17	10, 10	1	108	Flat
18	8, 8	3	109	Body
19	12, 12	1	112	Flat
20	R=2.5 R=0.5 R=0.3	2 1	113 118	Top

Flat : Green
support : Red
Body : Yellow
Cover : Cyan
Top : Magenta

* 경사면 높이차 5

예제 3-1-2 탑

예제 3-2-1 사무용 책상

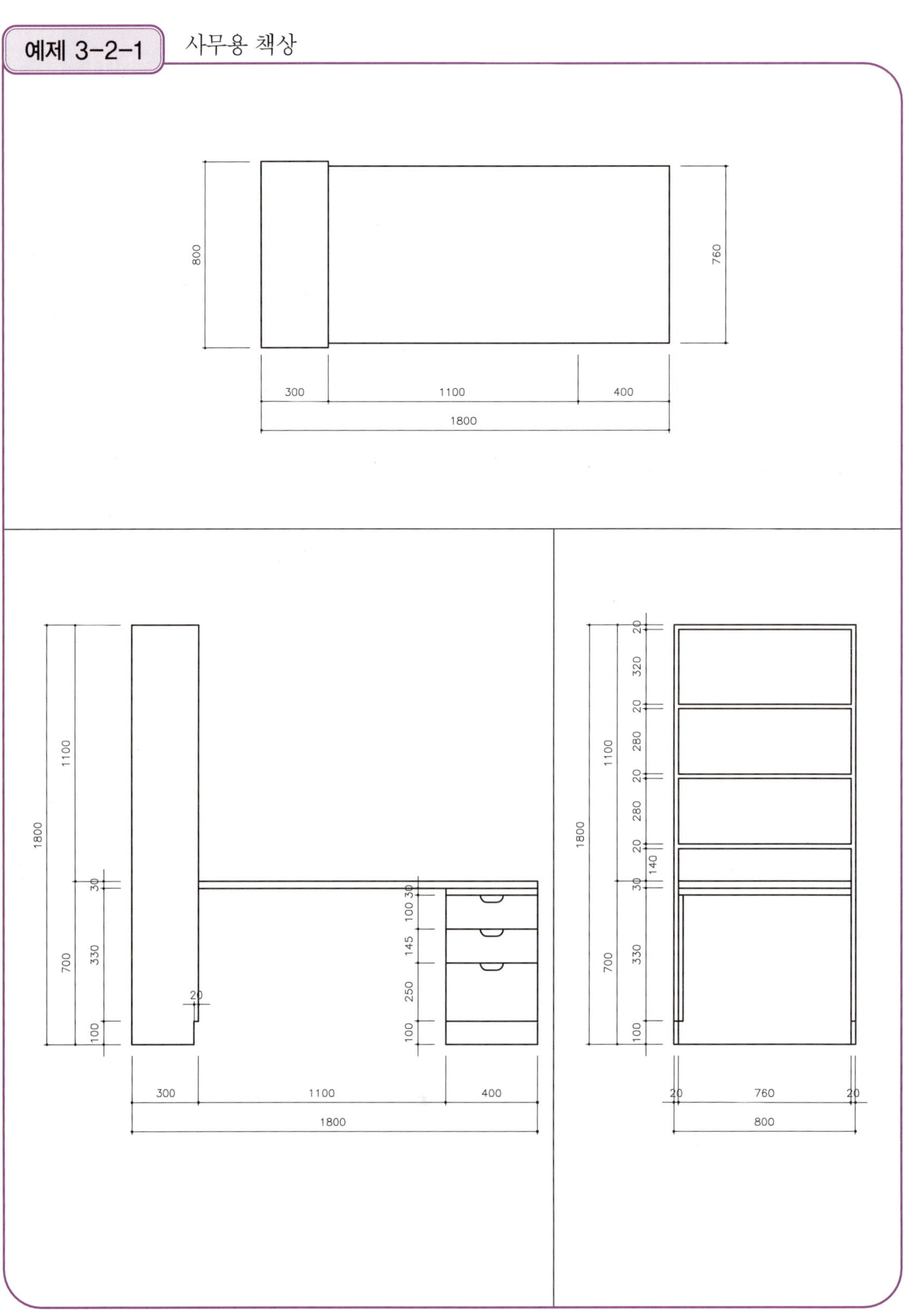
800
760
300
1100
400
1800
1800
1100
700
30
330
100
20
100 30
145
250
100
300
1100
400
1800
1800
1100
700
20
320
20
280
20
280
20
140
30
330
100
20
760
20
800

예제 3-2-2 사무용 책상

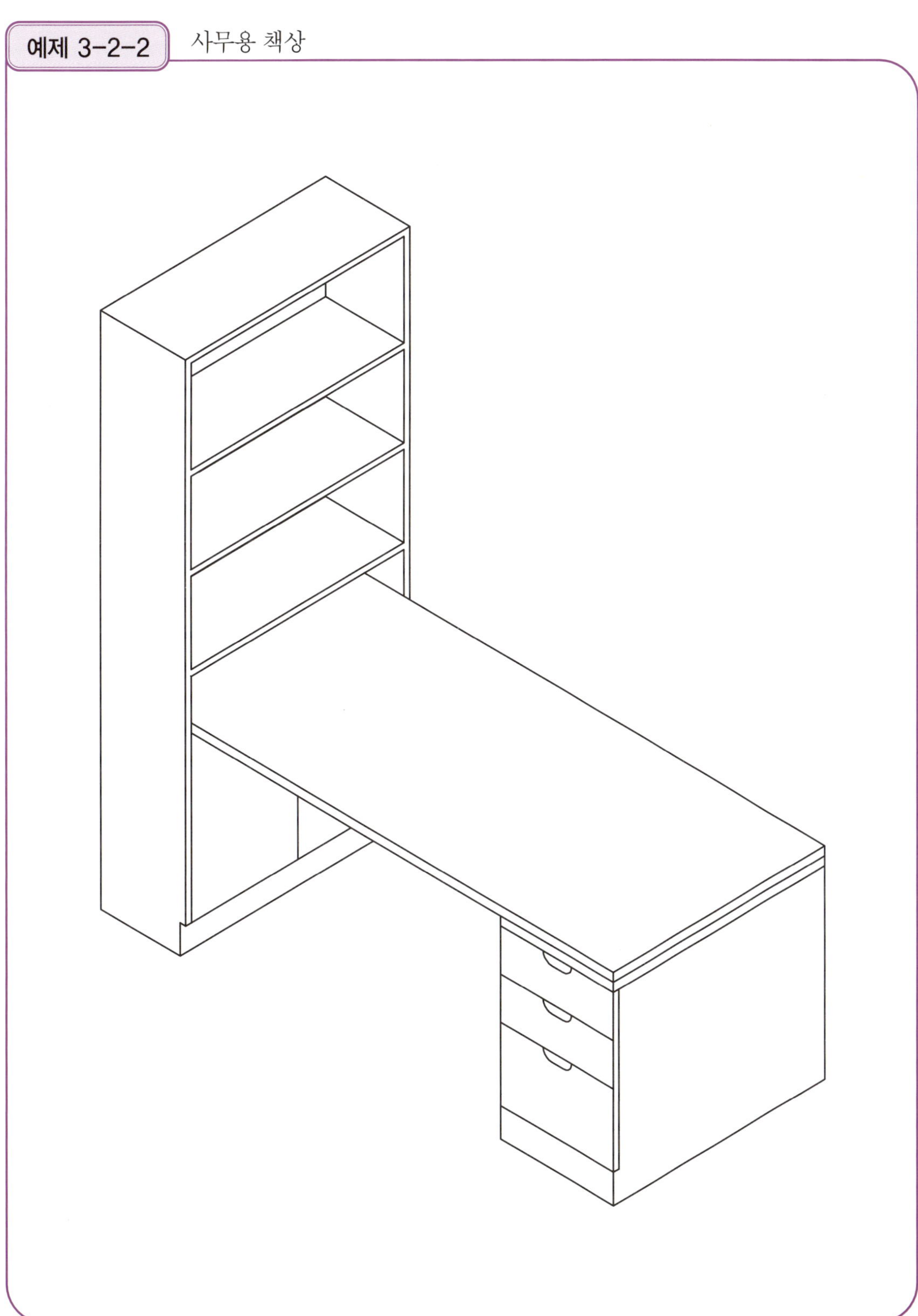

사용자 좌표계

4 Week

- UCS
- UCSicon

예제 **주사위/우유팩/달력**

1 UCS Tools ➡ New UCS 사용자좌표

좌표계를 사용자 임의로 변경하는 명령어 User Coordinate System

Commend : UCS Enter↵

Option

- New : UCS를 새로이 설정하는 옵션
- Move : UCS의 원점을 옮기는 옵션
- OthoGraphic : 제공되어 있는 6가지의 UCS를 선택하는 옵션
  - Top : 윗면
  - Bottom : 아랫면
  - Front : 정면
  - BAck : 배면
  - Left : 좌측면
  - Right : 우측면
- Previous : 바로 이전의 UCS를 나타내는 옵션
- Restore : 저장된 UCS를 불러서 사용하는 옵션
- Save : 현재 설정된 UCS를 저장하는 옵션
- Delete : 저장된 UCS를 삭제하는 옵션
- Apply :
  다른 뷰포트들에 설정된 UCS가 현재 UCS와 다르게 설정되었을 때 현재 UCS를 다른 뷰포트에 적용하는 옵션
- ? : 저장되어 있는 UCS의 목록을 보여주는 옵션
- World : 현재의 UCS를 WCS로 설정하는 옵션

Current ucs name: *WORLD*

Enter an option [New/Move/orthoGraphic/Prev/Restore/Save/Del/Apply/?/World]〈World〉: N Enter↵ ← New 옵션 선택

Specify origin of new UCS or [ZAxis/3point/OBject/Face/View/X/Y/Z] 〈0,0,0〉: 3P Enter↵ ← 3point 옵션 선택

Specify new origin point ⟨0,0,0⟩: Point 1

← 3개의 점 중에서 원점이 되는 첫 번째 점 선택

Specify point on positive portion of X-axis ⟨101.0000,100.0000,0.0000⟩: Point 2

← X축선 위의 임의의 점 선택

Specify point on positive-Y portion of the UCS XY plane ⟨100.0000,101.0000, 0.0000⟩: Point 3 ← Y축선 위의 임의의 점 선택

New의 옵션

- Origin : 현재의 UCS를 유지하고 원점의 위치만 변경하는 옵션
- ZAxis : Z축을 중심으로 일정한 각도만큼 회전하여 좌표계를 만드는 옵션
- 3Point : 3개의 점을 각기 원점, X축, Y축으로 인식하는 옵션
- OBject : 기존의 Object와 같은 좌표계를 표현하는 옵션
- Face : 3차원 솔리드 Object 표면에 UCS를 정렬시키는 옵션
- View : 현재 보이는 화면을 수직면으로 인식하는 옵션
- X : X축을 90° 각도로 세우는 옵션
- Y : Y축을 90° 각도로 세우는 옵션
- Z : Z축을 90° 각도로 세우는 옵션

2 UCSicon　View ➡ Display ➡ UCSicon　사용자좌표

좌표계를 사용자 임의로 변경하는 명령어 User Coordinate System

Commend : UCSicon [Enter↵]

Option

- **On** : UCS 아이콘을 화면에 켜놓는 옵션
- **Off** : UCS 아이콘을 화면에 꺼놓는 옵션
- **All** : UCS 아이콘을 모든 뷰포트에 표현하는 옵션
- **Noorigin** : UCS 원점의 위치와 상관없이 UCS 아이콘을 좌측 하단에 표현하는 옵션
- **ORigin** : 현재 UCS의 원점(0,0,0) 위치에 UCS 아이콘을 표현하는 옵션

Enter an option [ON/OFF/All/Noorigin/ORigin] 〈ON〉: OR [Enter↵]

← Origin 옵션 선택

예제 4-1 주사위

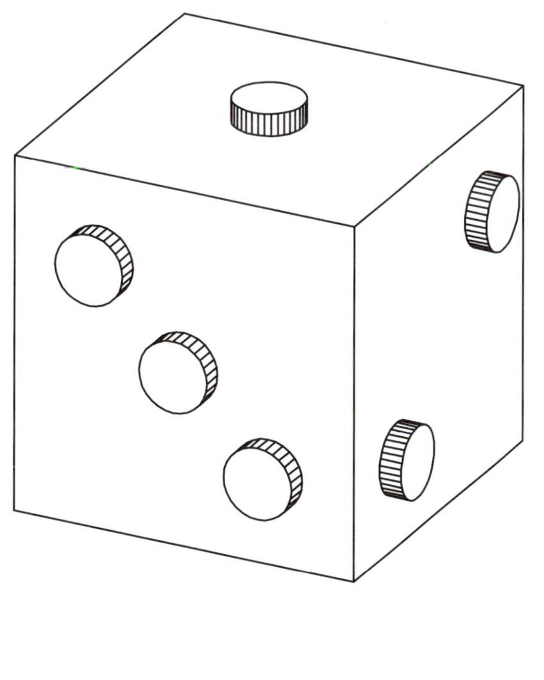

예제 4-2 우유팩

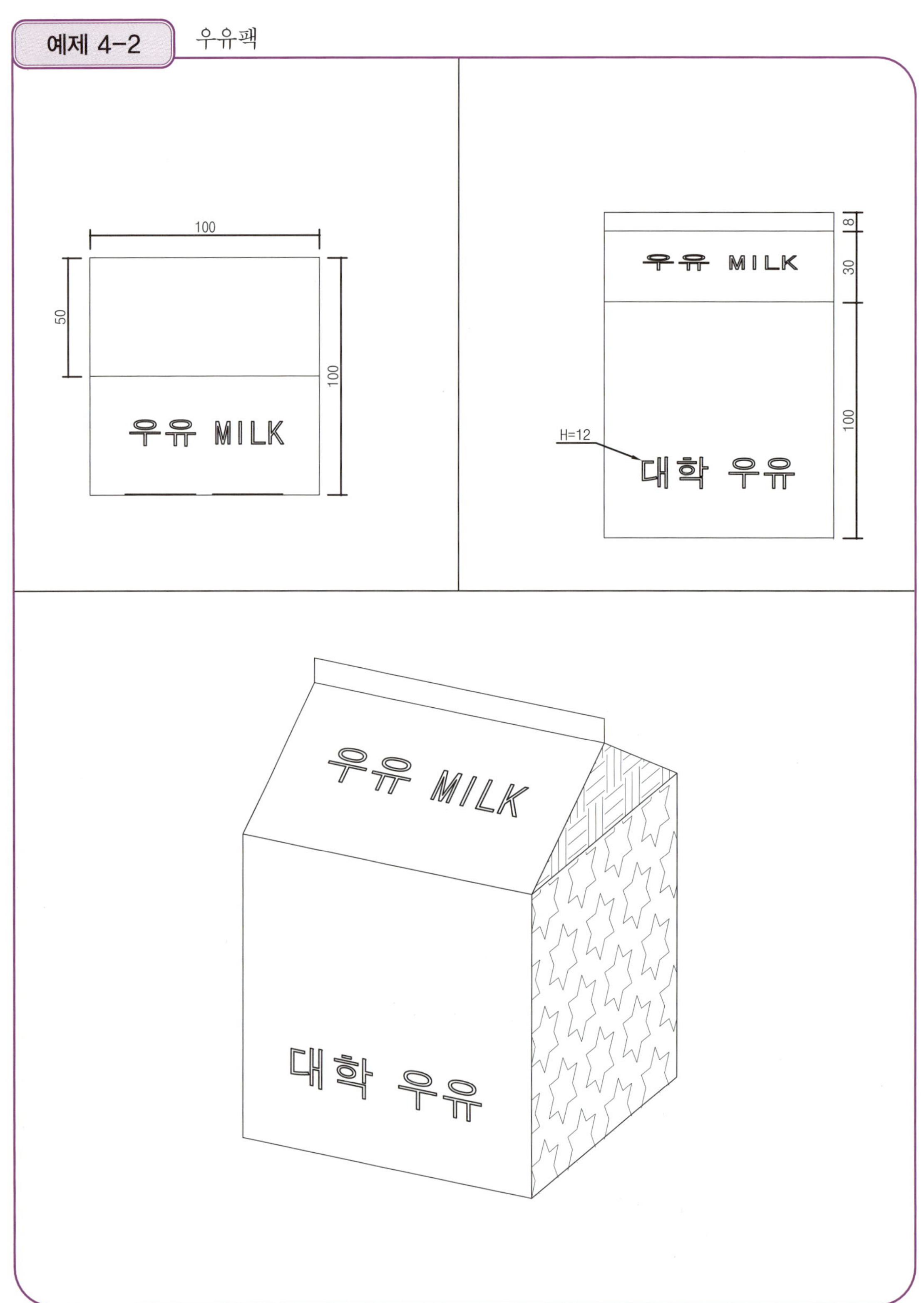

예제 4-3-1 달력

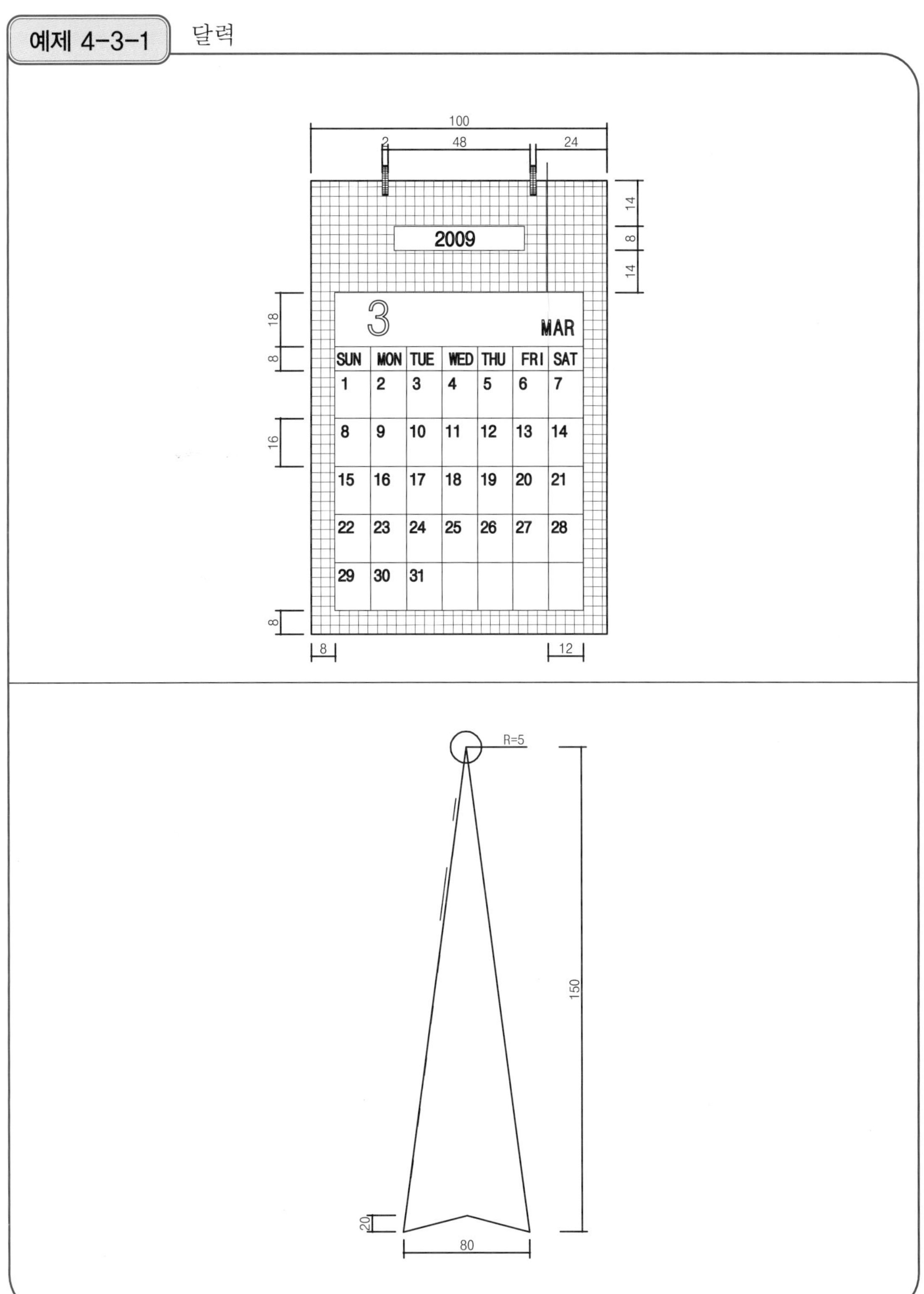
100
2
48
24
14
8
14
2009
18
8
3
MAR
SUN
MON
TUE
WED
THU
FRI
SAT
1 2 3 4 5 6 7
16
8 9 10 11 12 13 14
15 16 17 18 19 20 21
22 23 24 25 26 27 28
29 30 31
8
8
12
R=5
150
20
80

예제 4-3-2 달력

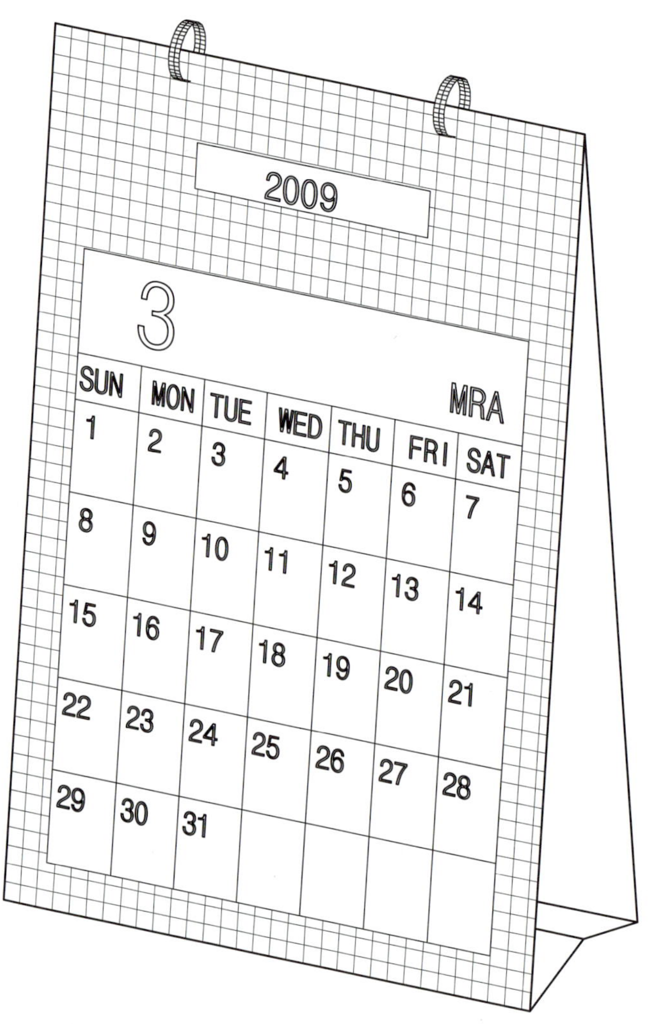
2009
3
SUN
MON
TUE
WED
THU
FRI
SAT
MRA
1 2 3 4 5 6 7
8 9 10 11 12 13 14
15 16 17 18 19 20 21
22 23 24 25 26 27 28
29 30 31

면 생성 I

5 Week

- Rulesurface
- Revsurface
- SurfTAB1
- SurfTAB2

예제 **면생성/ 의자**

1 Rulesurface Draw ▶ Surfaces ▶ Ruled Surface 직선보간 곡면

- 두 개의 Object를 연결하여 면을 만드는 명령어
- 열린 Object와 열린 Object / 닫힌 Object와 닫힌 Object
  점과 열린 Object / 점과 닫힌 Object

Commend : Rulesurf Enter↵

Current wire frame density: SURFTAB1=6

Select first defining curve: ← 면을 만들고자 하는 첫 번째 Object 선택

Select second defining curve: ← 면을 만들고자 하는 두 번째 Object 선택

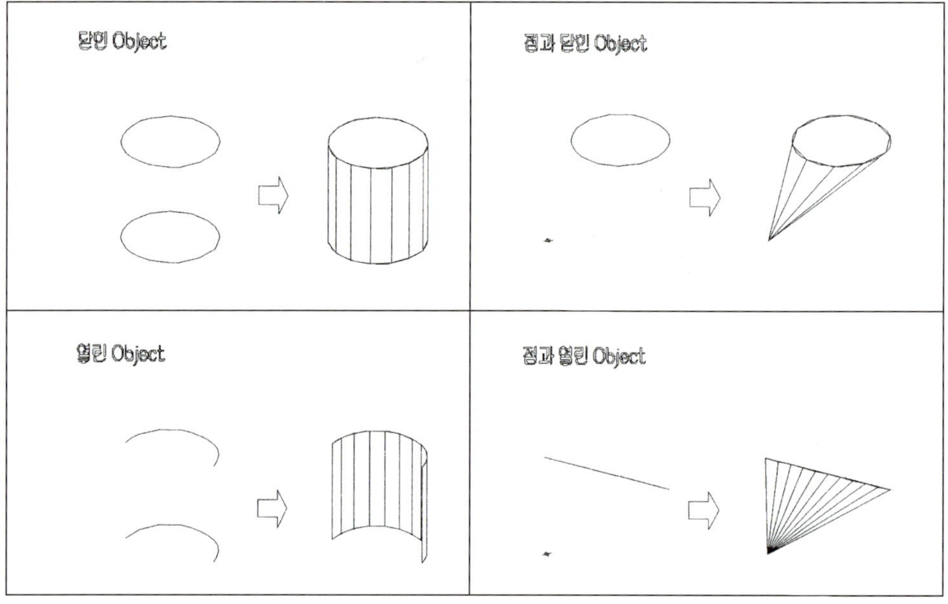

2 Revsurface

Draw ⮕ Surfaces ⮕ Revolved Surface 회전곡면

Object를 축을 이용하여 회전시켜 면을 만드는 명령어

Commend : Revsurf Enter↵

Current wire frame density: SURFTAB1=6 SURFTAB2=6

Select object to revolve: ← 회전시키고자 하는 Object 선택

Select object that defines the axis of revolution: ← 회전축 선택

Specify start angle 〈0〉: 0 Enter↵ ← 회전을 시작하는 각도 입력

Specify included angle (+=ccw, -=cw) 〈360〉: 180 Enter↵

← 회전의 각도 크기 입력

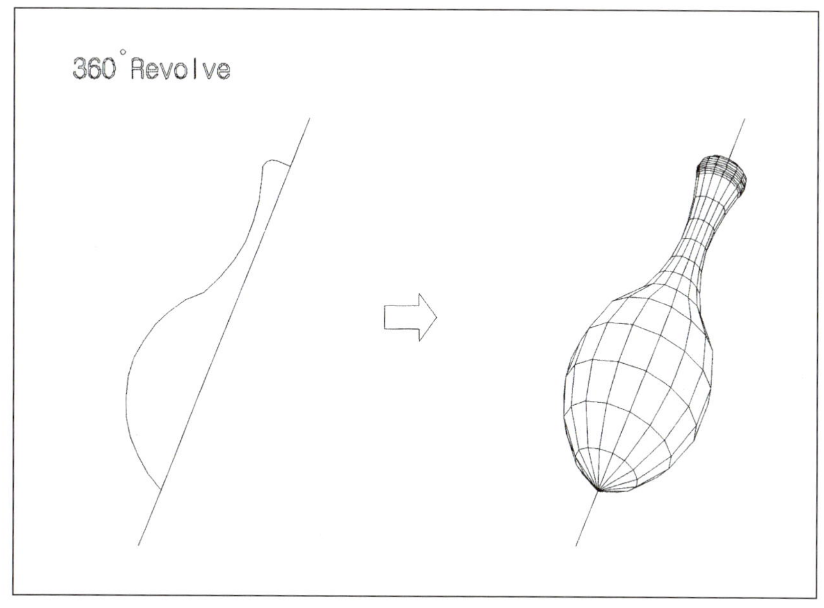

3 SurfTAB1 시스템변수

면의 정밀도를 나타내는 시스템 변수로 가로부분의 정밀도를 조정하는 명령어

Commend : SurfTAB1 Enter↵

Enter new value for SURFTAB1 〈6〉: 10 Enter↵ ← 가로부분의 정밀도 변수 입력

4 SurfTAB2 시스템변수

면의 정밀도를 나타내는 시스템 변수로 세로부분의 정밀도를 조정하는 명령어

Commend : SurfTAB2 Enter↵

Enter new value for SURFTAB2 〈6〉: 10 Enter↵ ← 세로부분의 정밀도 변수 입력

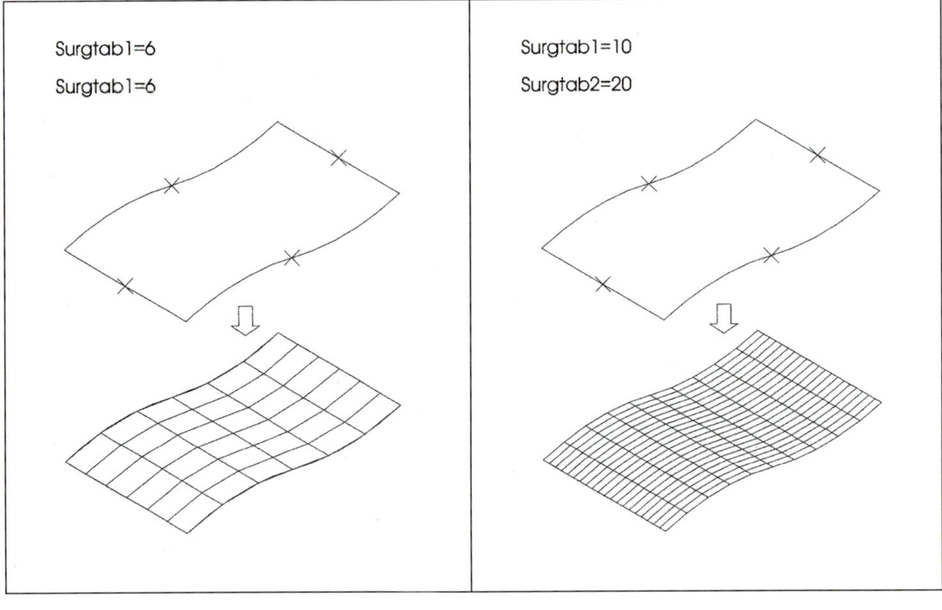

예제 5-1 면 생성 I

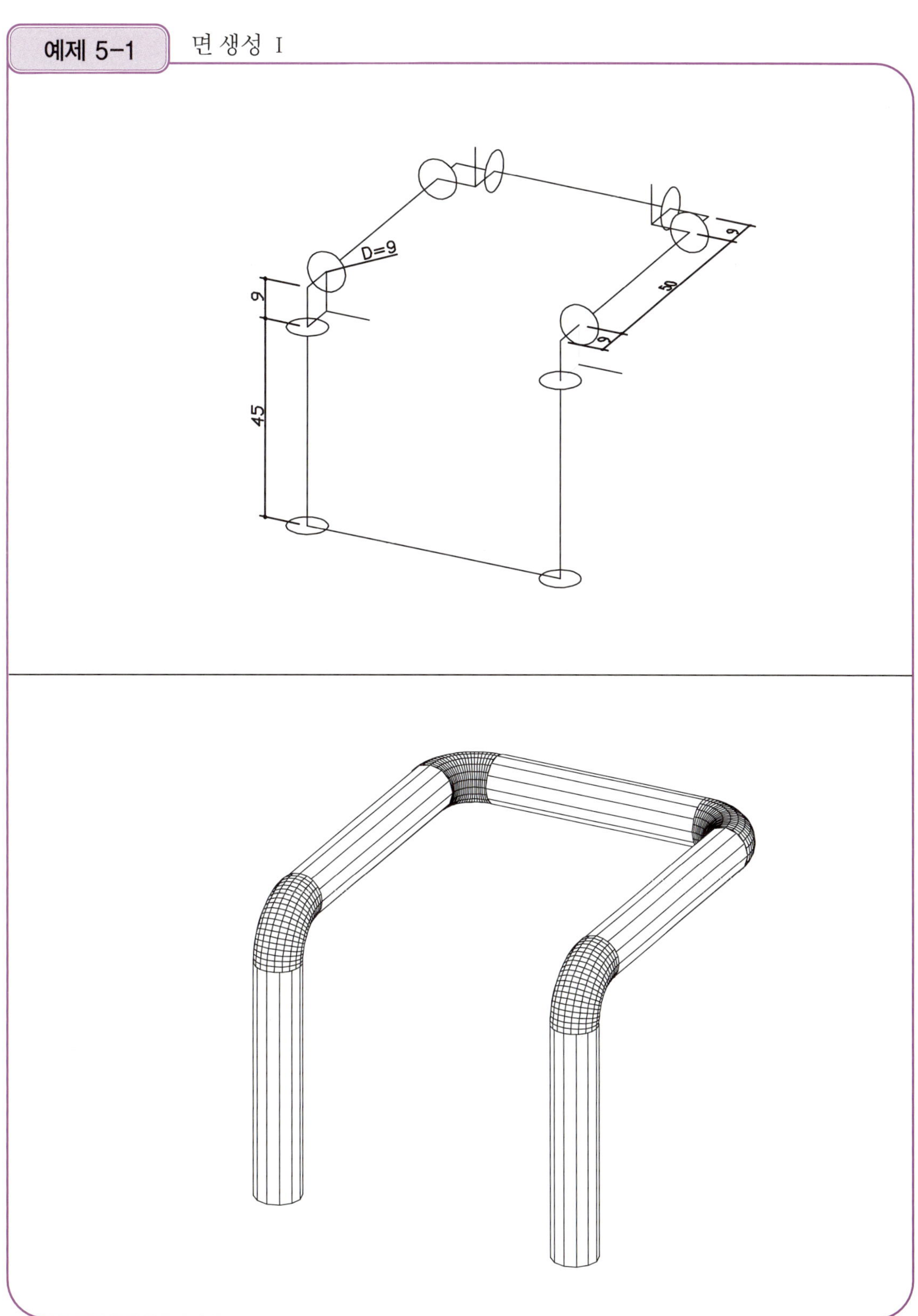

예제 5-2 면 생성 II

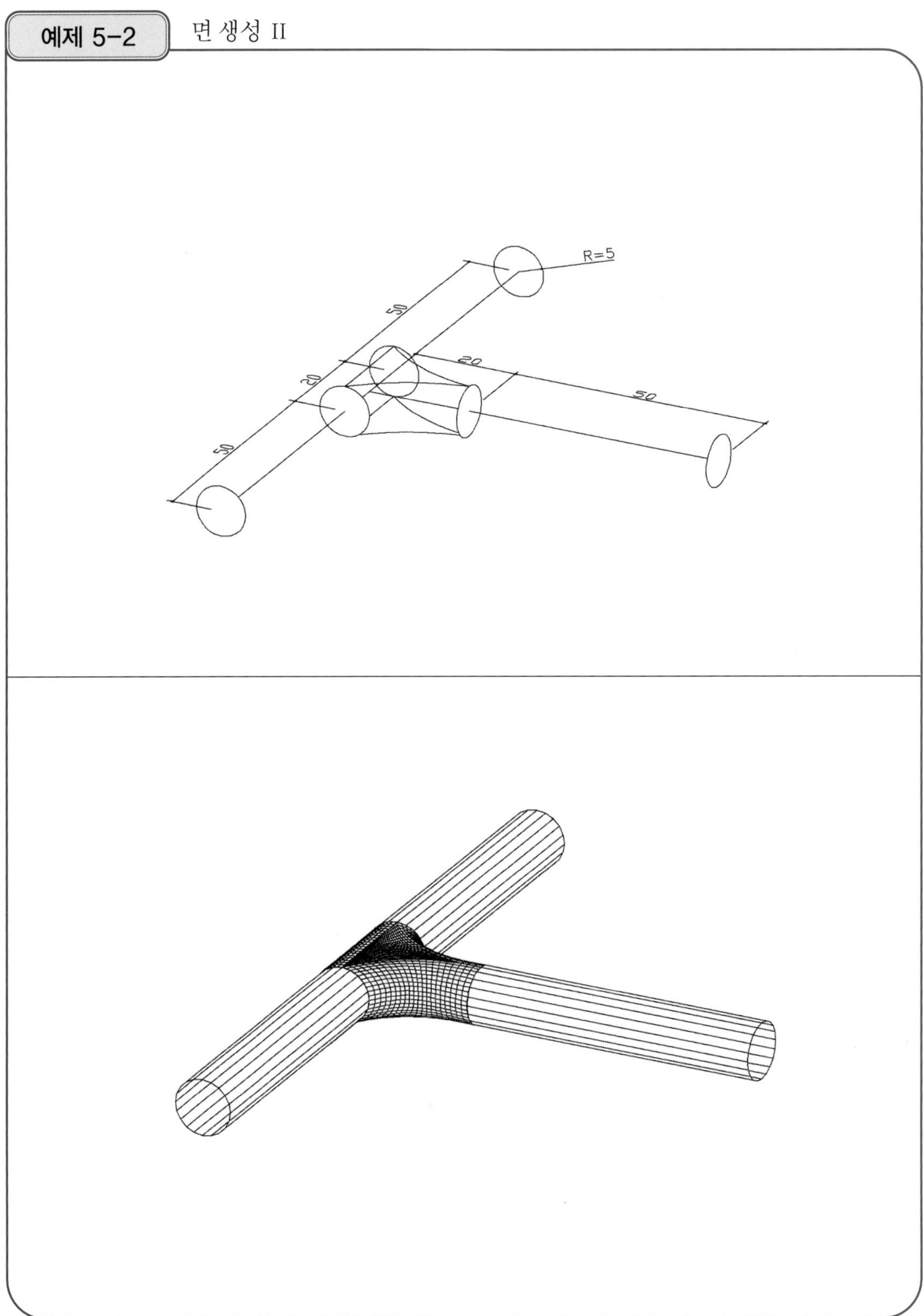

예제 5-3 의자

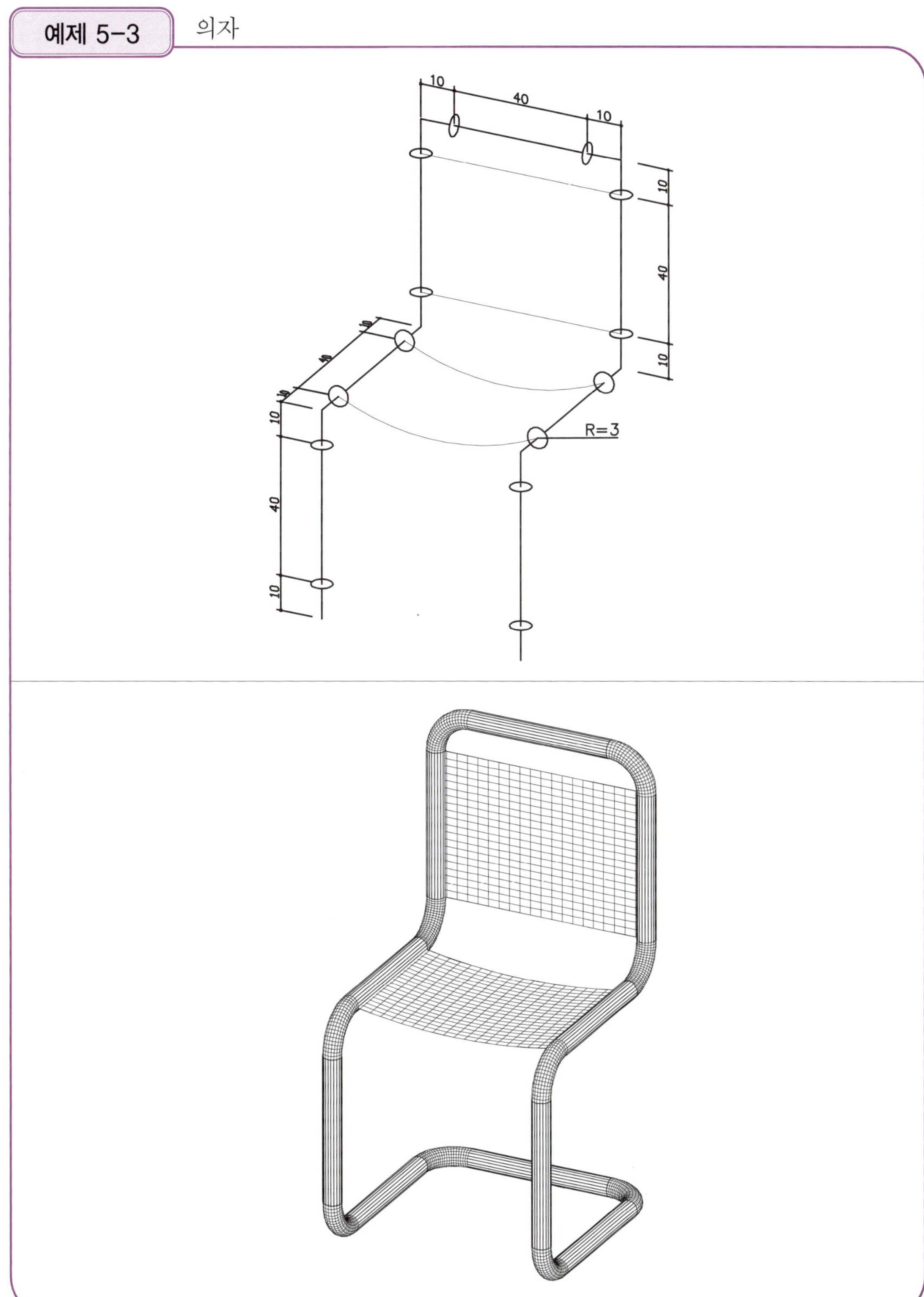

면 생성 Ⅱ

6 Week

- Edgesurface
- Mirror3D
- Rotate3D

예제 파라솔/소파

1 Edgesurface Draw ➡ Surfaces ➡ Edge Surface 모서리곡면

네 개의 모서리를 이용하여 면을 만드는 명령어

Commend : Edgesurf Enter↵

Current wire frame density: SURFTAB1=6 SURFTAB2=6

Select object 1 for surface edge: ← 첫 번째 모서리 선택

Select object 2 for surface edge: ← 첫 번째 모서리 선택

Select object 3 for surface edge: ← 첫 번째 모서리 선택

Select object 4 for surface edge: ← 첫 번째 모서리 선택

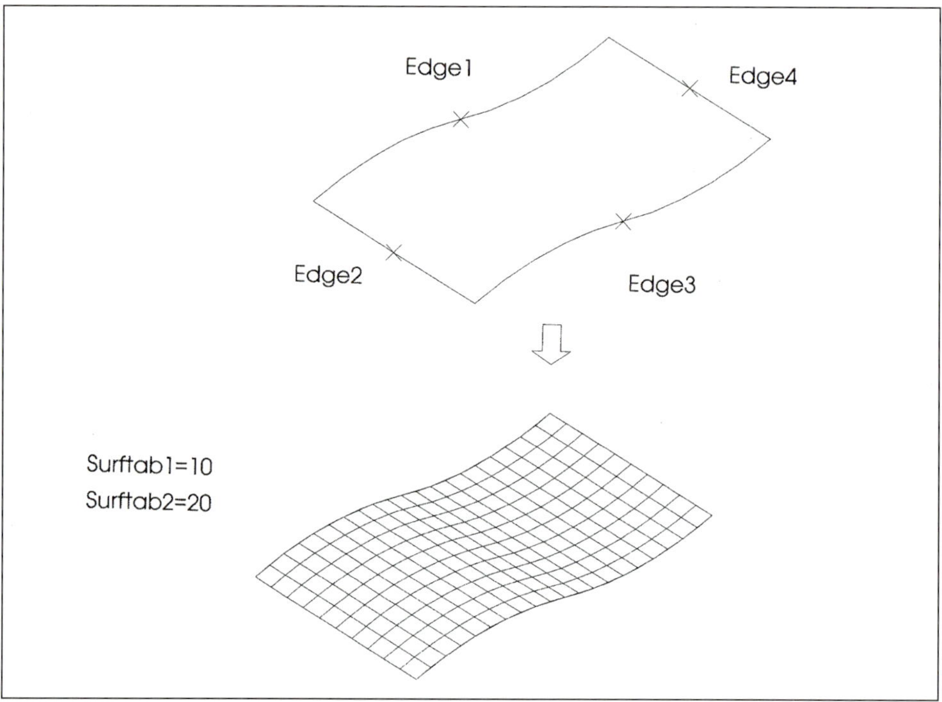

2 Mirror3D Modify ➡ 3D Operation ➡ Mirror3D 3차원 대칭

3차원 공간안에서 Object를 대칭 복사하는 명령어

Commend : **Mirror3D** [Enter↵]

Option

- **Object** : 2차원 Object를 기준으로 대칭복사하는 옵션
- **Last** : 마지막으로 설정되었던 옵션을 그대로 사용하는 옵션
- **Zaxis** : Z축을 두 점으로 설정하면 그에 따른 XY평면을 기준면으로 대칭복사하는 옵션
- **View** : 현재 View를 기준면으로 대칭복사하는 옵션
- **XY** : XY평면을 기준면으로 대칭복사하는 옵션
- **YZ** : YZ평면을 기준면으로 대칭복사하는 옵션
- **ZX** : ZX평면을 기준면으로 대칭복사하는 옵션
- **3Point** : 3점을 지정하여 이루는 면을 기준면으로 대칭복사하는 옵션

Select objects: ← 3차원 대칭복사하고자 하는 Object 선택

Select objects: [Enter↵]

← 더 이상 3차원 대칭복사하고자 하는 Object가 없으면 [Enter↵]

Specify first point of mirror plane (3 points) or

[Object/Last/Zaxis/View/XY/YZ/ZX/3points] ⟨3points⟩: **3P** [Enter↵]

← 3Point 옵션 선택

Specify first point on mirror plane: **Point1** ← 3Point 중 첫 번째 점 클릭

Specify second point on mirror plane: **Point2** ← 3Point 중 두 번째 점 클릭

Specify third point on mirror plane: **Point3** ← 3Point 중 세 번째 점 클릭

Delete source objects? [Yes/No] ⟨N⟩: **N** [Enter↵] ← No 옵션 선택

Command: Mirror3D Enter↵

Select objects: ← 3차원 대칭복사하고자 하는 Object 선택

Select objects: Enter↵

← 더 이상 3차원 대칭복사하고자 하는 Object가 없으면 Enter↵

Specify first point of mirror plane (3 points) or

[Object/Last/Zaxis/View/XY/YZ/ZX/3points] 〈3points〉: O Enter↵

← Object 옵션 선택

Select a circle, arc, or 2D-polyline segment:

← 대칭의 기준이 되는 2차원 Object 선택

Delete source objects? [Yes/No] 〈N〉: N Enter↵ ← No 옵션 선택

Command: Mirror3D Enter↵

Select objects: ← 3차원 대칭복사하고자 하는 Object 선택

Select objects: Enter↵

← 더 이상 3차원 대칭복사하고자 하는 Object가 없으면 Enter↵

Specify first point of mirror plane (3 points) or

[Object/Last/Zaxis/View/XY/YZ/ZX/3points] 〈3points〉: L Enter↵

← Last 옵션 선택

Delete source objects? [Yes/No] 〈N〉: N Enter↵ ← No 옵션 선택

Command: Mirror3D Enter↵

Select objects: ← 3차원 대칭복사하고자 하는 Object 선택

Select objects: Enter↵

← 더 이상 3차원 대칭복사하고자 하는 Object가 없으면 Enter↵

Specify first point of mirror plane (3 points) or

[Object/Last/Zaxis/View/XY/YZ/ZX/3points] 〈3points〉: Z Enter↵

← Zaxis 옵션 선택

Specify point on mirror plane: Point1 ← 기준면 위의 한 점 클릭

Specify point on Z-axis (normal) of mirror plane: **Point2** ← Z축으로의 한 점 클릭

Delete source objects? [Yes/No] 〈N〉: **N** [Enter↵] ← No 옵션 선택

Command: **Mirror3D** [Enter↵]

Select objects: ← 3차원 대칭복사하고자 하는 Object 선택

Select objects: [Enter↵]

← 더 이상 3차원 대칭복사하고자 하는 Object가 없으면 [Enter↵]

Specify first point of mirror plane (3 points) or

[Object/Last/Zaxis/View/XY/YZ/ZX/3points] 〈3points〉: **V** [Enter↵]

← View 옵션 선택

V Specify point on view plane 〈0,0,0〉: **Point** ← 현재 View의 기준점 클릭

Delete source objects? [Yes/No] 〈N〉: **N** [Enter↵] ← No 옵션 선택

Command: **Mirror3D** [Enter↵]

Select objects: ← 3차원 대칭복사하고자 하는 Object 선택

Select objects: [Enter↵]

← 더 이상 3차원 대칭복사하고자 하는 Object가 없으면 [Enter↵]

Specify first point of mirror plane (3 points) or

[Object/Last/Zaxis/View/XY/YZ/ZX/3points] 〈3points〉: **XY** [Enter↵]

← XY 옵션 선택

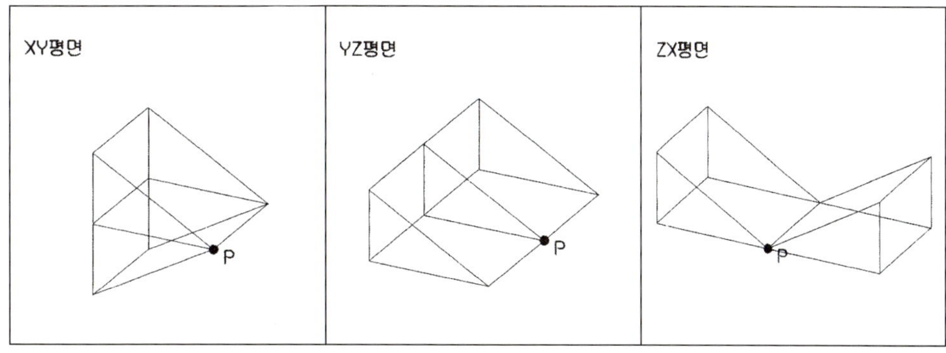

3 Rotate3D Modify ▶ 3D Operation ▶ Rotate3D 입체회전

3차원 공간안에서 Object를 회전시키는 명령어

Commend : Rotate3D [Enter↵]

Option

- **Object** : 2차원 Object를 기준으로 회전시키는 옵션
- **Last** : 마지막으로 설정되었던 옵션을 그대로 사용하는 옵션
- **View** : 현재 View를 기준으로 회전시키는 옵션
- **Xaxis** : X축을 기준으로 회전시키는 옵션
- **Yaxis** : Y축을 기준으로 회전시키는 옵션
- **Zaxis** : Z축을 기준으로 회전시키는 옵션
- **2Point** : 2점을 지정하여 이루는 선을 기준으로하여 회전시키는 옵션

Current positive angle: ANGDIR=counterclockwise ANGBASE=0

Select objects: ← 3차원 회전하고자 하는 Object 선택

Select objects: [Enter↵]

← 더 이상 3차원 회전하고자 하는 Object가 없으면 [Enter↵]

Specify first point on axis or define axis by

[Object/Last/View/Xaxis/Yaxis/Zaxis/2points]: **2P** [Enter↵] ← 2Point 옵션 선택

Specify first point on axis: **Point1** ← 회전축의 첫 번째 점 클릭

Specify second point on axis: **Point2** ← 회전축의 두 번째 점 클릭

Specify rotation angle or [Reference]: **90** [Enter↵] ← 회전각도 입력

Command: **Rotate3D** [Enter↵]

Current positive angle: ANGDIR=counterclockwise ANGBASE=0

Select objects: ← 3차원 회전하고자 하는 Object 선택

Select objects: Enter↵

← 더 이상 3차원 회전하고자 하는 Object가 없으면 Enter↵

Specify first point on axis or define axis by
[Object/Last/View/Xaxis/Yaxis/Zaxis/2points]: L Enter↵ ← Last 옵션 선택

Command: Rotate3D Enter↵

Current positive angle: ANGDIR=counterclockwise ANGBASE=0
Select objects: ← 3차원 회전하고자 하는 Object 선택
Select objects: Enter↵

← 더 이상 3차원 회전하고자 하는 Object가 없으면 Enter↵

Specify first point on axis or define axis by
[Object/Last/View/Xaxis/Yaxis/Zaxis/2points]: O Enter↵ ← Object 옵션 선택

Select a line, circle, arc, or 2D-polyline segment:

← 회전축이 되는 2차원 Object 선택

Specify rotation angle or [Reference]: 90 Enter↵ ← 회전각도 입력

Command: Rotate3D Enter↵

Current positive angle: ANGDIR=counterclockwise ANGBASE=0
Select objects: ← 3차원 회전하고자 하는 Object 선택
Select objects: Enter↵

← 더 이상 3차원 회전하고자 하는 Object가 없으면 Enter↵

Specify first point on axis or define axis by
[Object/Last/View/Xaxis/Yaxis/Zaxis/2points]: V Enter↵ ← View 옵션 선택

Specify a point on the view direction axis 〈0,0,0〉: Point

← 현재 View의 기준점 클릭

Specify rotation angle or [Reference]: 90 Enter↵ ← 회전각도 입력

Command: Rotate3D Enter↵

Current positive angle: ANGDIR=counterclockwise ANGBASE=0

Select objects: ← 3차원 회전하고자 하는 Object 선택

Select objects: Enter↵

← 더 이상 3차원 회전하고자 하는 Object가 없으면 Enter↵

Specify first point on axis or define axis by

[Object/Last/View/Xaxis/Yaxis/Zaxis/2points]: **X** Enter↵ ← Xaxis 옵션 선택

Specify a point on the X axis ⟨0,0,0⟩: **Point** ← 회전축 X의 기준점 클릭

Specify rotation angle or [Reference]: **90** Enter↵ ← 회전각도 입력

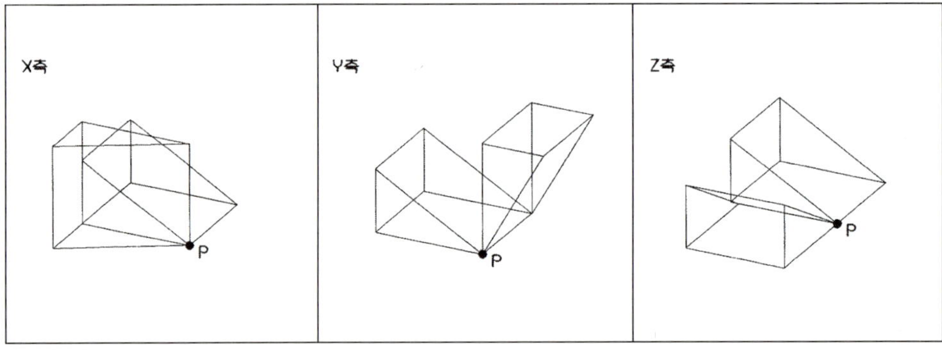

예제 6-1-1 파라솔 I

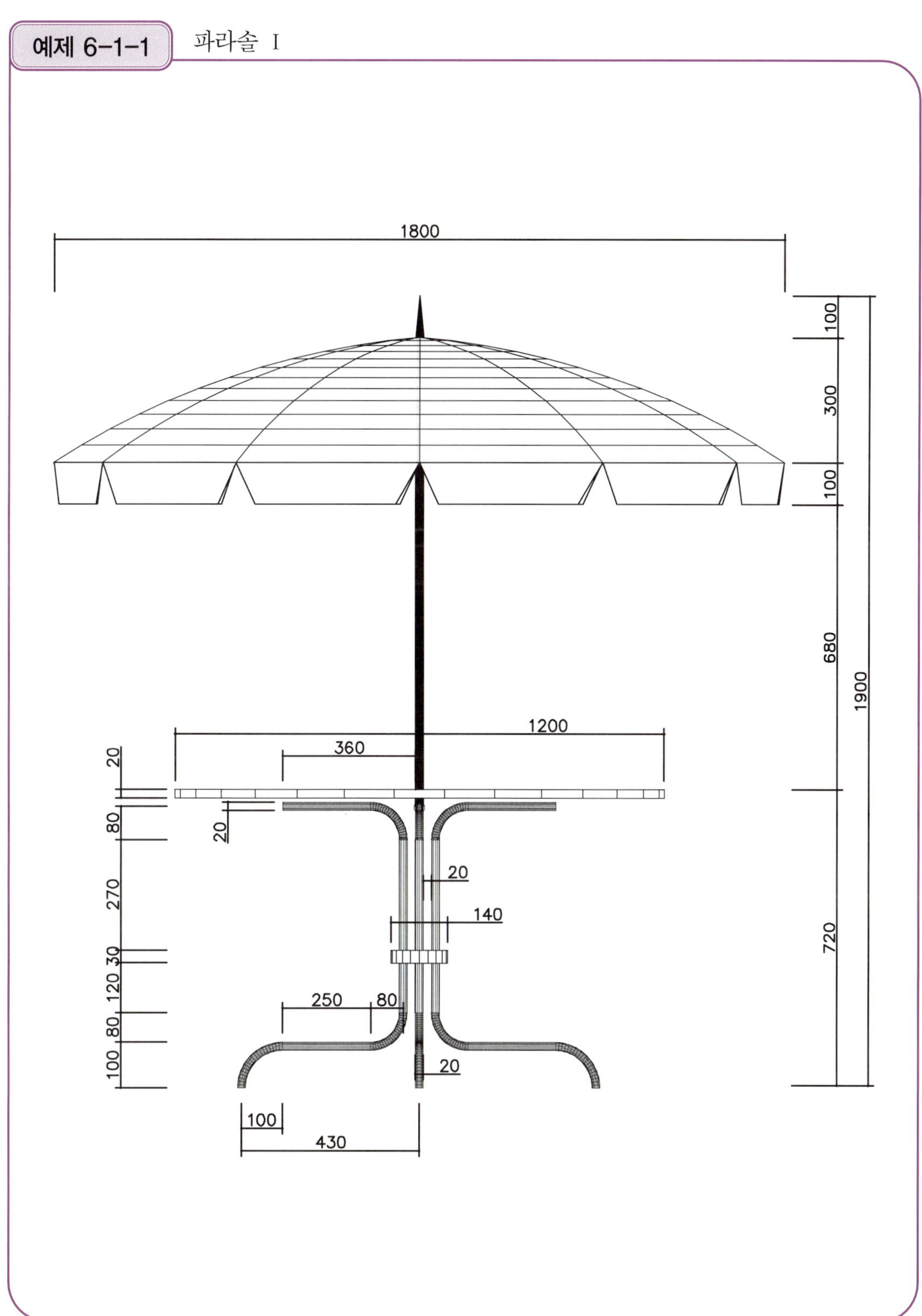
1800
100
300
100
680
1900
1200
360
20
80
20
20
270
140
30
120
250
80
80
100
20
720
100
430

예제 6-1-2 파라솔 II

예제 6-1-3 파라솔 III

예제 6-2-1 소파 I

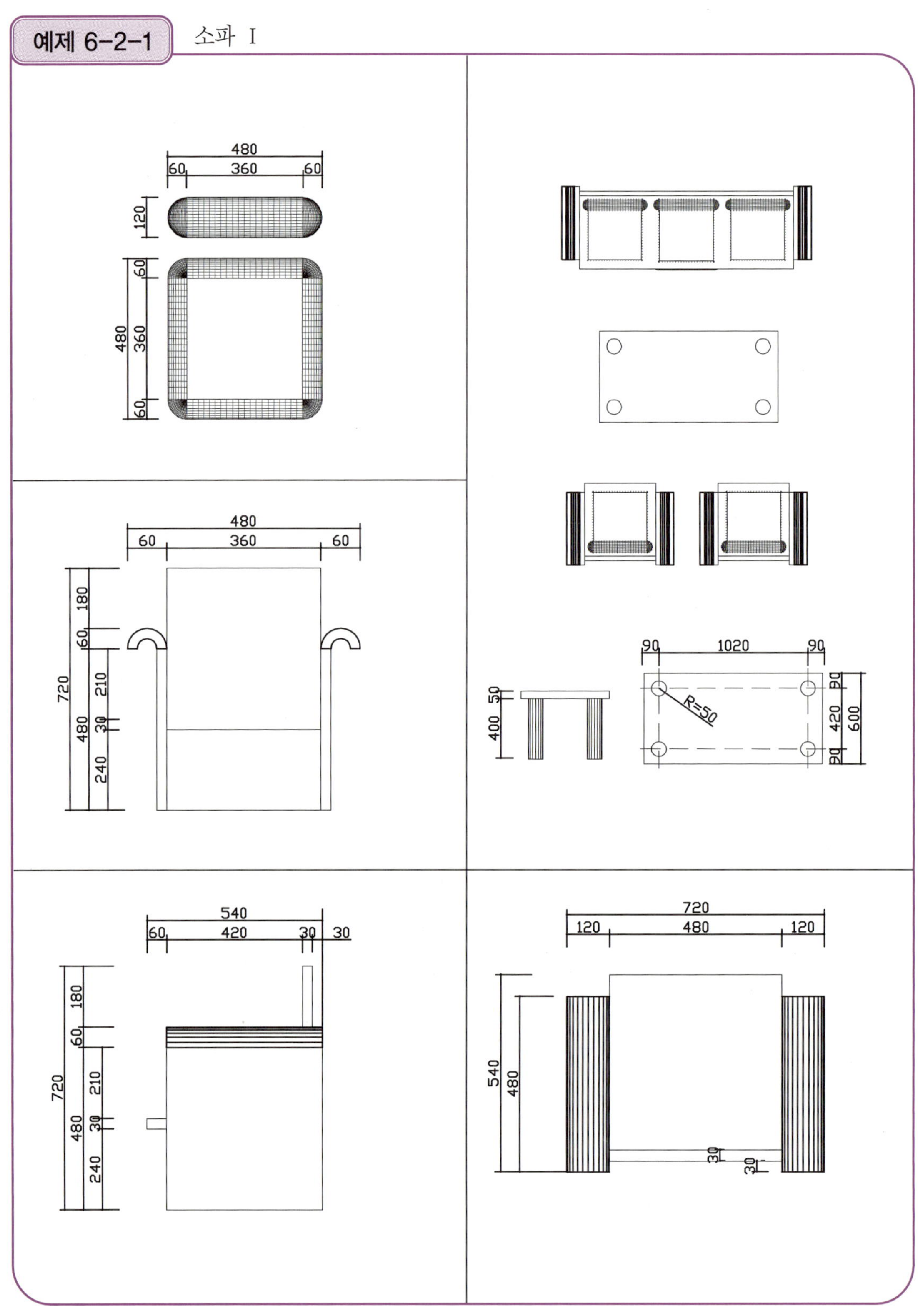

480
60
360
60
120
60
480
360
60
480
60
360
60
720
180
60
480
210
30
240
540
60
420
30
30
720
180
60
480
210
30
240
90
1020
90
400
50
R=50
90
420
90
600
720
120
480
120
540
480
30
30

예제 6-2-2 소파 II

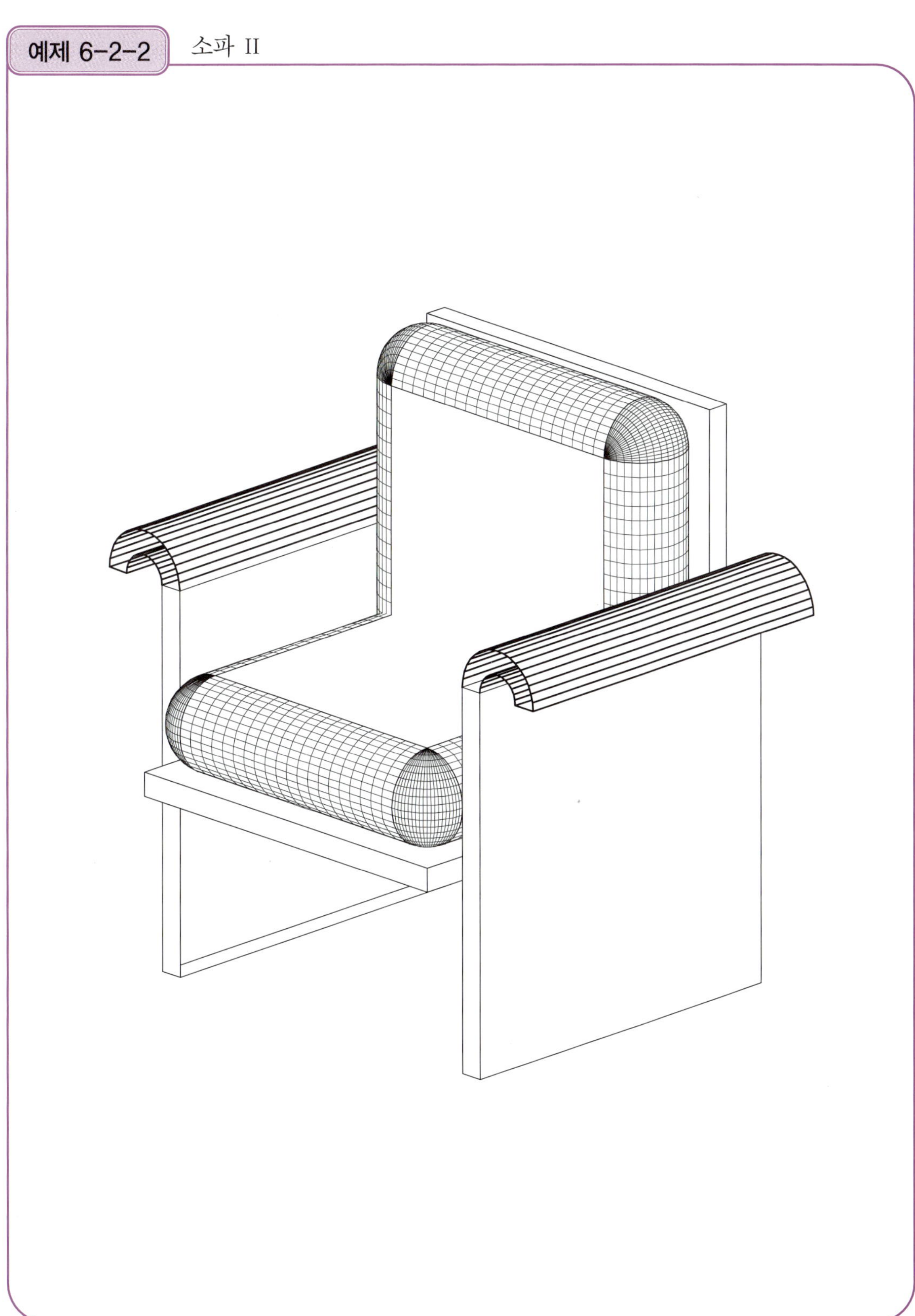

예제 6-2-3 소파 Ⅲ

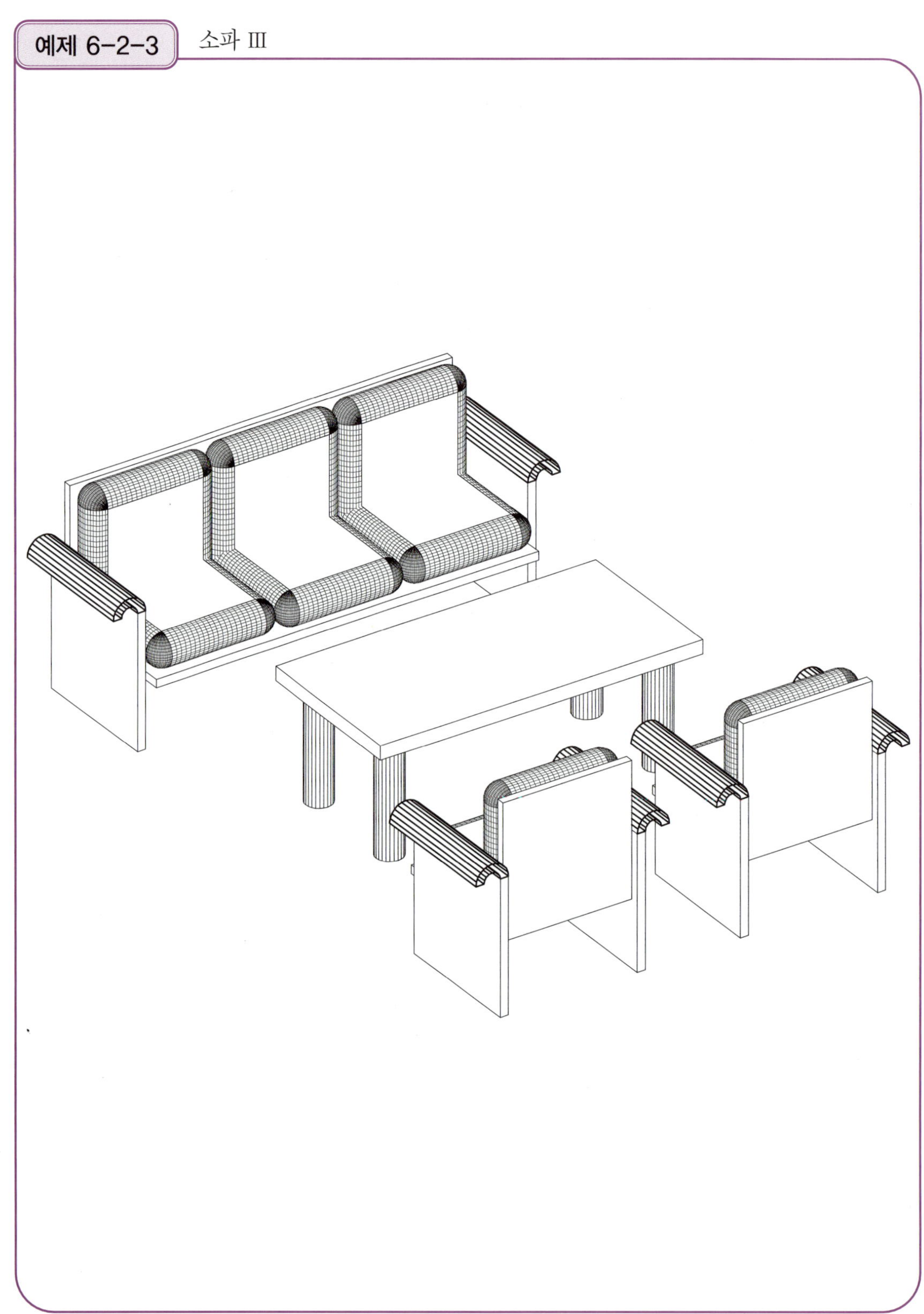

면 생성 Ⅲ

7 Week

- Tabsurface
- 3DArray

예제 스프링/ 사무용 의자

1 Tabsurface Draw ▶ Surfaces ▶ Tabulated Surface 방향벡터 곡면

좌표계를 사용자 임의로 변경하는 명령어 User Coordinate System

Commend : Tabsurf Enter↵

Select object for path curve: ← 경로로 사용할 Object 선택

Select object for direction vector: ← 방향벡터로 사용할 Object 선택

Surftab1=10

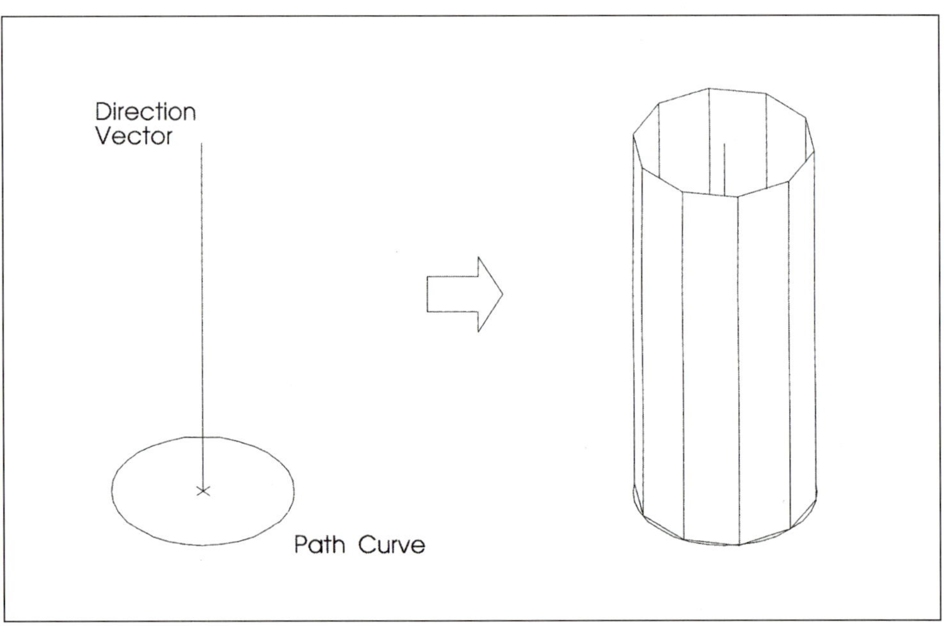

2 3DArray Modify ⊙ 3D Operation ⊙ 3DArray 입체배열

3차원 공간안에서 Object를 배열하는 명령어

Commend : 3DArray Enter↵

Option

- Recrangular : Object를 사각형으로 배열하는 옵션
- Polar : Object를 원형으로 배열하는 옵션
  - Rotate – Yes : Object가 자전 하면서 배열되는 옵션
  - Rotate – No : Object가 자전 하지 않고 배열되는 옵션

Select objects: ← 배열하고자 하는 Object 선택
Select objects: Enter↵ ← 더 이상 배열하고자 하는 Object가 없으면 Enter↵

Enter the type of array [Rectangular/Polar] ⟨R⟩: R Enter↵ ← Rectangular 옵션 선택

Enter the number of rows (---) ⟨1⟩: 3 Enter↵ ← Y축으로의 배열 수 입력
Enter the number of columns (| | |) ⟨1⟩: 5 Enter↵ ← X축으로의 배열 수 입력
Enter the number of levels (...) ⟨1⟩: 2 Enter↵ ← Z축으로의 배열 수 입력

Specify the distance between rows (---): 15 Enter↵ ← Y축 배열의 간격 입력
Specify the distance between columns (| | |): 10 Enter↵ ← X축 배열의 간격 입력
Specify the distance between levels (...): 10 Enter↵ ← Z축 배열의 간격 입력

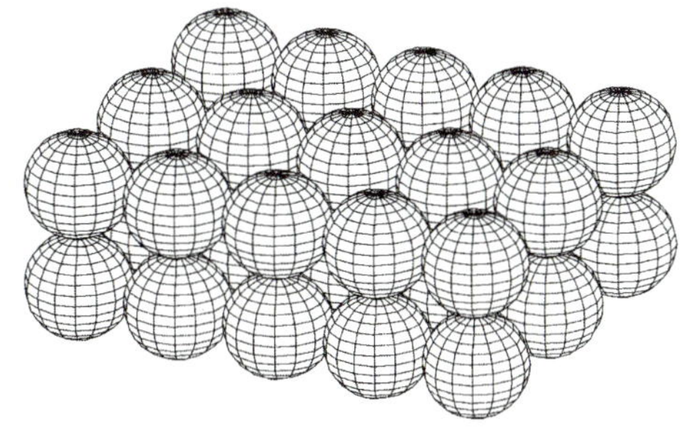

Command: 3DArray Enter↵

Select objects: ← 배열하고자 하는 Object 선택

Select objects: Enter↵ ← 더 이상 배열하고자 하는 Object가 없으면 Enter↵

Enter the type of array [Rectangular/Polar] 〈R〉: **P** Enter↵ ← Polar 옵션 선택

Enter the number of items in the array: **8** Enter↵
← 배열하고자 하는 Object의 수 입력

Specify the angle to fill (+=ccw, -=cw) 〈360〉: **360** Enter↵ ← 회전각도 입력

Rotate arrayed objects? [Yes/No] 〈Y〉: **Y** Enter↵ ← Object의 자전여부 확인 옵션

Specify center point of array: **Point1** ← 원형배열 회전축의 첫 번째 점 클릭

Specify second point on axis of rotation: **Point2**
← 원형배열 회전축의 두 번째 점 클릭

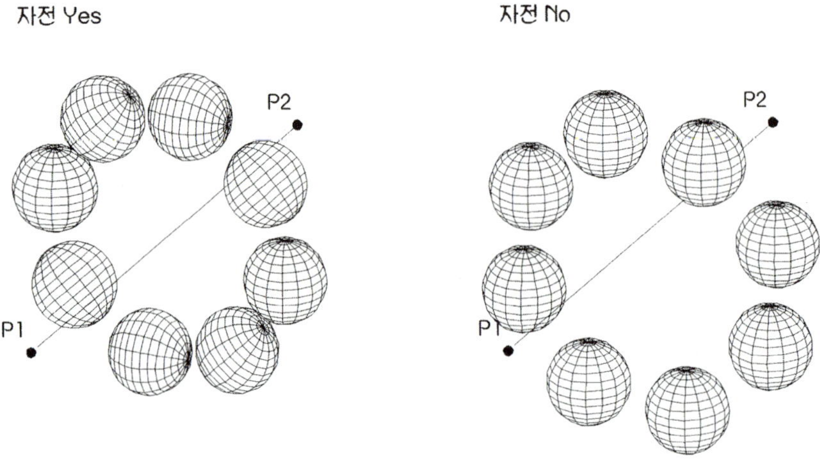

예제 7-1 스프링 Ⅰ

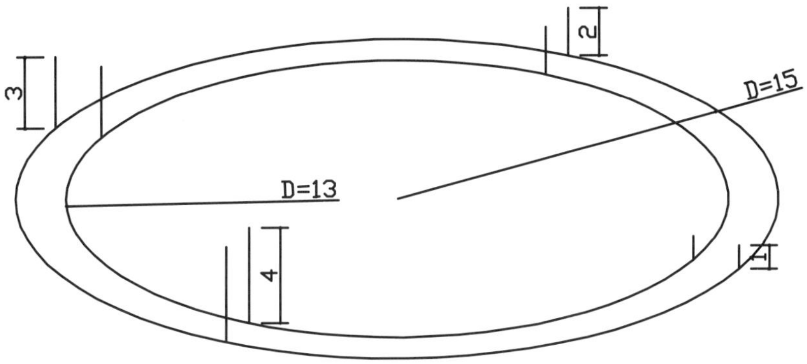

D=15

D=13

3

2

4

1

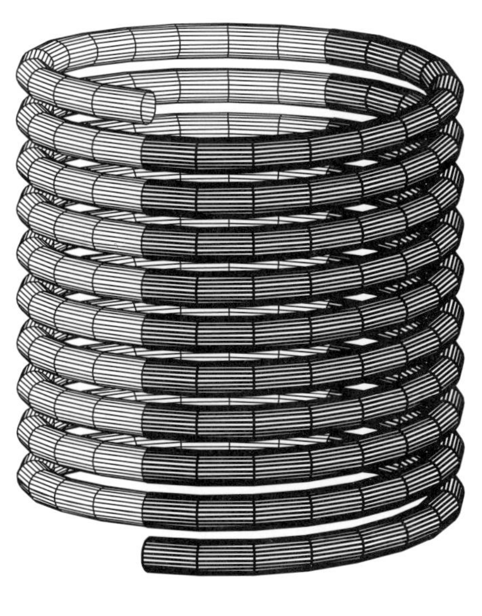

예제 7-2 스프링 II

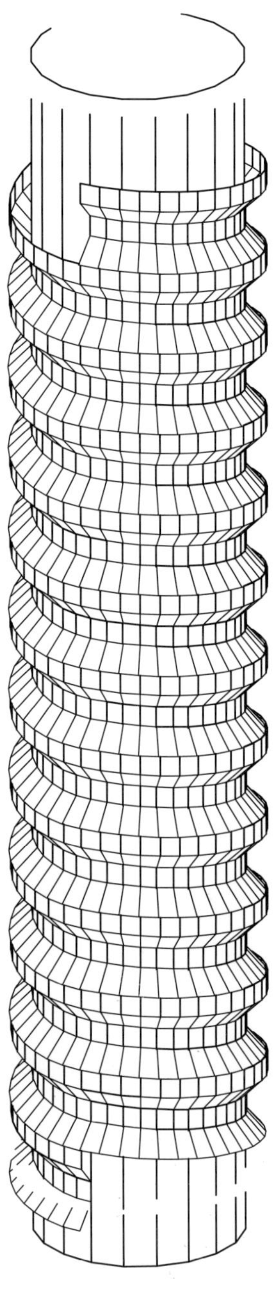

예제 7-3-1 사무용 의자 Ⅰ

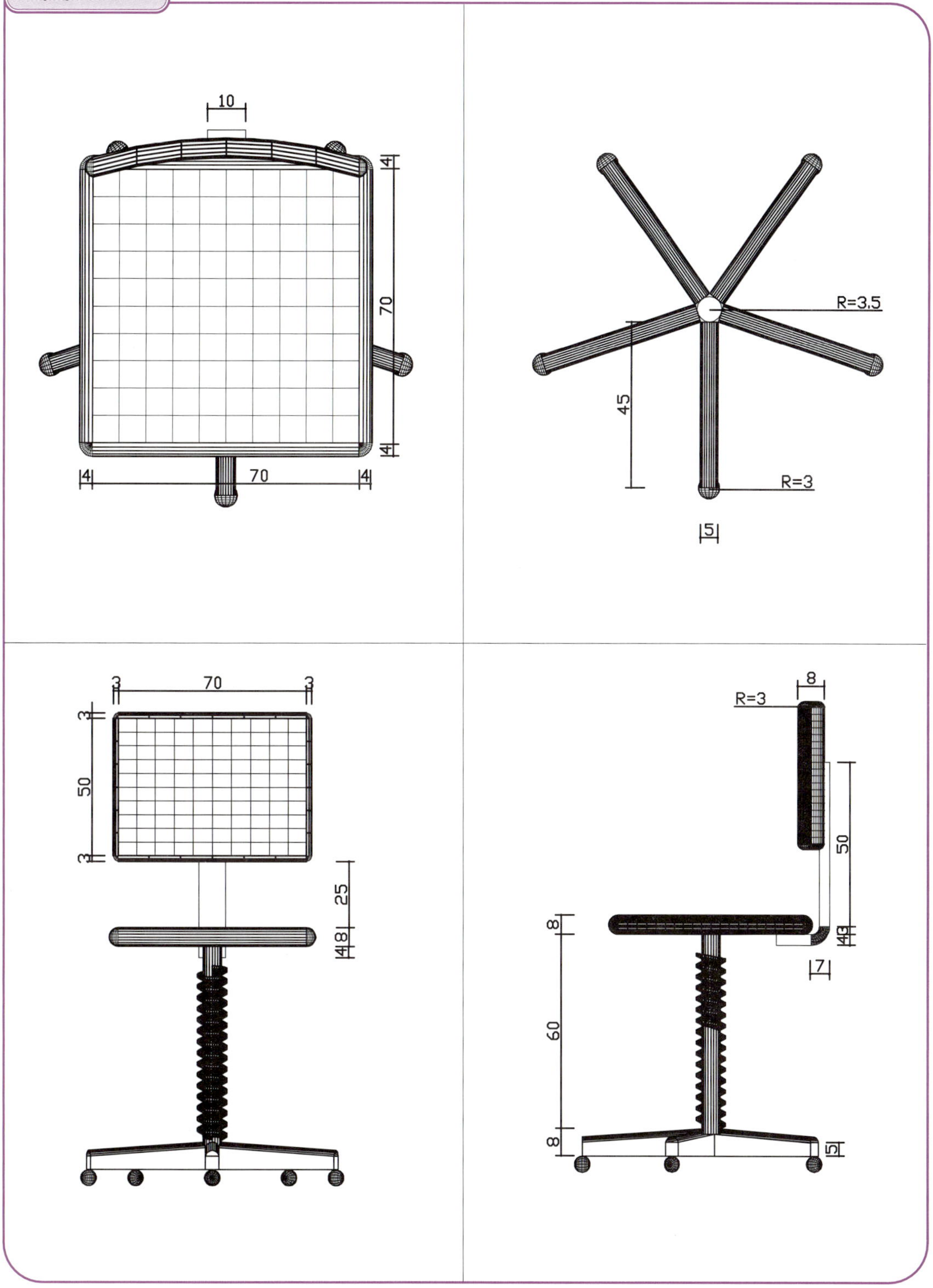

10
4
70
4
4 70 4

R=3.5
45
R=3
5

3 70 3
3
50
3
25
4 8

8 R=3
50
8
4 3
7
60
8
5

예제 7-3-2 사무용 의자 II

3차원 입체

8 Week

- 3D
- 3DPoly

예제 **3차원 입체 연습**

1 3D Draw ➡ Surfaces ➡ 3D Surfaces 입체

AutoCAD에서 제공하는 기본 모양을 가지고 상자, 접시, 돔 등과 같은 3D 입체를 만드는 명령어

Commend : 3D Enter↵

Option

- **Box** : 상자를 그리는 옵션 – 길이 / 폭 / 높이
- **Cone** : 원추를 그리는 옵션 – 중심점 / 반지름 / 높이
- **Dish** : 접시를 그리는 옵션 – 중심점 / 반지름
- **Dome** : 돔을 그리는 옵션 – 중심점 / 반지름
- **Mesh** : 메쉬를 그리는 옵션 – 메쉬의 네 꼭지점 / M, N의 크기
- **Pyramid** : 피라미드를 그리는 옵션 – 피라미드 바닥면의 꼭지점 / 높이
- **Sphere** : 구를 그리는 옵션 – 중심점 / 반지름
- **Torus** : 원환을 그리는 옵션 – 중심점 / 외부반지름 / 내부 반지름
- **Wedge** : 쐐기를 그리는 옵션 – 폭 / 길이 / 높이

Enter an option

[Box/Cone/DIsh/DOme/Mesh/Pyramid/Sphere/Torus/Wedge]: B Enter↵

← Box 옵션 선택

Specify corner point of box: Point1 ← Box의 시작점 클릭

Specify length of box: Point2 ← Box의 길이값 클릭

Specify width of box or [Cube]: Point3 ← Box의 폭값 클릭

Specify height of box: Point4 ← Box의 높이값 클릭

Specify rotation angle of box about the Z axis or [Reference]: 0 Enter↵

← Box의 회전각도 입력

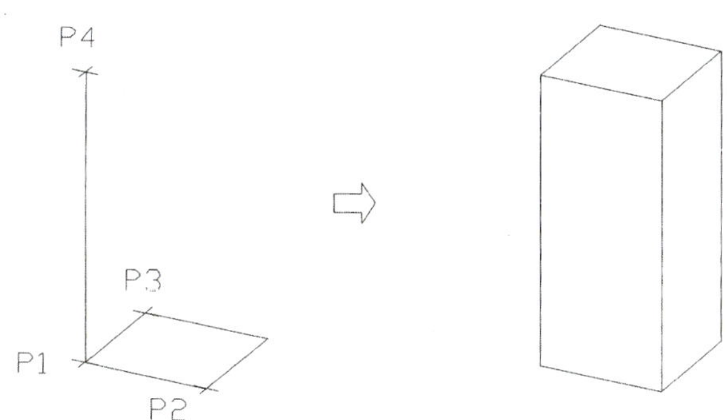

Command: 3D Enter↵

Enter an option

[Box/Cone/DIsh/DOme/Mesh/Pyramid/Sphere/Torus/Wedge]: C Enter↵

← Cone 옵션 선택

Specify center point for base of cone: Point1 ← Cone 원의 중심점 클릭

Specify radius for base of cone or [Diameter]: 10 Enter↵

← Cone 바닥면 원의 반지름값 입력

Specify radius for top of cone or [Diameter] 〈0〉: 0 Enter↵

← Cone 윗면 원의 반지름값 입력

Specify height of cone: Point2 ← Cone 윗면 원의 지름값 입력

Enter number of segments for surface of cone 〈16〉: 10 Enter↵

← Cone 면의 수 입력

Command: 3D Enter↵

Enter an option

[Box/Cone/DIsh/DOme/Mesh/Pyramid/Sphere/Torus/Wedge]: Di Enter↵

← Dish 옵션 선택

Specify center point of dish: Point1 ← Dish의 중심점 클릭

Specify radius of dish or [Diameter]: 10 Enter↵ ← Dish의 반지름값 입력

Enter number of longitudinal segments for surface of dish 〈16〉: 16 Enter↵

← Dish 세로면의 수 입력

Enter number of latitudinal segments for surface of dish 〈8〉: 8 Enter↵

← Dish 가로면의 수 입력

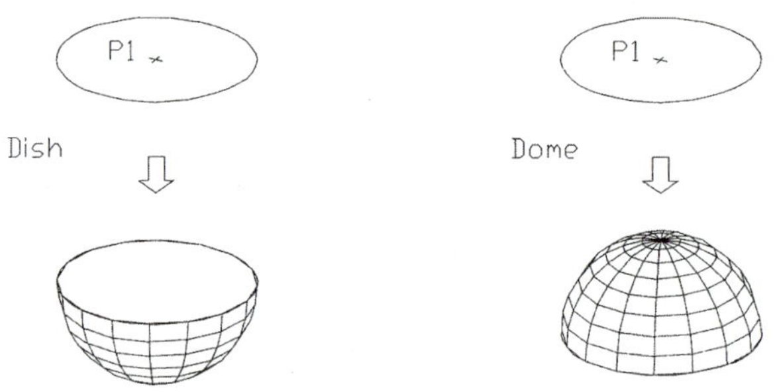

Command: 3D Enter↵

Enter an option

[Box/Cone/DIsh/DOme/Mesh/Pyramid/Sphere/Torus/Wedge]: Do Enter↵

← Dome 옵션 선택

Specify center point of dome: Point1 ← Dome의 중심점 클릭

Specify radius of dome or [Diameter]: 10 Enter↵ ← Dome의 반지름값 입력

Enter number of longitudinal segments for surface of dome 〈16〉: 16 Enter↵

← Dome 세로면의 수 입력

Enter number of latitudinal segments for surface of dome 〈8〉: 8 Enter↵

← Dome 가로면의 수 입력

Command: 3D Enter↵

Enter an option

[Box/Cone/DIsh/DOme/Mesh/Pyramid/Sphere/Torus/Wedge]: M Enter↵

← Mesh 옵션 선택

Specify first corner point of mesh: Point1 ← Mesh의 첫 번째 점 클릭

Specify second corner point of mesh: Point2 ← Mesh의 두 번째 점 클릭

Specify third corner point of mesh: Point3 ← Mesh의 세 번째 점 클릭

Specify fourth corner point of mesh: Point4 ← Mesh의 네 번째 점 클릭

Enter mesh size in the M direction: 5 Enter↵ ← M 방향 선의 수 입력

Enter mesh size in the N direction: 7 Enter↵ ← N 방향 선의 수 입력

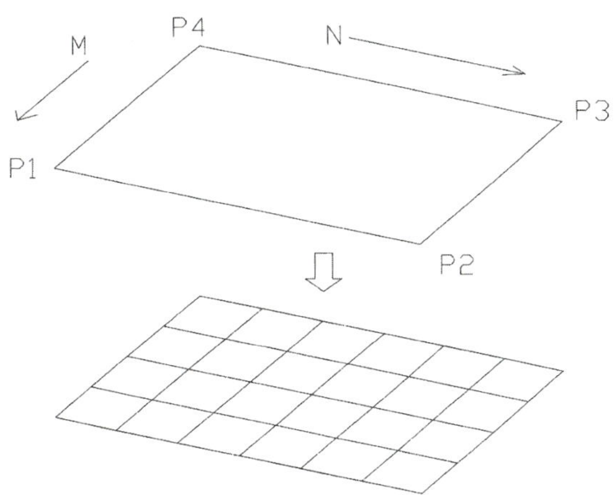

Command: 3D Enter↵

Enter an option

[Box/Cone/DIsh/DOme/Mesh/Pyramid/Sphere/Torus/Wedge]: P Enter↵

← Pyramid 옵션 선택

Specify first corner point for base of pyramid: Point1

← Pyramid 밑면의 첫 번째 점 클릭

Specify second corner point for base of pyramid: Point2

← Pyramid 밑면의 두 번째 점 클릭

Specify third corner point for base of pyramid: Point3

← Pyramid 밑면의 세 번째 점 클릭

Specify fourth corner point for base of pyramid or [Tetrahedron]: Point4

← Pyramid 밑면의 세 번째 점 클릭

Specify apex point of pyramid or [Ridge/Top]: Point5

← Pyramid 밑면의 세 번째 점 클릭

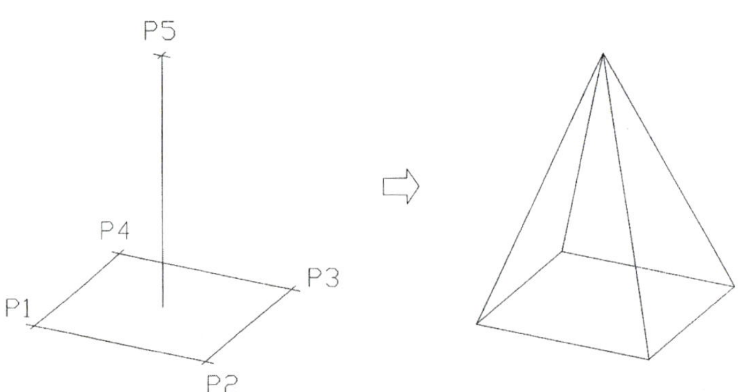

Command: 3D Enter↵

Enter an option

[Box/Cone/DIsh/DOme/Mesh/Pyramid/Sphere/Torus/Wedge]: **S** Enter↵

← Sphere 옵션 선택

Specify center point of sphere: **Point1** ← Sphere의 중심점 클릭

Specify radius of sphere or [Diameter]: **30** Enter↵ ← Sphere의 반지름값 입력

Enter number of longitudinal segments for surface of sphere ⟨16⟩: **16** Enter↵

← Sphere 세로면의 수 입력

Enter number of latitudinal segments for surface of sphere ⟨16⟩: **16** Enter↵

← Sphere 가로면의 수 입력

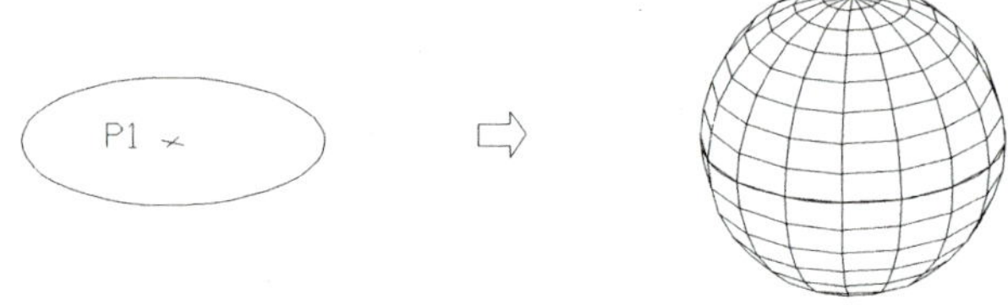

Command: 3D Enter↵

Enter an option

[Box/Cone/DIsh/DOme/Mesh/Pyramid/Sphere/Torus/Wedge]: T Enter↵

← Torus 옵션 선택

Specify center point of torus: Point1 ← Torus의 중심점 클릭

Specify radius of torus or [Diameter]: 30 Enter↵ ← Torus의 반지름값 입력

Specify radius of tube or [Diameter]: 5 Enter↵ ← Torus의 튜브 반지름값 입력

Enter number of segments around tube circumference ⟨16⟩: 16 Enter↵

← Torus의 세로면의 수 입력

Enter number of segments around torus circumference ⟨16⟩: 16 Enter↵

← Torus의 세로면의 수 입력

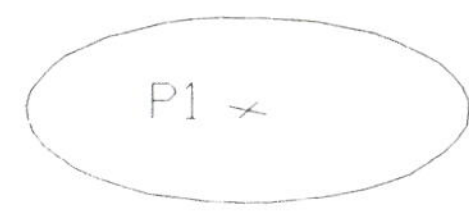

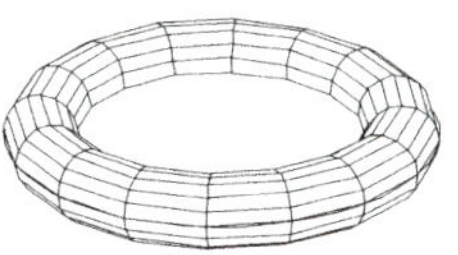

Command: 3D Enter↵

Enter an option

[Box/Cone/DIsh/DOme/Mesh/Pyramid/Sphere/Torus/Wedge]: W Enter↵

← Wedge 옵션 선택

Specify corner point of wedge: Point1 ← Wedge의 시작점 클릭

Specify length of wedge: Point2 ← Wedge의 길이값 클릭

Specify width of wedge: Point3 ← Wedge의 폭값 클릭

Specify height of wedge: Point4 ← Wedge의 높이값 클릭

Specify rotation angle of wedge about the Z axis: 0 Enter↵

← Wedge의 회전각도 입력

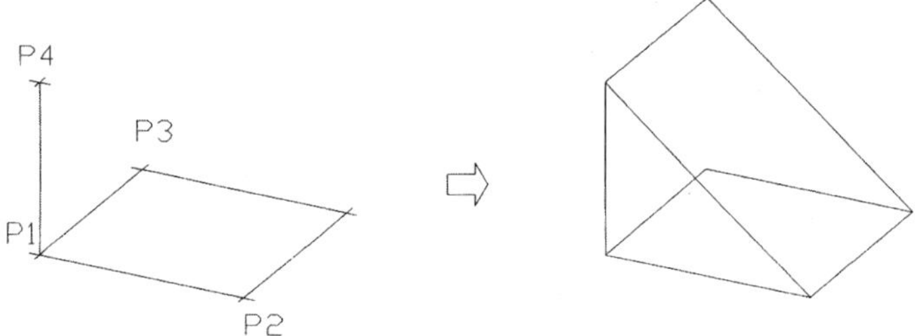
P4
P3
P1
P2

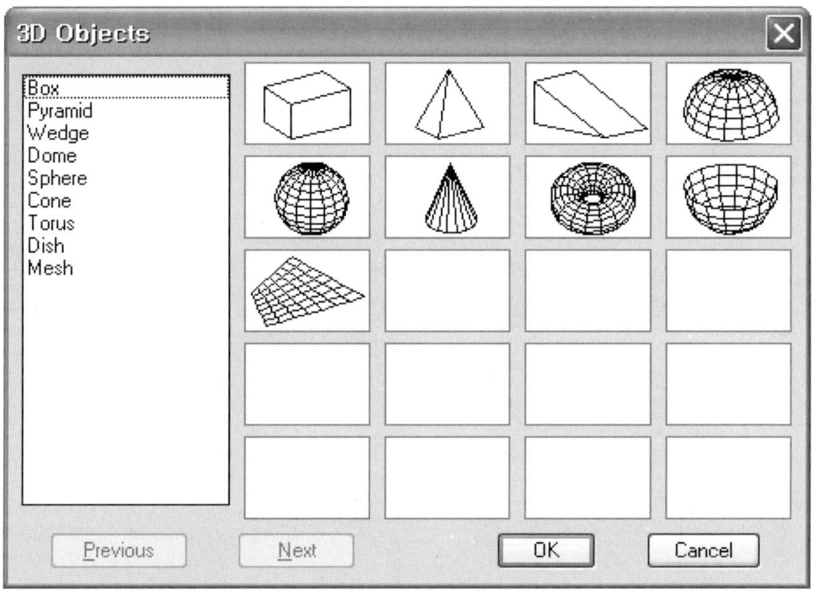
3D Objects
Box
Pyramid
Wedge
Dome
Sphere
Cone
Torus
Dish
Mesh
Previous
Next
OK
Cancel

2 3DPoly Draw ➡ Surfaces ➡ Edge Surface 모서리곡면

2D의 Poliline과 같은 명령어로 Z축으로도 작업할 수 있는 명령어

Commend : 3DPoly [Enter↵]

Specify start point of polyline: Point1 [Enter↵] ← 3D poliline의 시작점 클릭

Specify endpoint of line or [Undo]: @20,0,0 [Enter↵]

← 3D poliline의 두 번째 점 클릭

Specify endpoint of line or [Undo]: @20,0,30 [Enter↵]

← 3D poliline의 세 번째 점 클릭

Specify endpoint of line or [Close/Undo]: [Enter↵]

← 더 이상 그릴 선이 없으면 [Enter↵]

예제 8-1-1 3차원 입체 연습 I

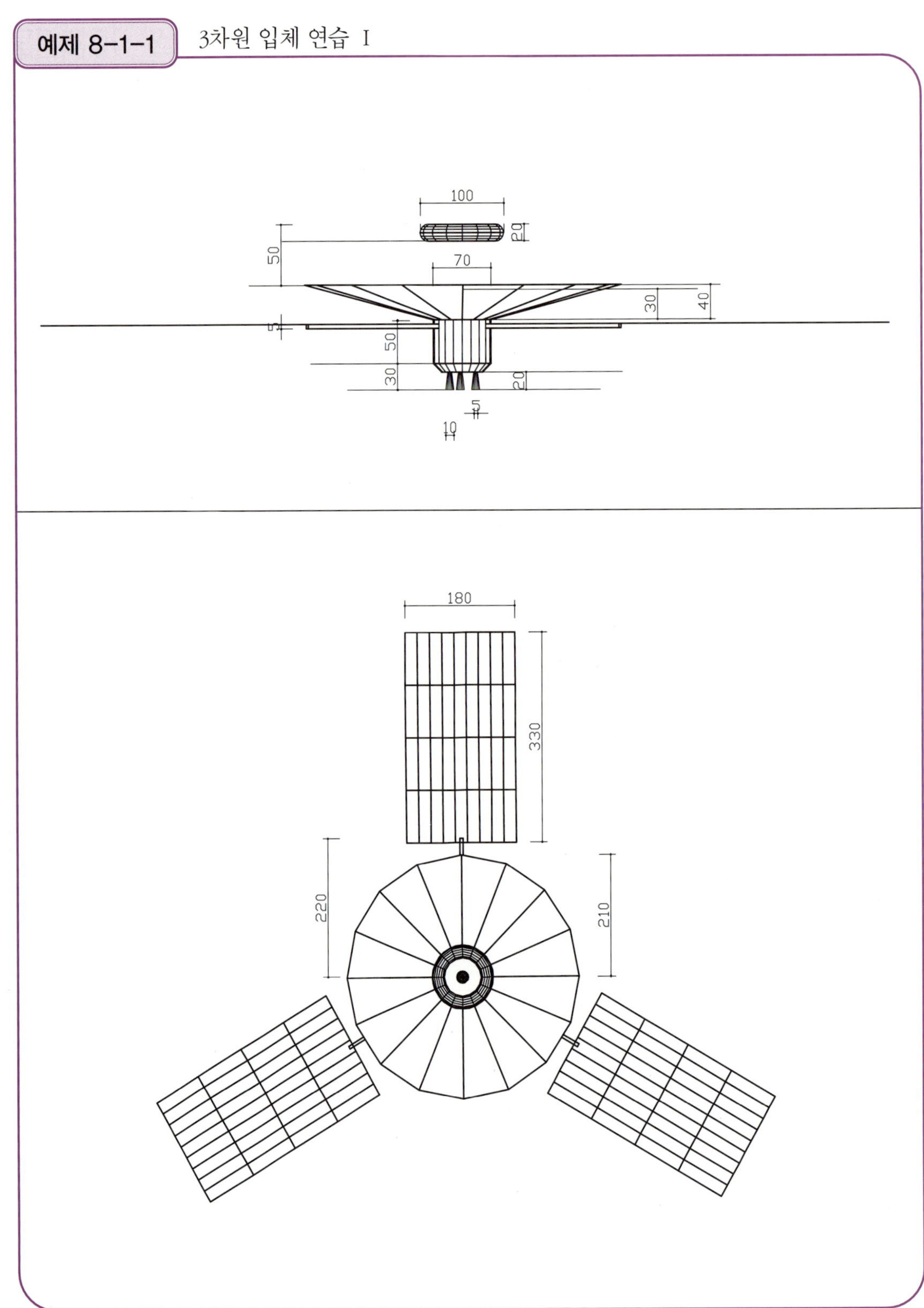

예제 8-1-2 3차원 입체 연습 II

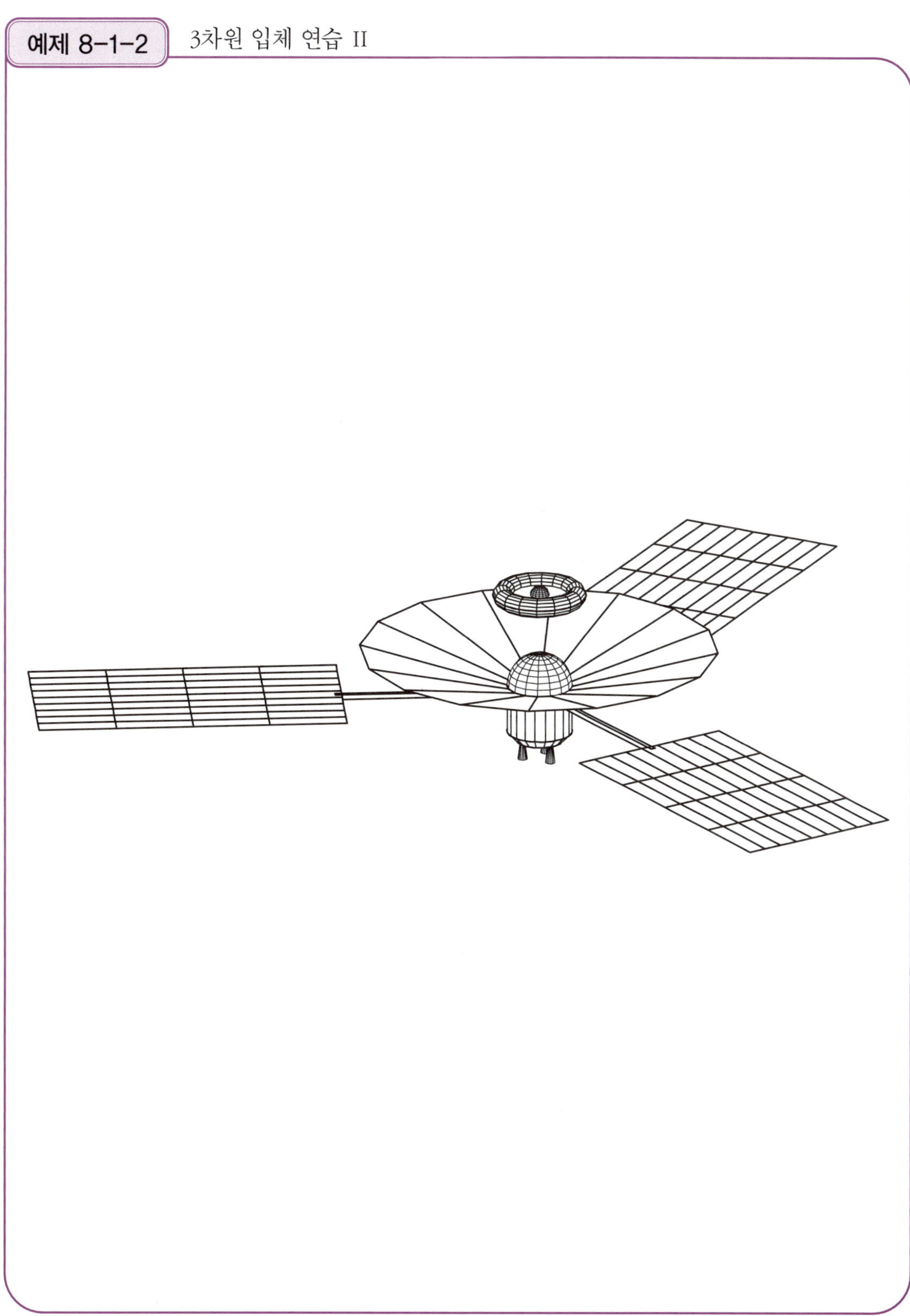

Wire Frame Object 만들기

9 Week

- Blipmode
- Redraw
- 3DMesh

예제 3D Mesh

1 Blipmode 선택점

선택되는 점을 화면상에 표시하는 명령어

Commend : Blipmode Enter↵

Enter mode [ON/OFF] 〈OFF〉: On Enter↵ ← 선택점이 화면사에 표시

2 Redraw View ➡ Redraw 다시그리기

-화면을 다시 그리는 명령어
-불필요한 선택점들을 화면상에서 정리하는 명령어

Commend : Redraw Enter↵

3 3DMesh Draw ➡ Surfaces ➡ 3D Mesh 메쉬

Mesh의 크기와 정점의 좌표를 입력하여 그물망의 3차원 면을 형성하는 명령어

Commend : 3DMesh Enter↵

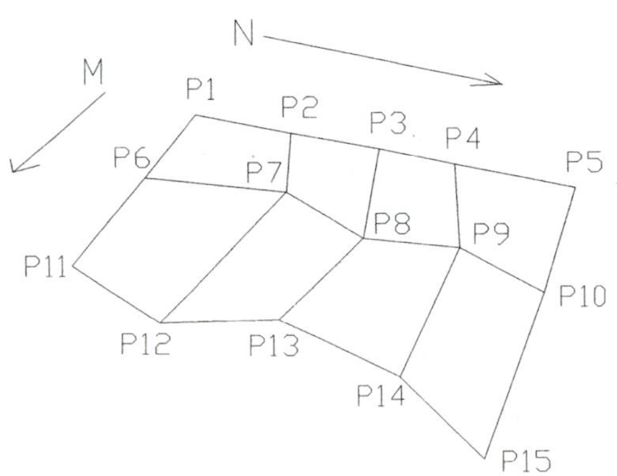

Enter size of mesh in M direction: 3 Enter↵ ← M방향 선의 수 설정(0-2 = 4)

Enter size of mesh in N direction: 5 Enter↵ ← N방향 선의 수 설정(0-4 = 5)

Specify location for vertex (0, 0): Point1 Enter↵ ← 1M,1N

Specify location for vertex (0, 1): Point2 Enter↵ ← 1M,2N

Specify location for vertex (0, 2): Point3 Enter↵ ← 1M,3N

Specify location for vertex (0, 3): Point4 Enter↵ ← 1M,4N

Specify location for vertex (0, 4): Point5 Enter↵ ← 1M,5N

Specify location for vertex (1, 0): Point6 Enter↵ ← 2M,1N

Specify location for vertex (1, 1): Point7 Enter↵ ← 2M,2N

Specify location for vertex (1, 2): Point8 Enter↵ ← 2M,3N

Specify location for vertex (1, 3): Point9 Enter↵ ← 2M,4N

Specify location for vertex (1, 4): Point10 Enter↵ ← 2M,5N

Specify location for vertex (2, 0): Point11 Enter↵ ← 3M,1N

Specify location for vertex (2, 1): Point12 Enter↵ ← 3M,2N

Specify location for vertex (2, 2): Point13 Enter↵ ← 3M,3N

Specify location for vertex (2, 3): Point14 Enter↵ ← 3M,4N

Specify location for vertex (2, 4): Point15 Enter↵ ← 3M,5N

Solid 입체 I

10 Week

- Extrude
- Union
- Subtract

예제 **탁자/창문/수납장/형광등**

1 Extrude　Draw ➡ Solids ➡ Extrude　돌출

2차원 Object(Polyline Object)를 돌출시켜 3차원 Solid 입체를 만드는 명령어

Commend : **Extrude** [Enter↵]

Current wire frame density: ISOLINES=4

Select objects: ← 돌출시키고자 하는 Object 선택

Select objects: [Enter↵] ← 더 이상 돌출시키고자 하는 Object가 없으면 [Enter↵]

Specify height of extrusion or [Path]: **100** [Enter↵]

← 돌출시키고자 하는 높이 값 입력

Specify angle of taper for extrusion 〈0〉: **30** [Enter↵]

← 돌출시킬 때 안으로 꺽이는 각도 입력

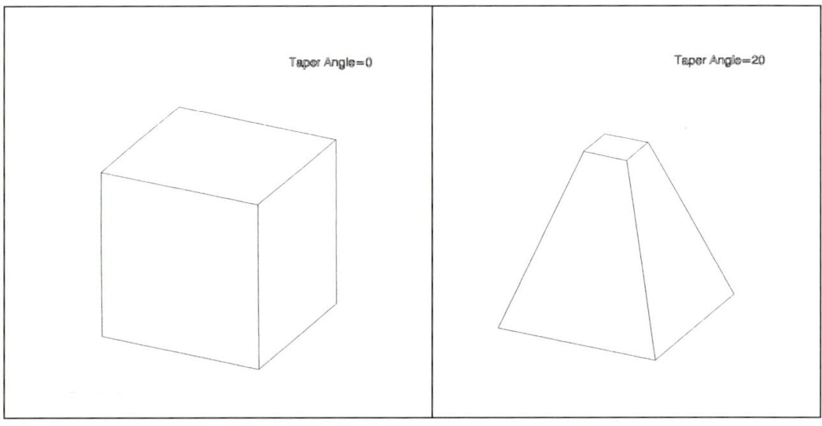

2 Union Modify ➲ Solids Editing ➲ Union 합

3차원 Solid 입체를 합하여 하나의 오브젝트로 만드는 명령어

Commend : Union [Enter↵]

Select objects: ← 합하고자 하는 Object 선택

Select objects: ← 합하고자 하는 Object 선택

Select objects: [Enter↵] ← 더 이상 합하고자 하는 Object가 없으면 [Enter↵]

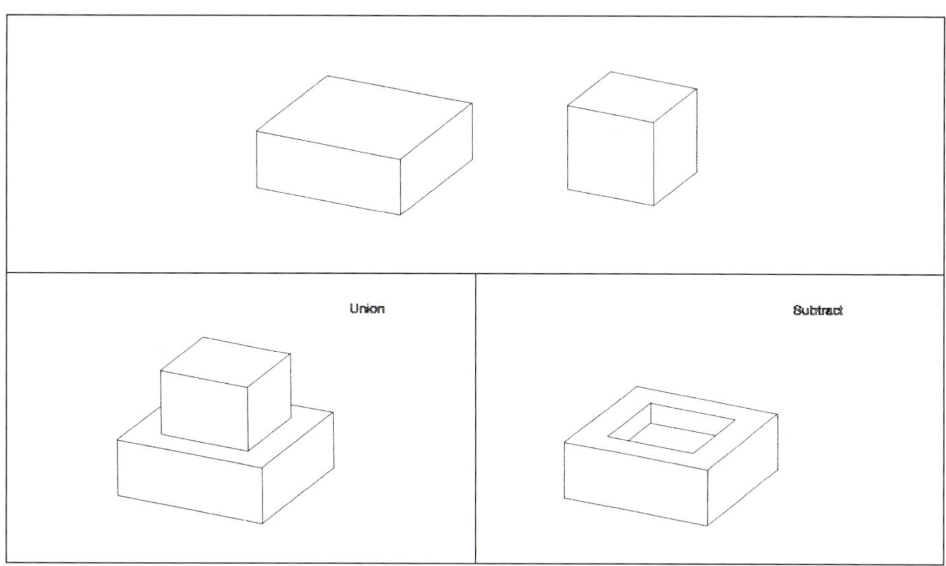

3 Subtract Modify ➡ Solids Editing ➡ Subtract 차

3차원 Solid 입체의 차로 하나의 오브젝트로 만드는 명령어

Commend : Subtract Enter↵

Select solids and regions to subtract from ..

Select objects: ← 연산의 대상이 되는 Object 선택

Select objects: Enter↵ ← 더 이상 연산의 대상이 되는 Object가 없으면 Enter↵

Select objects: Select solids and regions to subtract ..

Select objects: ← 빼고자 하는 Object 선택

Select objects: ← 빼고자 하는 Object 선택

Select objects: Enter↵ ← 더 이상 빼고자 하는 Object가 없으면 Enter↵

예제 10-1 탁자

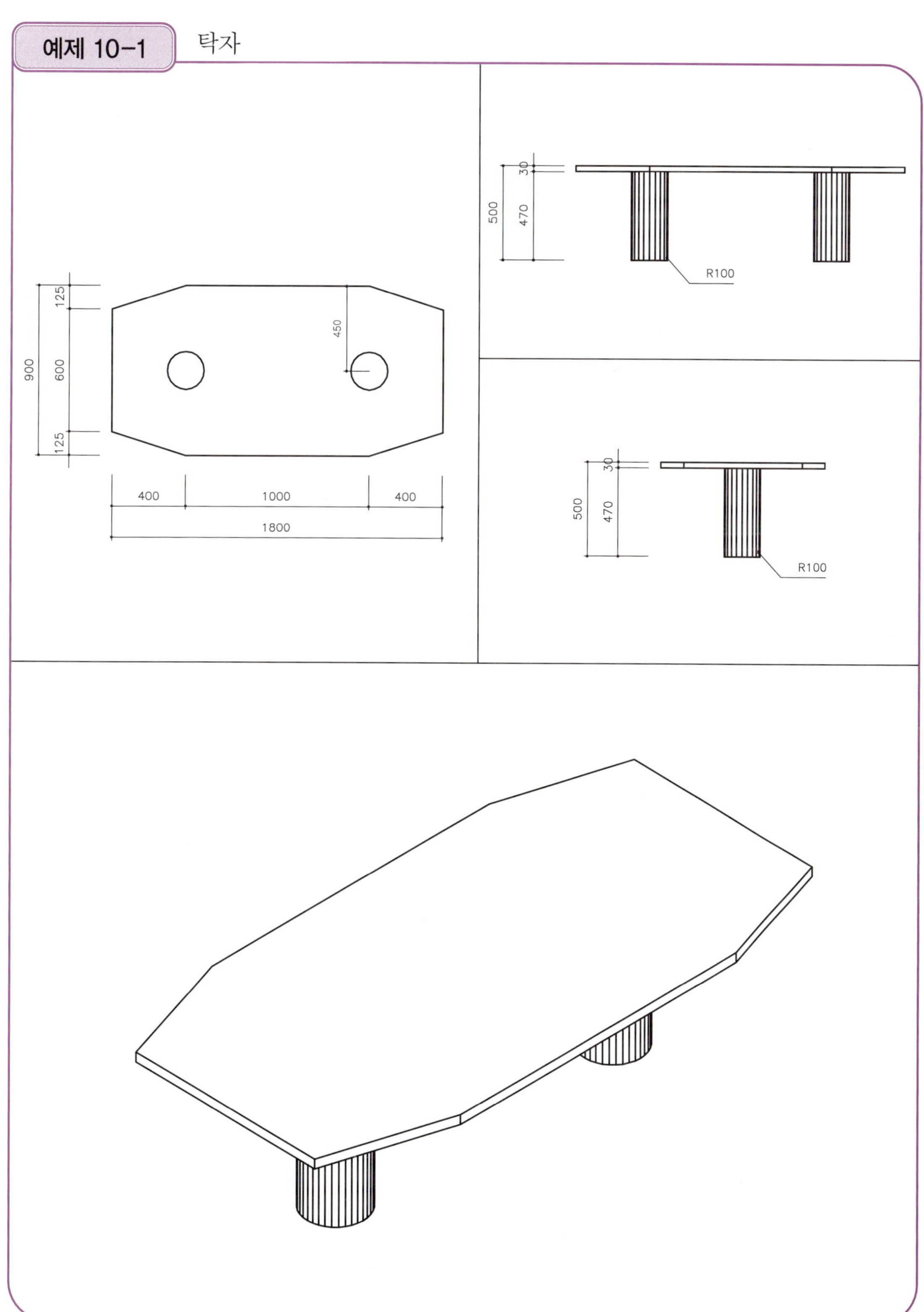
125
600
125
900
450
400
1000
400
1800
500
30
470
R100
500
30
470
R100

예제 10-2 창문

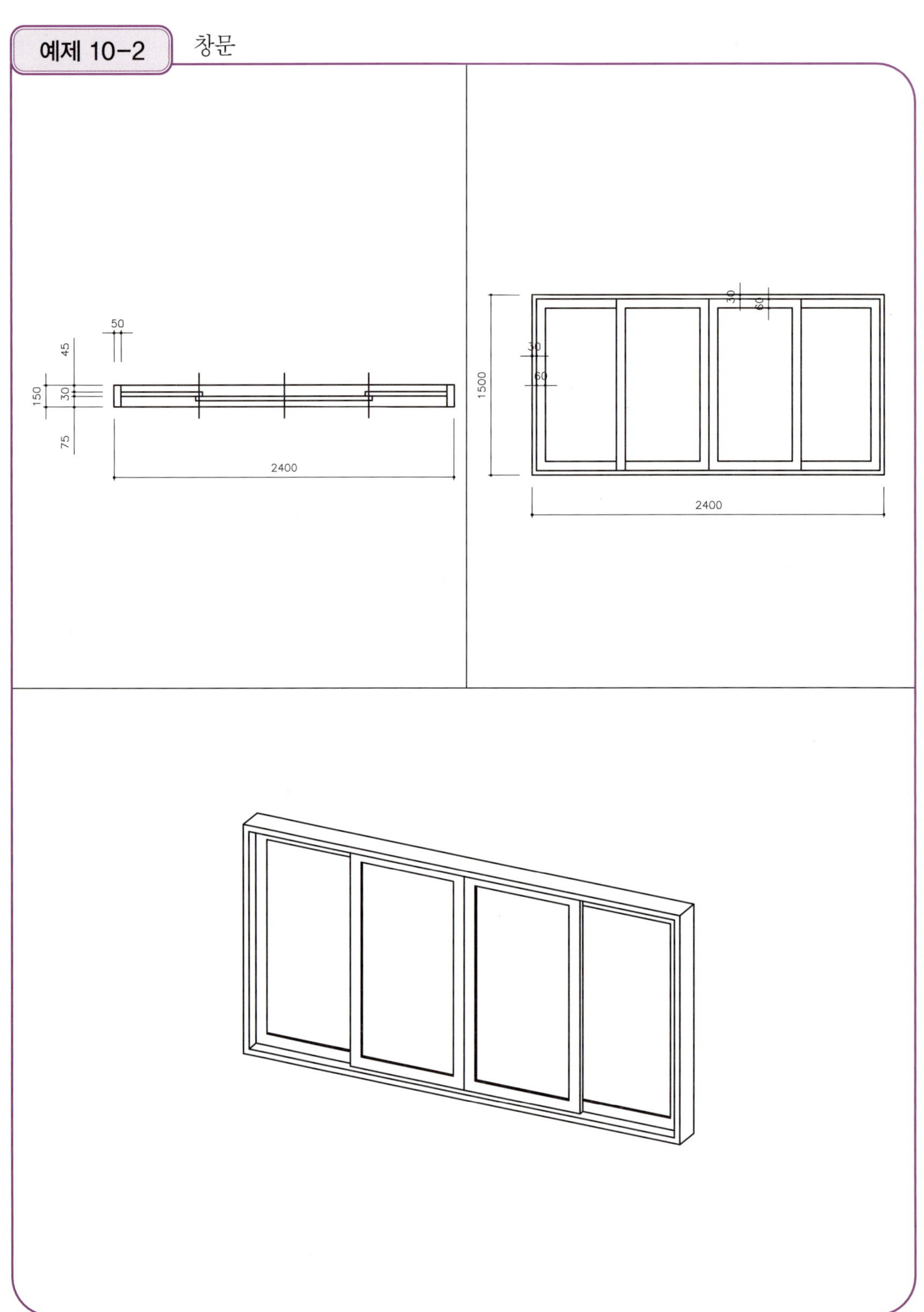

예제 10-3 수납장

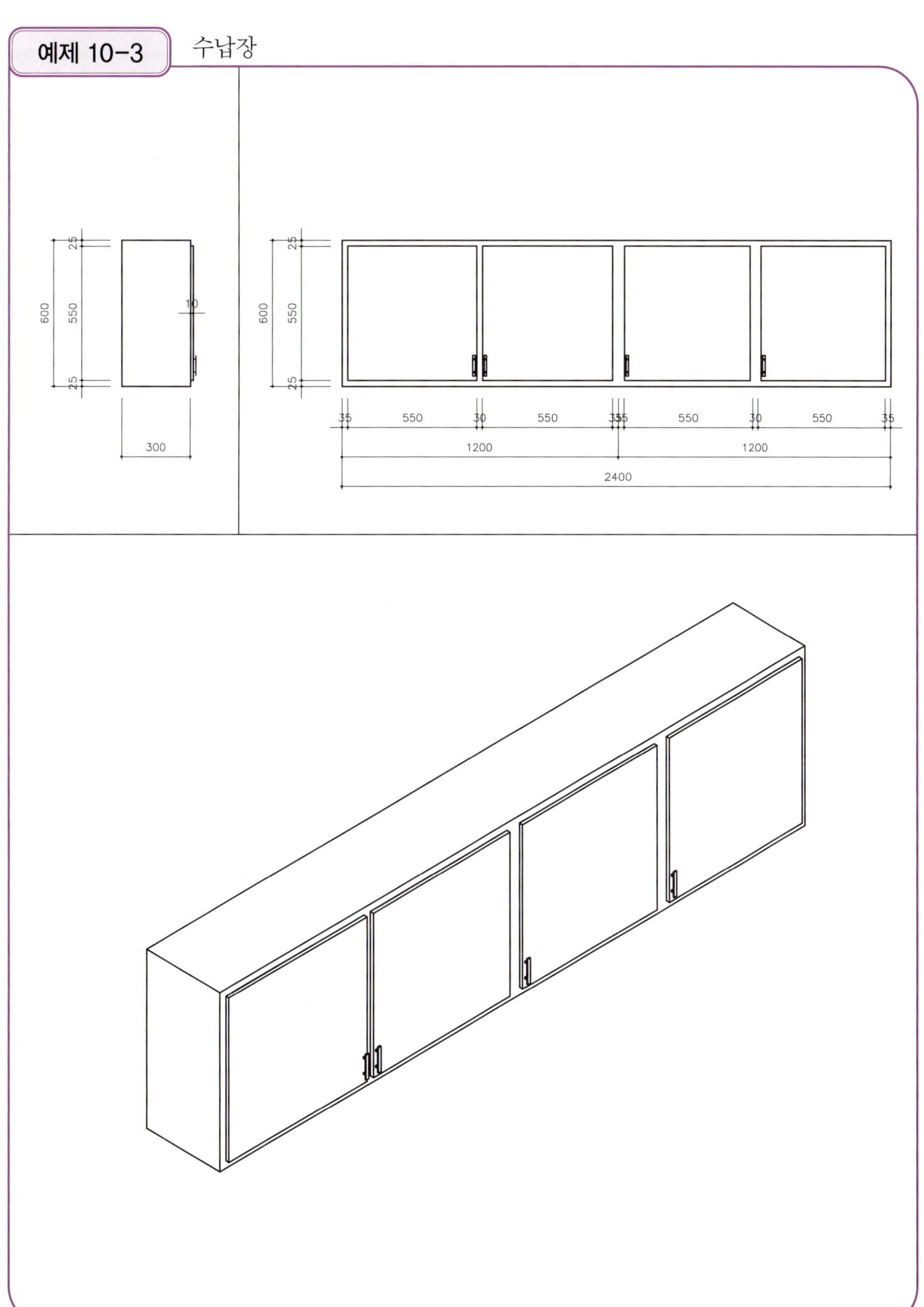
25
600
550
25
10
300
25
600
550
25
35
550
30
550
35
35
550
30
550
35
1200
1200
2400

예제 10-4 형광등

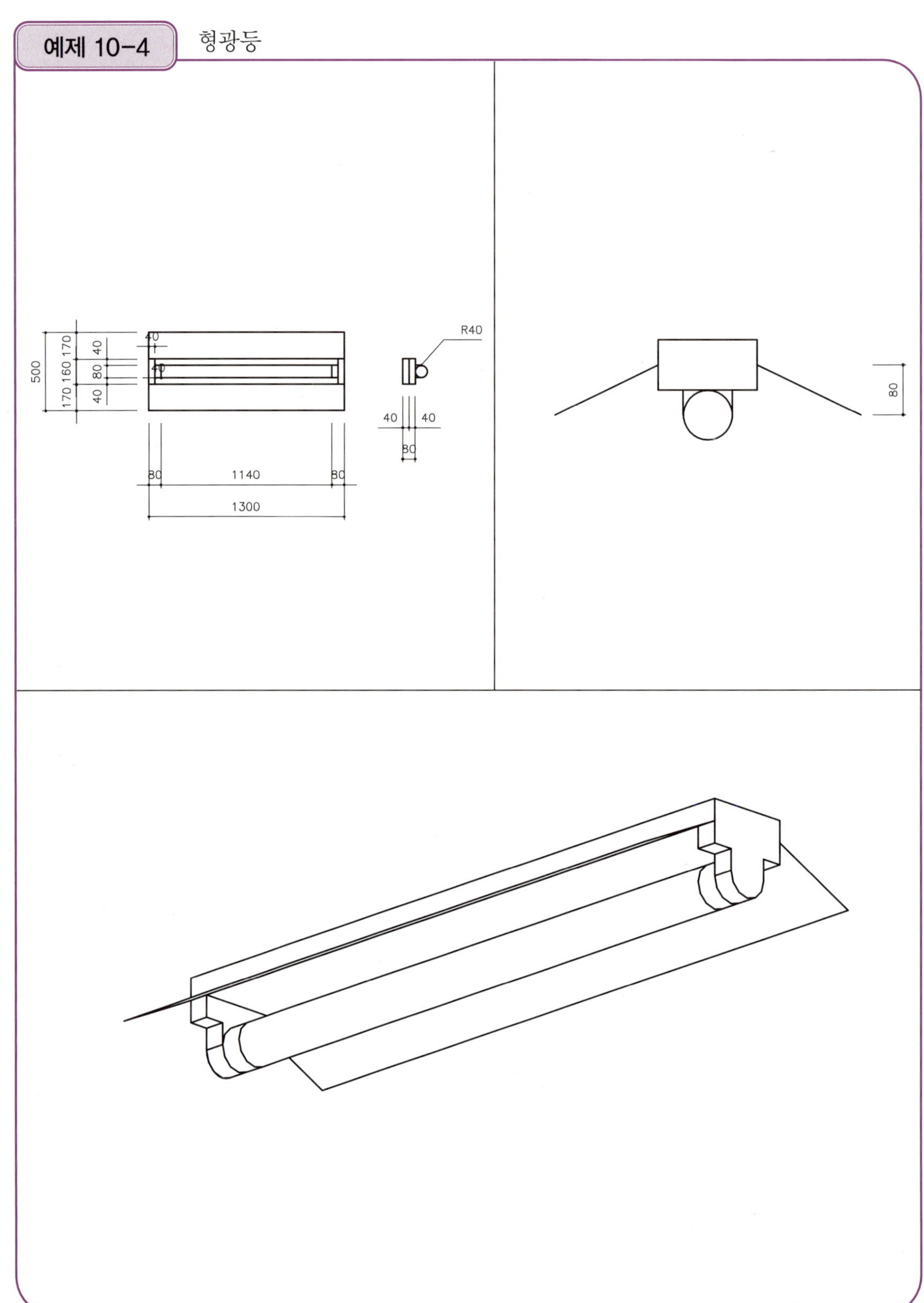

Solid 입체 Ⅱ

11 Week

- Revolve
- Isolines
- Intersect

예제 침대/싱크대

1 Revolve Draw ▶ Solids ▶ Revolve 회전

2차원 Object(Polyline Object)를 회전시켜 3차원 Solid 입체를 만드는 명령어

Commend : **Revolve** Enter↵

Option

- **Object** : Object를 회전축으로 설정하는 옵션
- **X(axis)** : X축을 회전축으로 설정하는 옵션
- **Y(axis)** : Y축을 회전축으로 설정하는 옵션

Current wire frame density: ISOLINES=16

Select objects: ← 회전시킬 Object 선택

Select objects: ← 회전시킬 Object 선택

Select objects: ← 더 이상 회전시킬 Object가 없으면 Enter↵

Specify start point for axis of revolution or

define axis by [Object/X (axis)/Y (axis)]: **O** Enter↵ ← Object 옵션 선택

Select an object: ← 회전축으로 사용할 Object 선택

Specify angle of revolution 〈360〉: **360** Enter↵ ← 회전 각도 입력

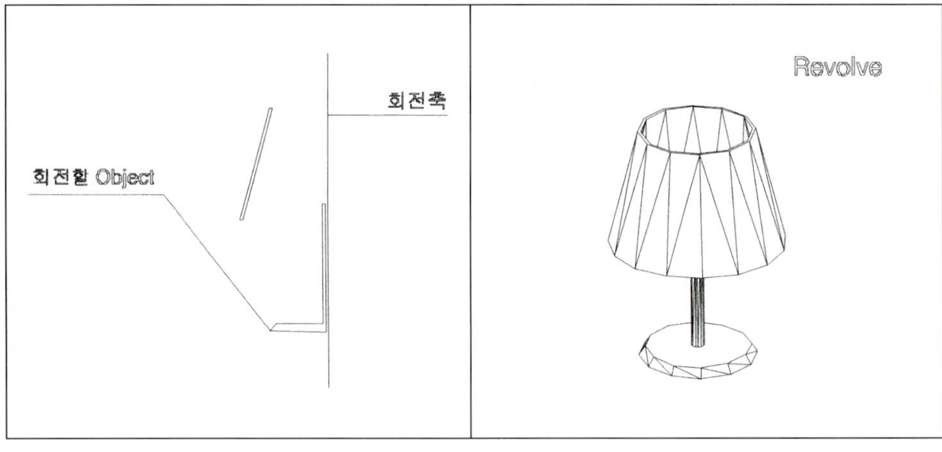

2 Isolines 면분할

3차원 오브젝트의 면을 분할하여 3차원 Solid 입체를 부드럽게 만드는 명령어

Commend : Isolines [Enter↵]

Enter new value for ISOLINES ⟨4⟩ : 16 [Enter↵]
← 분할하고자 하는 면의 수 입력

3 Intersect Modify ➡ Solids Editing ➡ Intersect 교집합

두 개의 3차원 Solid 입체를 연산하여 공통된 부분만을 남기는 명령어

Commend : Intersect [Enter↵]

Select objects: ← 연산하고자 하는 Object 선택

Select objects: ← 연산하고자 하는 Object 선택

Select objects: [Enter↵] ← 더 이상 연산하고자 하는 Object 없으면 [Enter↵]

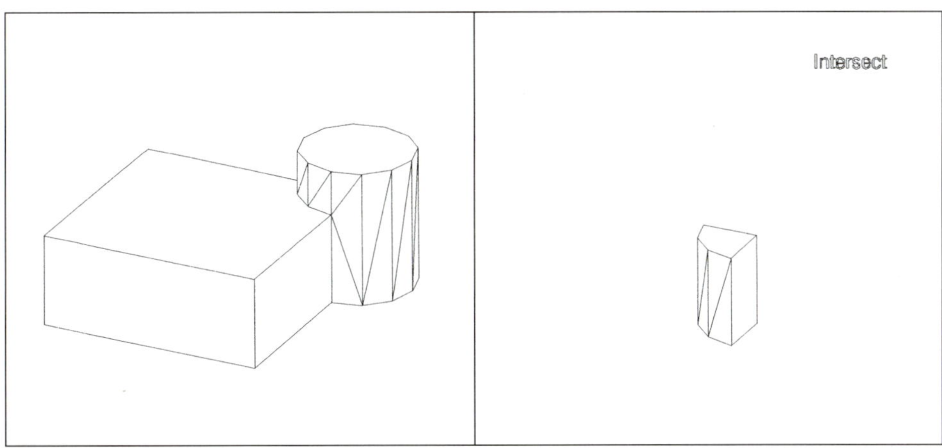

예제 11-1-1 싱글침대 I

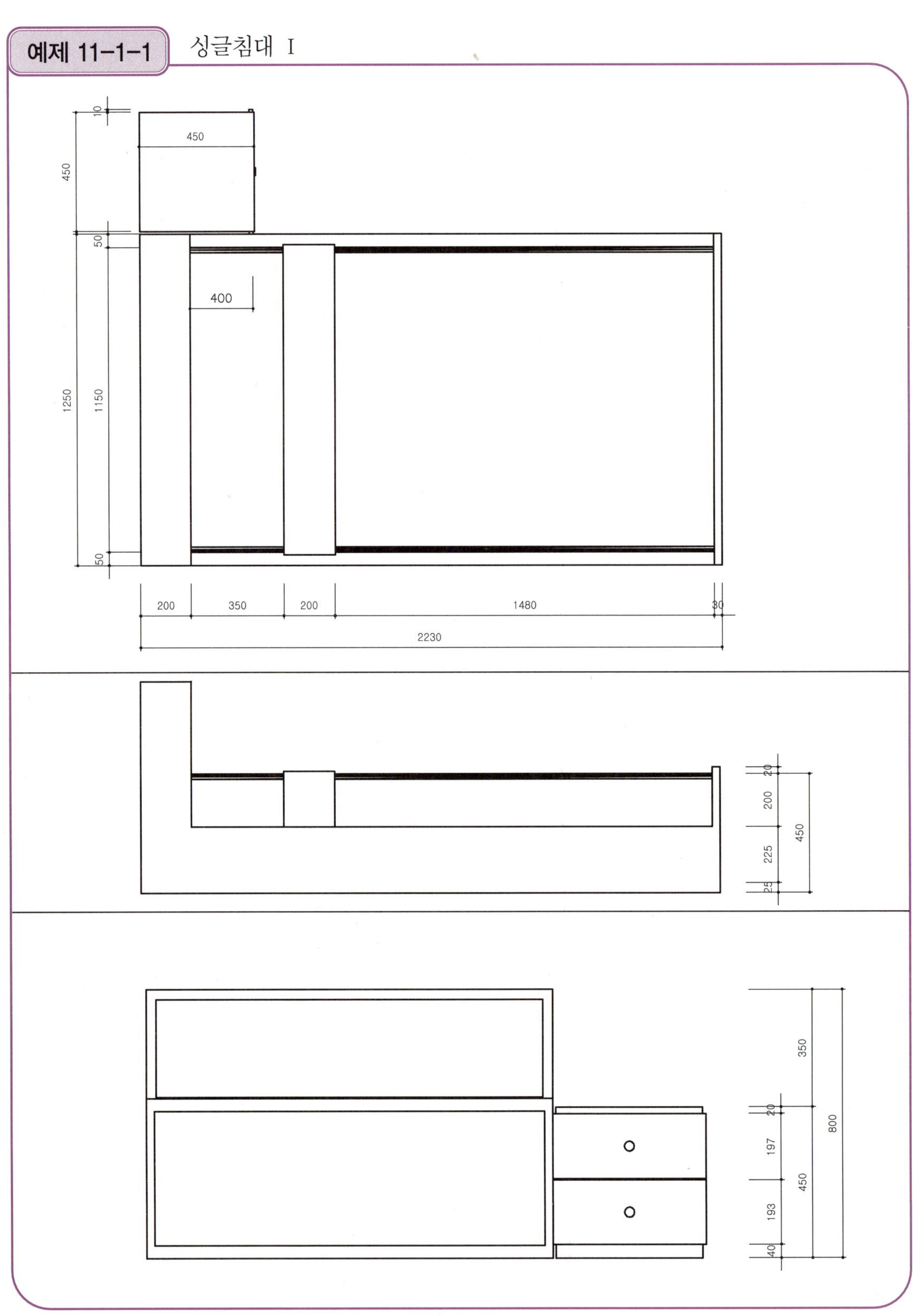

예제 11-1-2 싱글침대 II

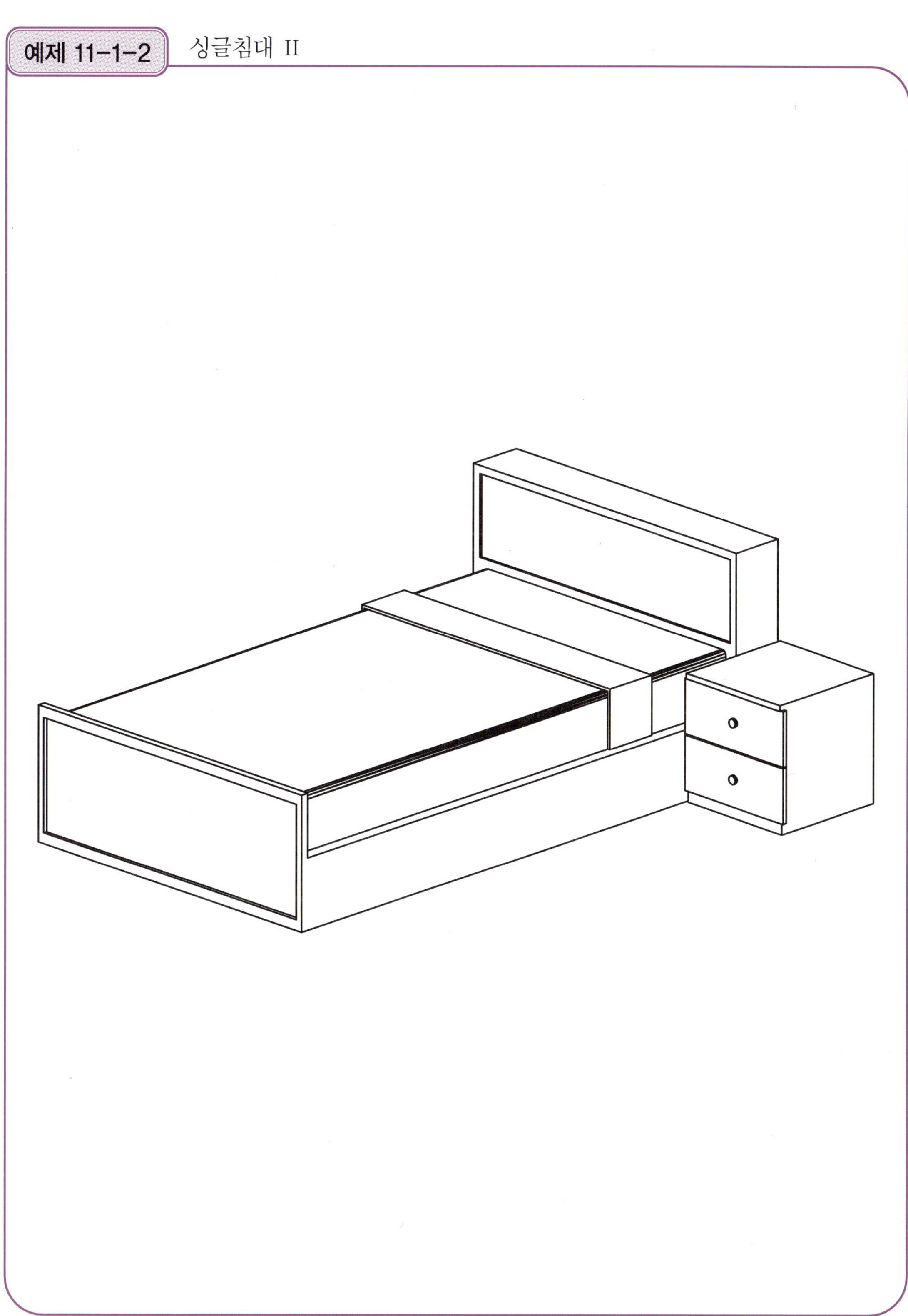

예제 11-2-1 더블침대 I

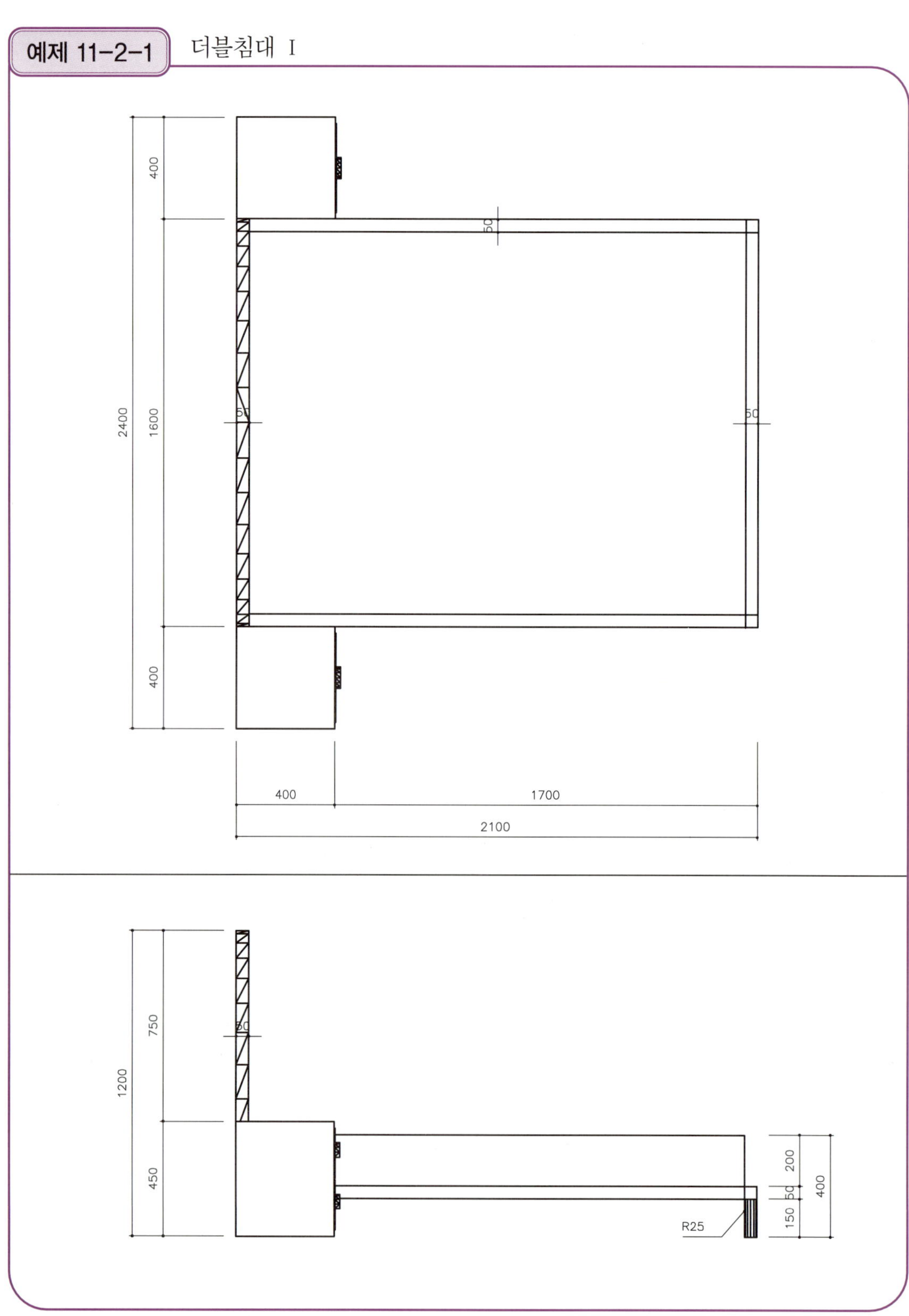

예제 11-2-2 더블침대 II

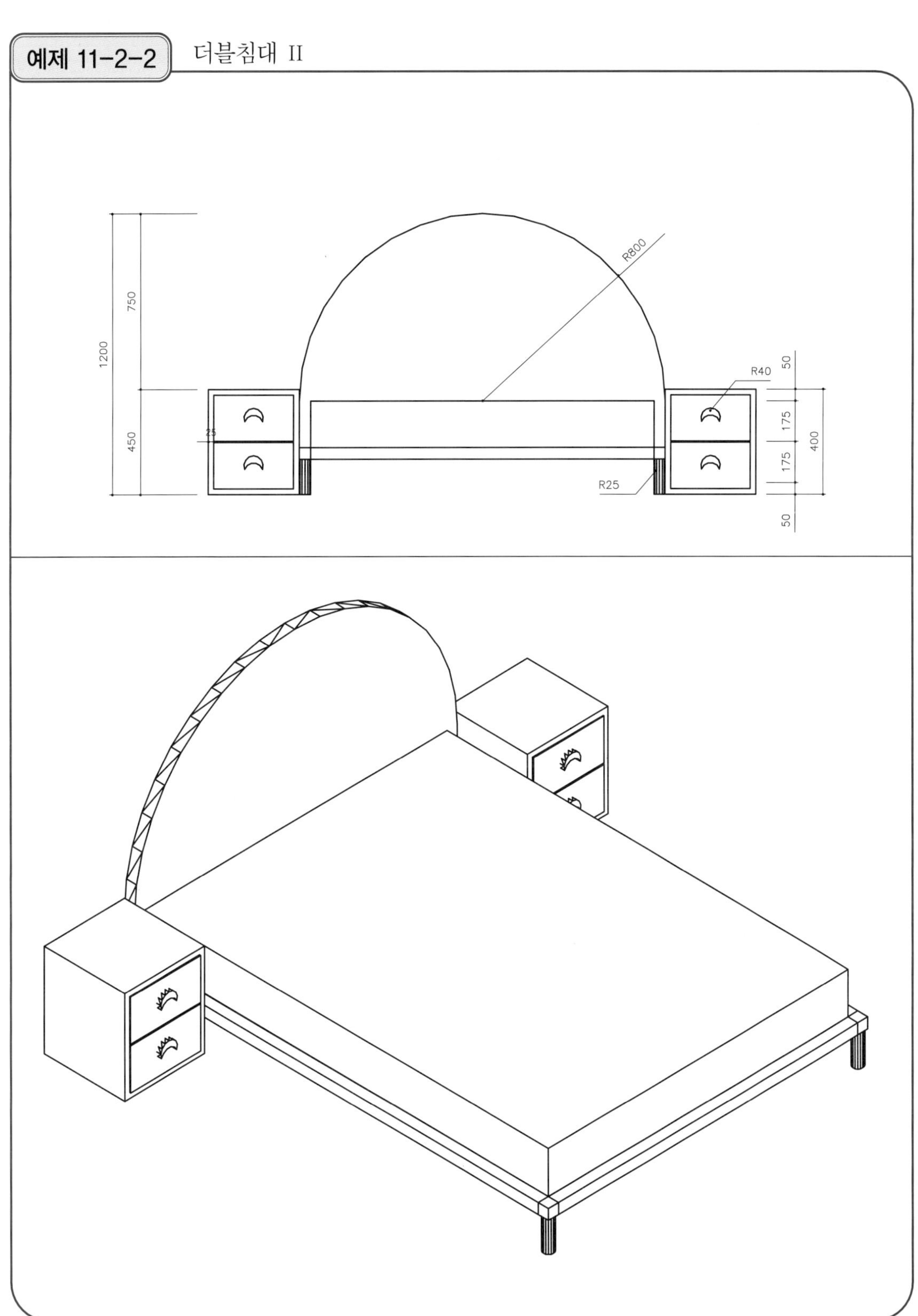

예제 11-3-1 싱크대 I

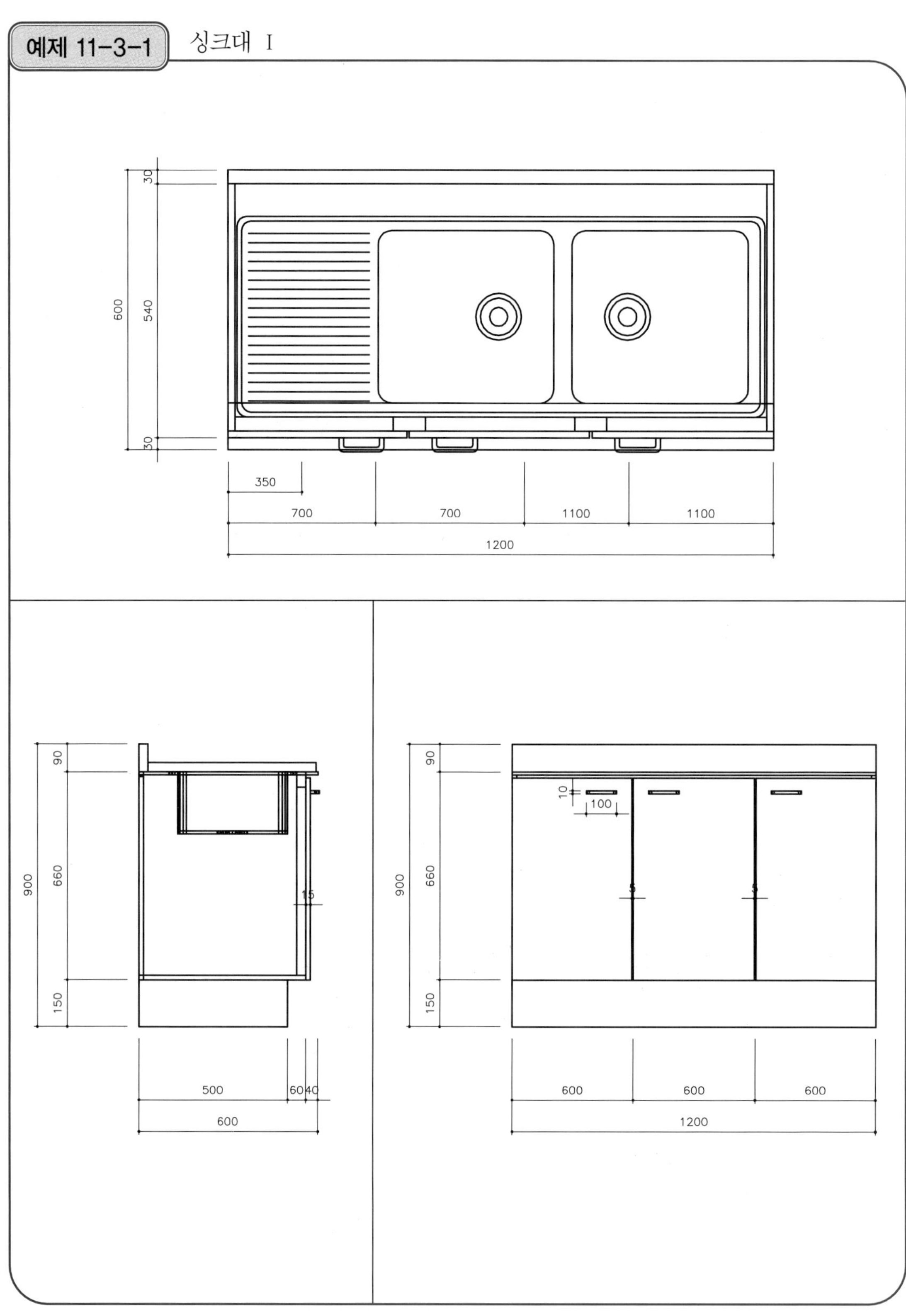
30
540
600
30
350
700
700
1100
1100
1200
90
660
900
150
15
500
60
40
600
90
10
100
660
900
150
600
600
600
1200

예제 11-3-2 싱크대 II

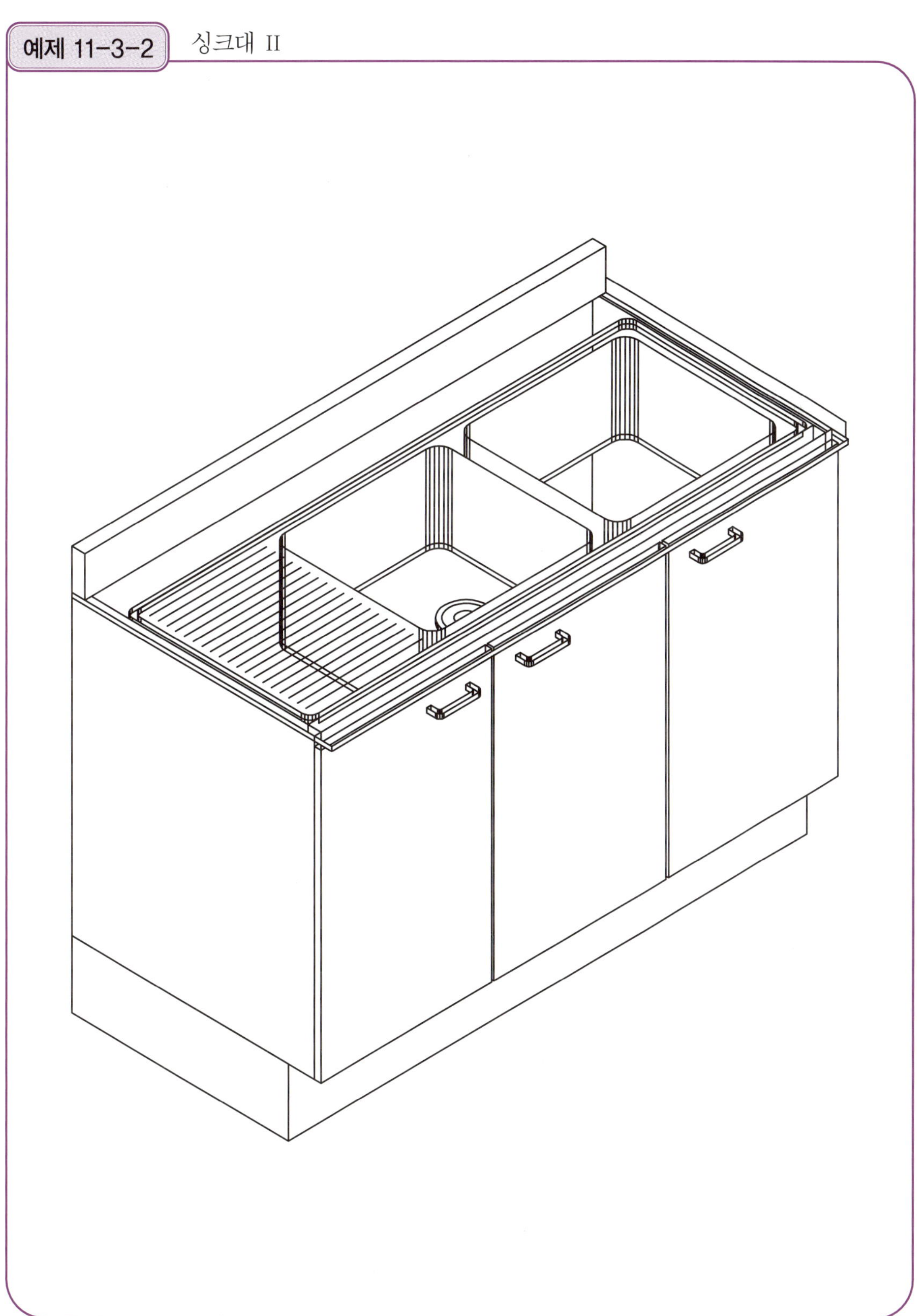

Solid 입체 Ⅲ

12 Week

- Chamfer
- Fillet
- Slice

예제 문갑/식탁/화장대

1 Chamfer Modify ▶ Chamfer 모따기

3차원 Solid 입체의 모서리를 일정거리만큼 따내어 정리하는 명령어

Commend : Chamfer Enter↵

Option

- **Select first Line** : 모따기할 Object를 선택하는 옵션
- **Undo** : 채우기
- **Polyline** : Polyline으로 이루어진 Object의 모든 모서리를 한번에 정리하는 옵션
- **Distance** : 모따기할 부분의 길이를 설정하는 옵션
- **Angle** : 모따기할 부분의 거리값과 각도를 설정하는 옵션
- **Trim** : 모따기를 할 때 모서리를 자를 것인지에 대한 여부를 묻는 옵션
- **Method** : Distance/Angle 옵션을 설정하는 옵션
- **Multiple** : 채우기

(TRIM mode) Current chamfer Dist1 = 10.0000, Dist2 = 10.0000

Select first line or [Undo/Polyline/Distance/Angle/Trim/Method/Multiple]:

← 모따기할 면 선택

Base surface selection...

Enter surface selection option [Next/OK (current)] 〈OK〉: Enter↵

← 모따기할 면의 확인

Specify base surface chamfer distance 〈10.0000〉: **100** Enter↵

← 모따기의 첫 번째 거리값 입력

Specify other surface chamfer distance 〈10.0000〉: **50** Enter↵

← 모따기의 두 번째 거리값 입력

Select an edge or [Loop]: ← 모따기할 모서리 선택

Select an edge or [Loop]: Enter↵ ← 더 이상 모따기할 모서리가 없으면 Enter↵

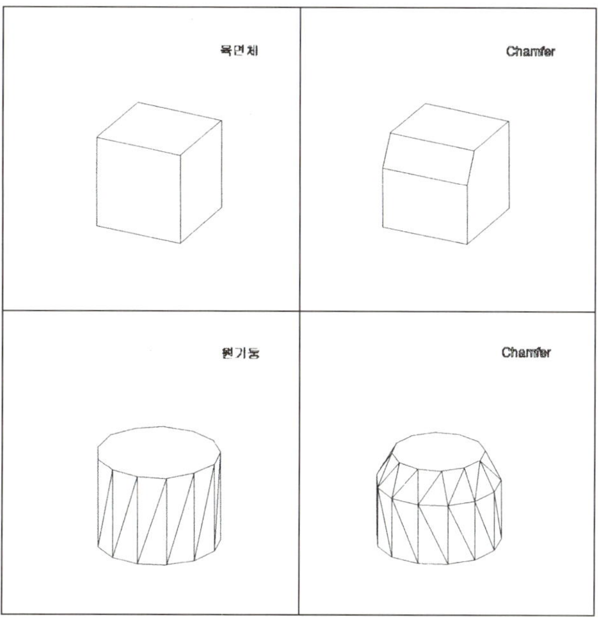

2 Fillet Modify ➡ Fillet 모깎기

3차원 Solid 입체의 모서리를 곡율을 주어 부드럽게 정리하는 명령어

Commend : Fillet [Enter↵]

Option

- **Select first object** : 모깎기할 Object를 선택하는 옵션
- **Undo** : 이전 단계로 되돌리는 옵션
- **Polyline** : Polyline으로 이루어진 Object의 모든 모서리를 한번에 정리하는 옵션
- **Radius** : 모깎기 호의 반지름값을 설정하는 옵션
- **Trim** : 모깎기를 할 때 모서리를 자를 것인지에 대한 여부를 묻는 옵션
- **Multiple** : 두 세트 이상의 도면에서의 모깎기 옵션

Current settings: Mode = TRIM, Radius = 50.0000

Select first object or [Undo/Polyline/Radius/Trim/Multiple]:

Enter fillet radius ⟨50.0000⟩: **30** Enter↲ ← 모깍기 Radius값 입력

Select an edge or [Chain/Radius]: Enter↲ ← 모깍기할 모서리 선택

Select an edge or [Chain/Radius]: Enter↲ ← 모깍기할 모서리 선택

Select an edge or [Chain/Radius]: Enter↲

← 더 이상 모깍기할 모서리가 없으면 Enter↲

2 edge(s) selected for fillet.

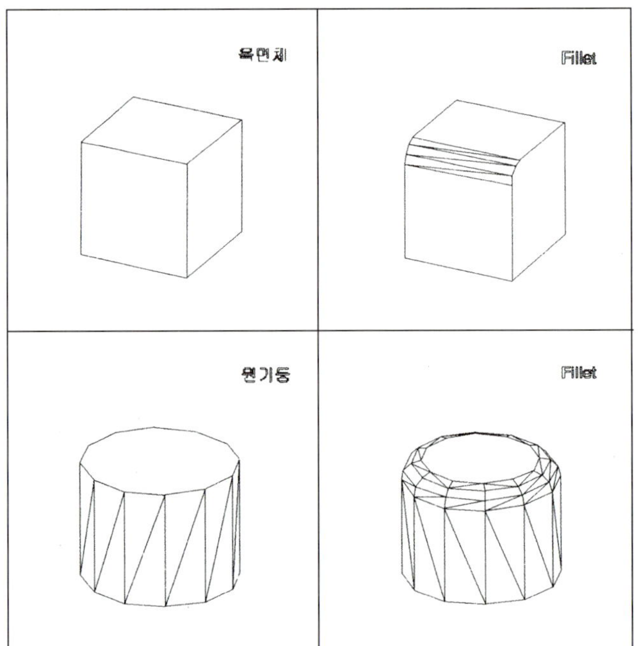

3 Slice Draw ▶ Solids ▶ Slice 자르기

3차원 Solid 입체를 원하는만큼 잘라내는 명령어

Commend : Slice [Enter↵]

Option

- **3Point** : 3개의 점을 각기 원점, X축, Y축으로 인식하는 평면을 기준으로 자르는 옵션
- **Object** : 기존 Object의 평면을 기준으로 자르는 옵션
- **Zaxis** : Z축 평면을 기준으로 자르는 옵션
- **View** : 현재 보이는 평면을 기준으로 자르는 옵션
- **XY/YZ/ZX** : XY/YZ/ZX 평면을 기준으로 자르는 옵션
- **Keep XY/YZ/ZX** : XY/YZ/ZX 평면을 기준으로 자르는 옵션

Select objects: ← 자르고자 하는 Solid 오브젝트 선택

Select objects: [Enter↵] ← 더 이상 자르고자 하는 Solid 오브젝트가 없으면 [Enter↵]

Specify first point on slicing plane by [Object/Zaxis/View/XY/YZ/ZX/3points]
〈3points〉: O [Enter↵] ← Object 옵션 선택

Select a circle, ellipse, arc, 2D-spline, or 2D-polyline:
← 자르기의 기준 평면으로 사용할 오브젝트 선택

Specify a point on desired side of the plane or [keep Both sides]:
← 기준평면을 기준으로 남기고 싶은 부분 선택

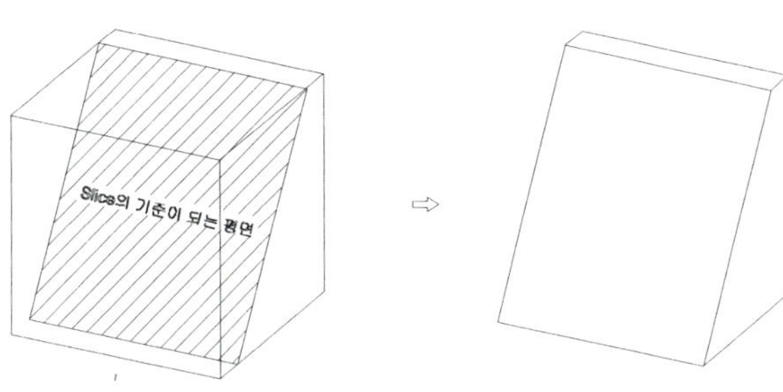

예제 12-1-1 화장대 I

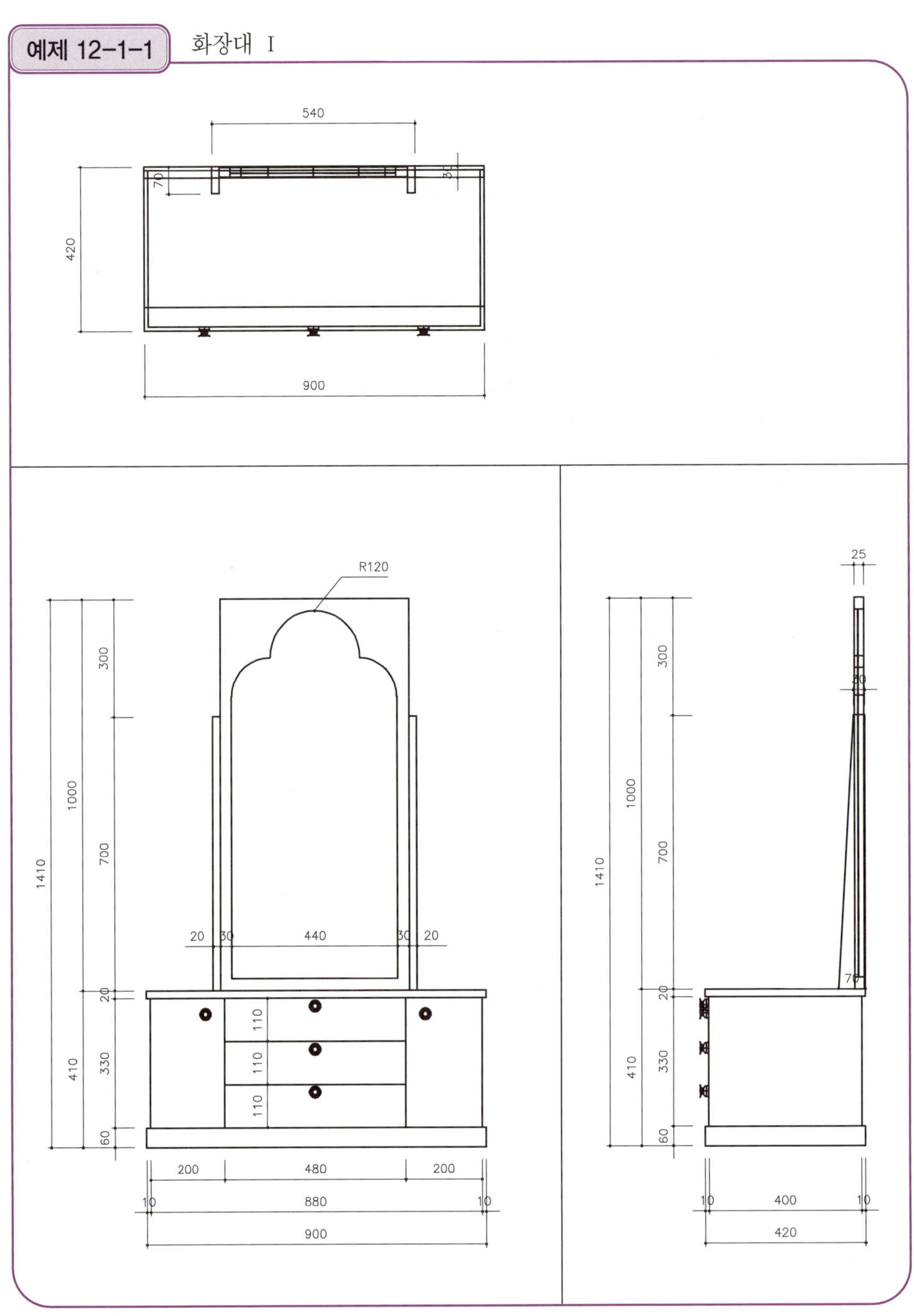
540
70
35
420
900
R120
25
30
300
1000
1410
700
20
30
440
30
20
110
110
110
410
330
60
200
480
200
10
880
10
900
70
10
400
10
420

예제 12-1-2 화장대 II

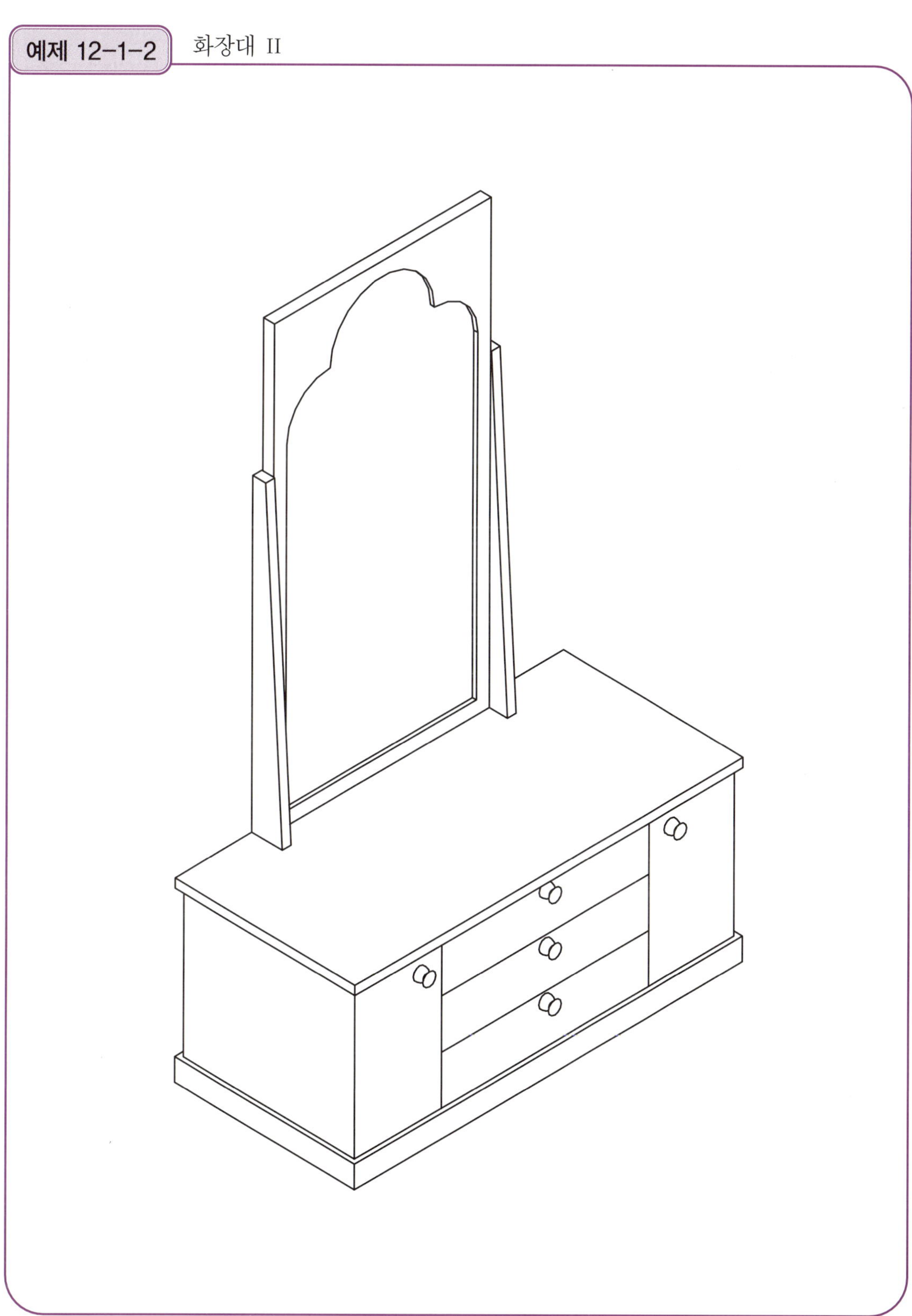

예제 12-2-1 식탁 I

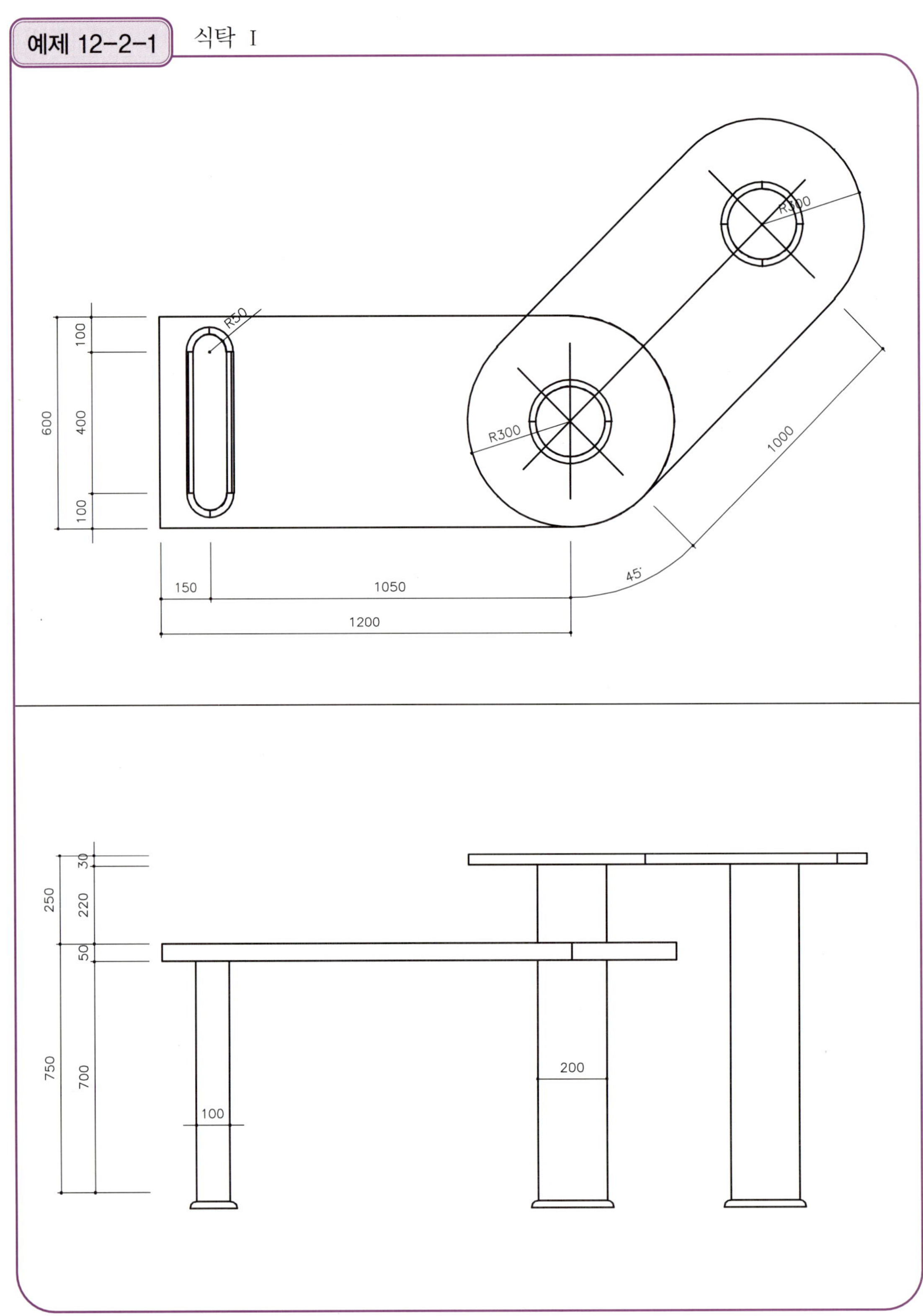
R50
R300
R300
100
400
100
600
150
1050
1200
1000
45°
30
220
250
50
700
750
100
200

예제 12-2-2 식탁 II

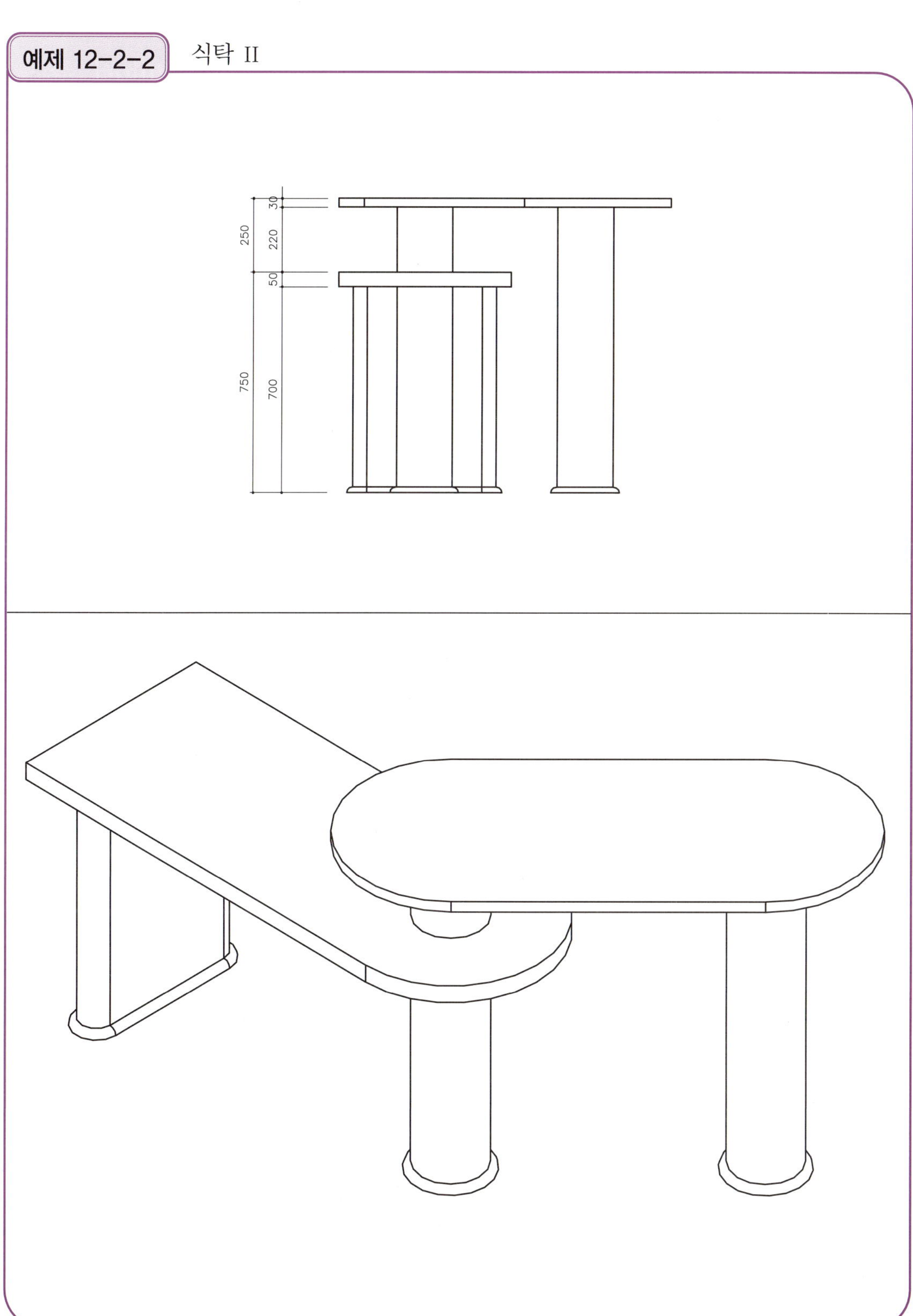

예제 12-3 문갑

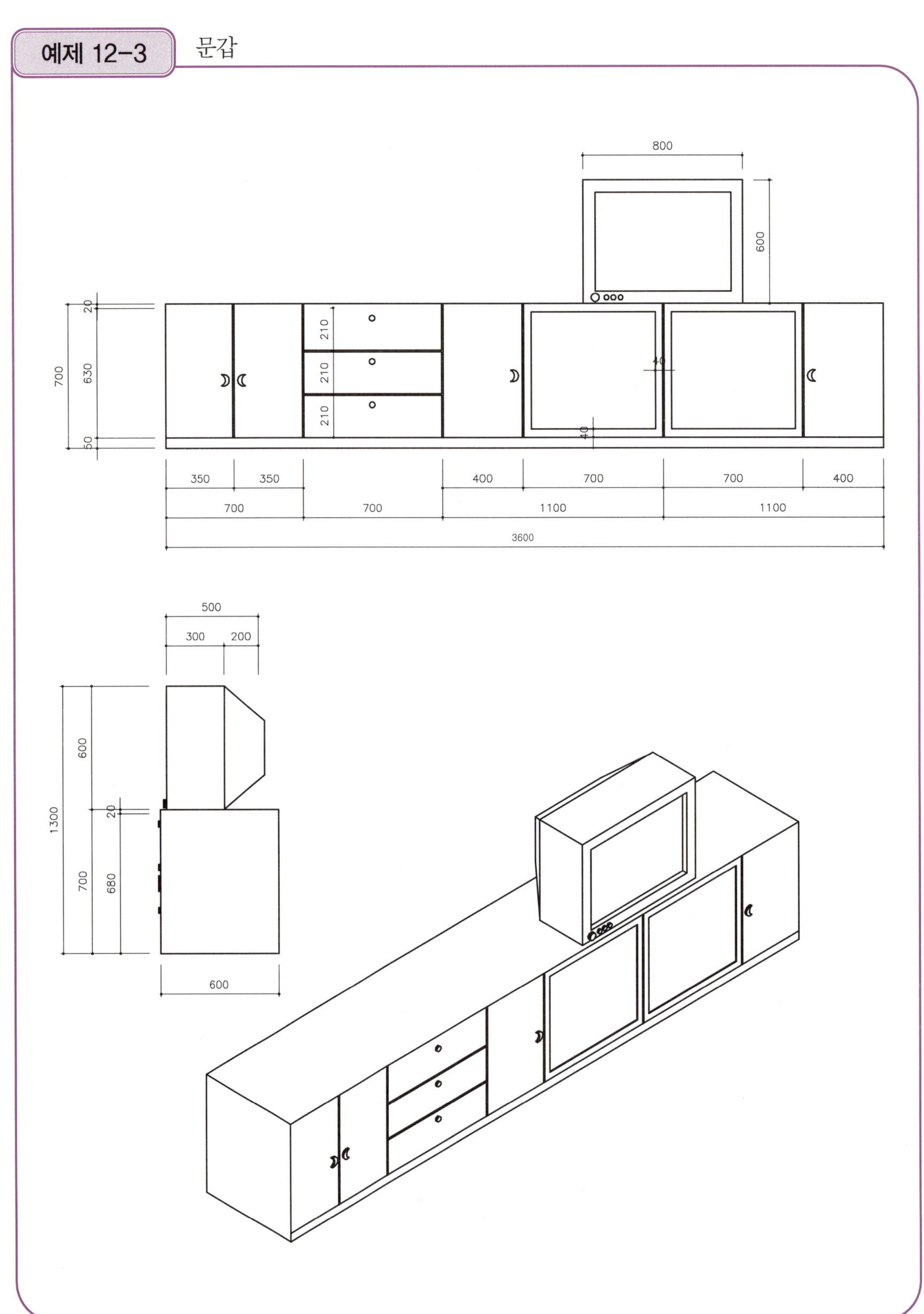
800
600
700
20
630
50
210
210
210
40
40
350
350
400
700
700
400
700
700
1100
1100
3600
500
300
200
1300
600
700
20
680
600

Solid 입체의 해상도

13 Week

- Isolines
- Facetres
- Dispsilh

예제 세면대/싱크대 II

1 Isolines 면분할

3차원 오브젝트의 면을 분할하여 3차원 Solid입체를 부드럽게 만드는 명령어 - Hide 때의 설정값

Commend : Isolines Enter↵

Enter new value for ISOLINES 〈4〉: 16 Enter↵

← 분할하고자 하는 면의 수 입력

2 Facetres 면분할

3차원 오브젝트의 면을 분할하여 3차원 Solid입체를 부드럽게 만드는 명령어 - Regen 때의 설정값

Commend : Facetres Enter↵

Enter new value for FACETRES 〈0.5000〉: 5 Enter↵

← 분할하고자 하는 면의 수 입력

3 Dispslih 분할면표현

3차원 오브젝트의 분할면의 화면상 표현여부를 결정하는 명령어 - Hide 때의 설정값

Commend : Dispsilh [Enter↵]

Option

- 0 : Hide 상태에서 Solid 오브젝트의 분할면을 표현하는 옵션
- 1 : Hide 상태에서 Solid 오브젝트의 분할면을 표현하자 않고 외곽선만 표현하는 옵션

Enter new value for DISPSILH ⟨0⟩: 1 [Enter↵] ← 옵션 선택

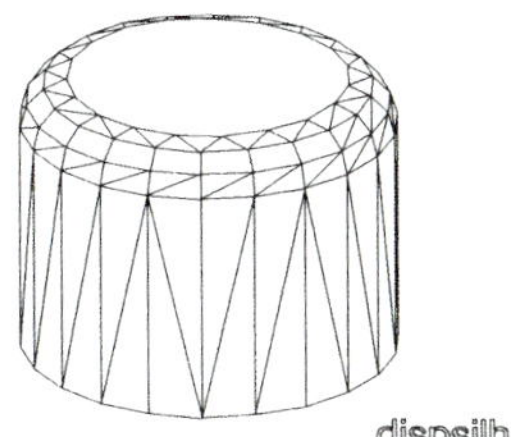

dispsilh=1

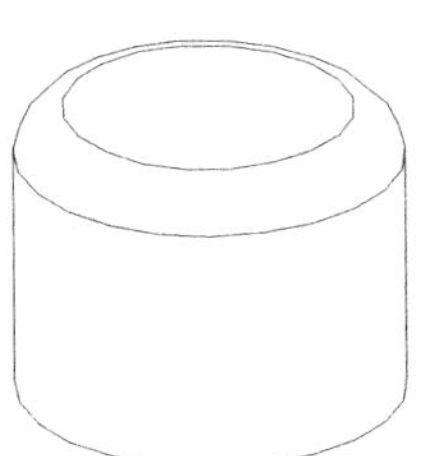

dispsilh=0

예제 13-1-1 장식장 I

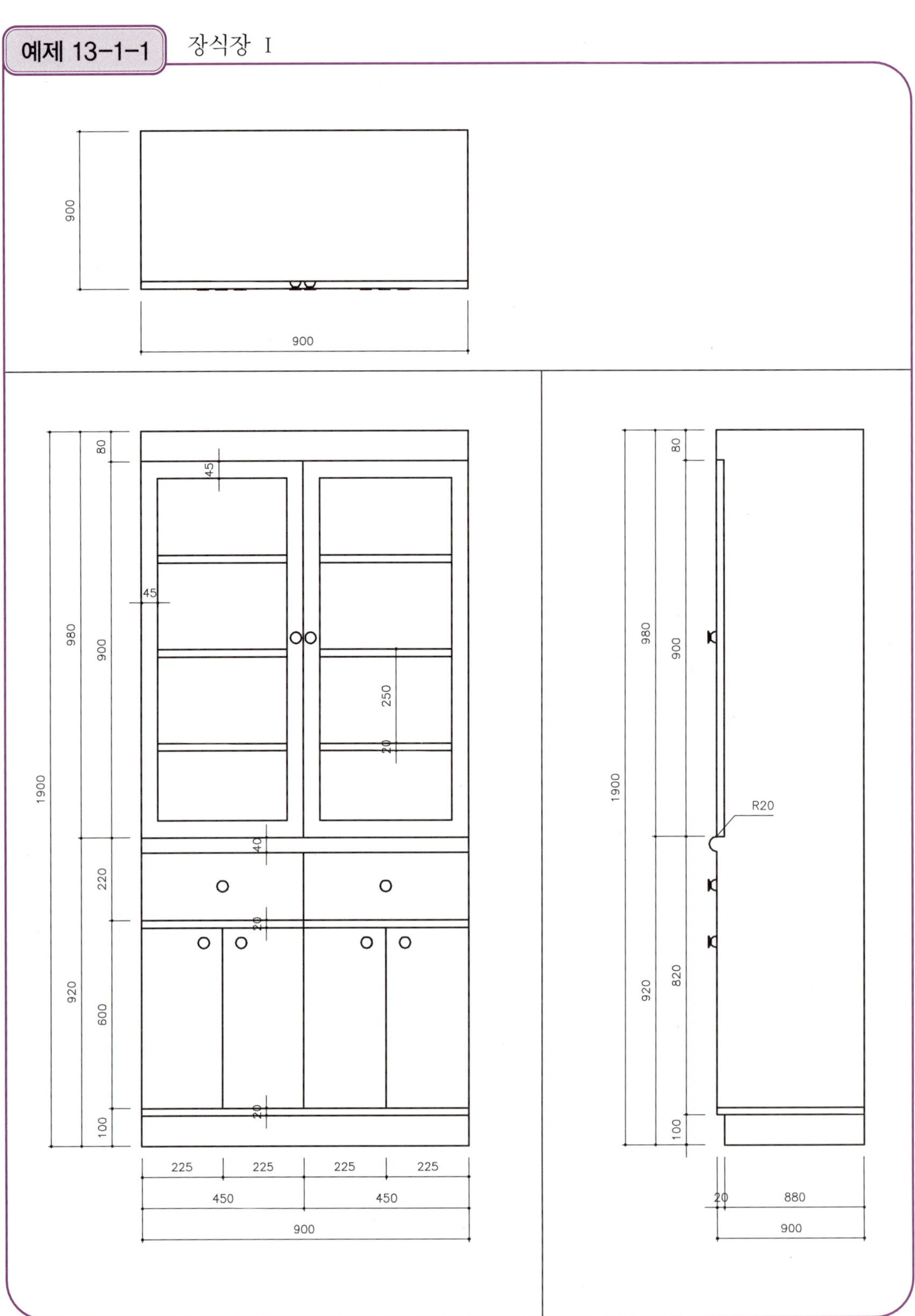
900
900
1900
980
920
80
900
220
600
100
45
45
250
20
40
20
20
225
225
225
225
450
450
900
1900
980
920
80
900
820
100
R20
20
880
900

예제 13-1-2 장식장 II

예제 13-2-1 싱크대 I

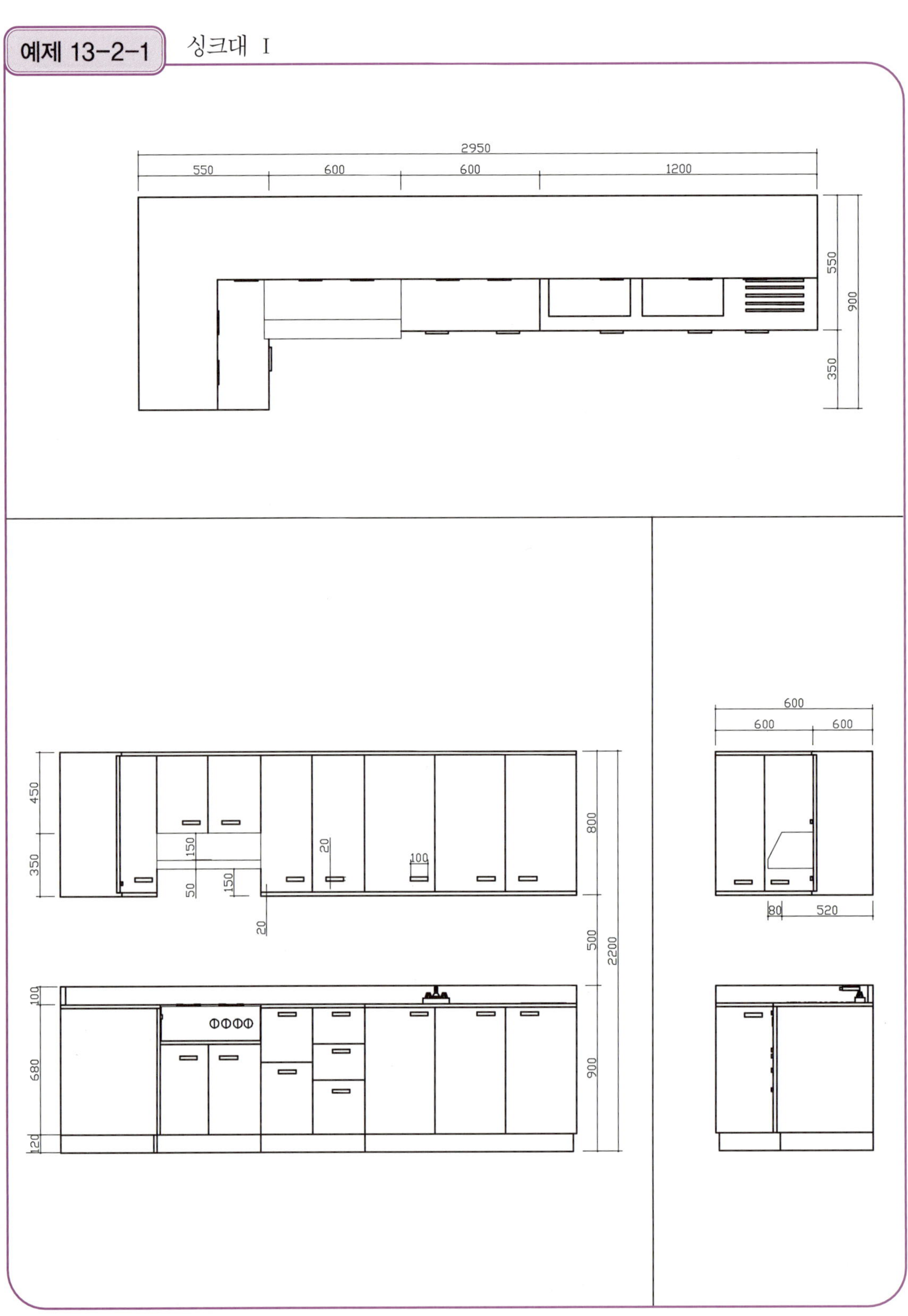
2950
550
600
600
1200
550
900
350
450
350
150
50
150
20
20
100
800
500
2200
100
680
120
900
600
600
600
80
520

예제 13-2-2 싱크대 II

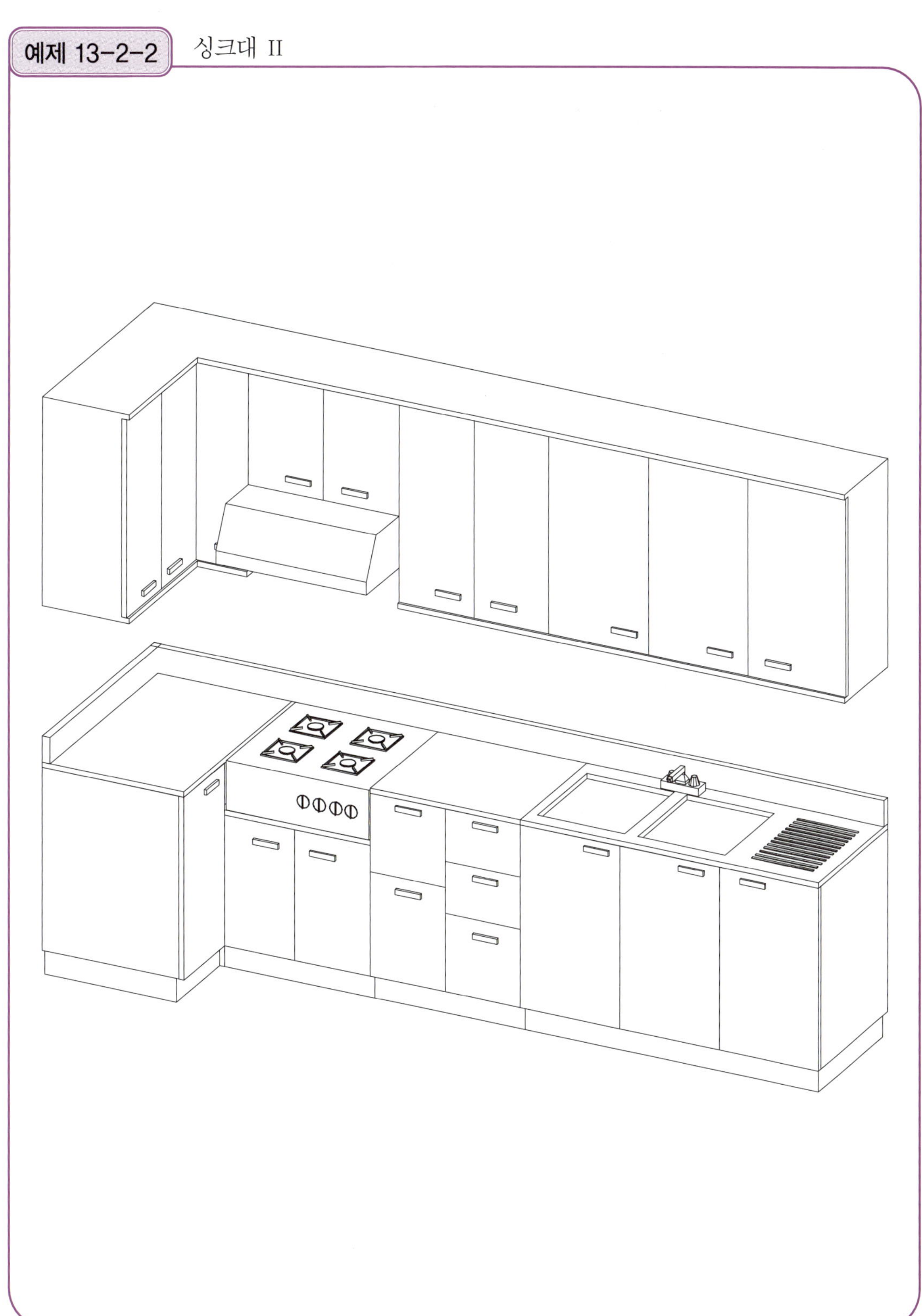

예제 13-3 세면대

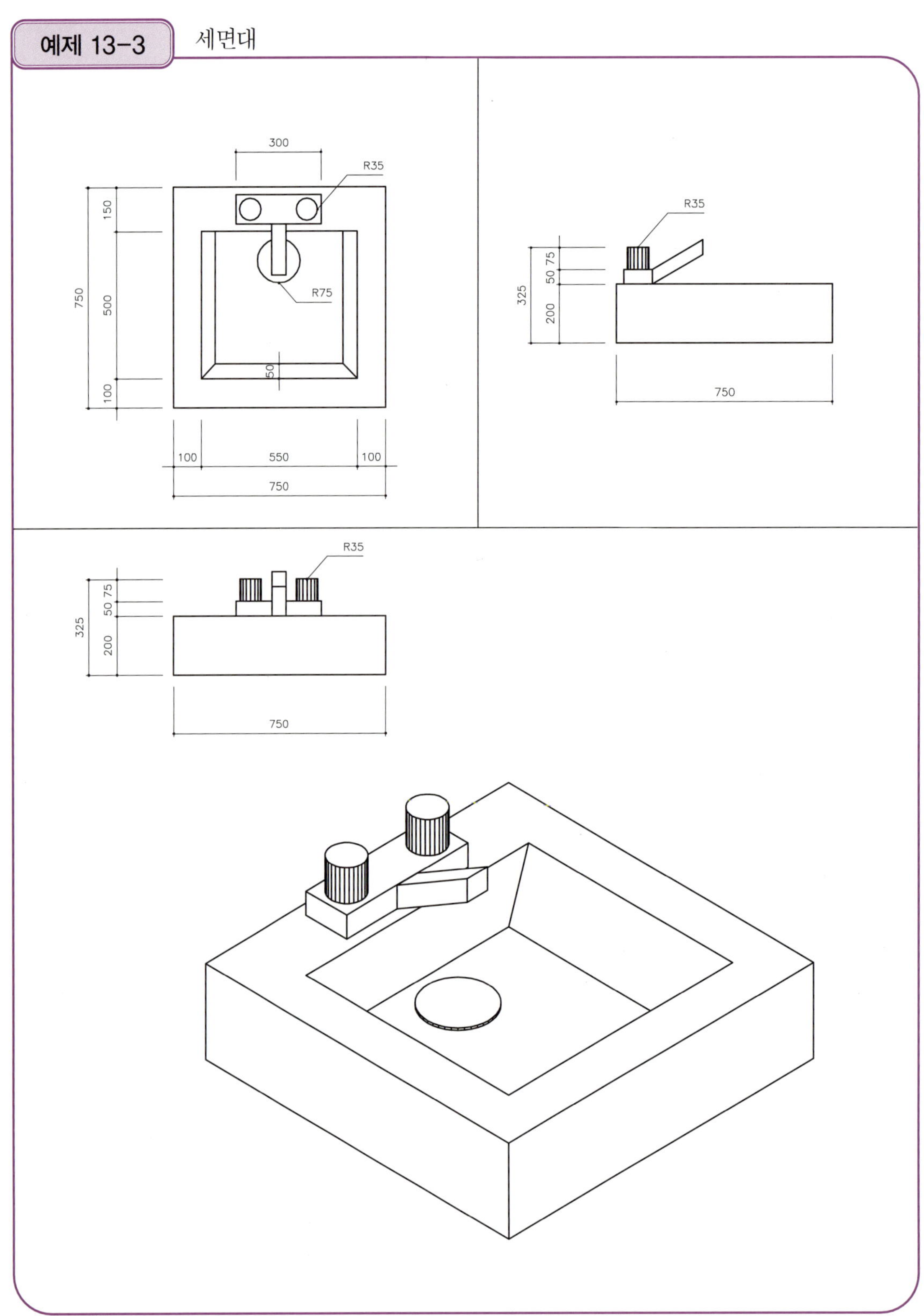
300
R35
750
150
500
R75
50
100
100
550
100
750
R35
325
50 75
200
750
R35
325
50 75
200
750

내부 투시도

14 Week

- 내부 투시도 제작

예제 **내부 투시도**

예제 14-1 내부 투시도

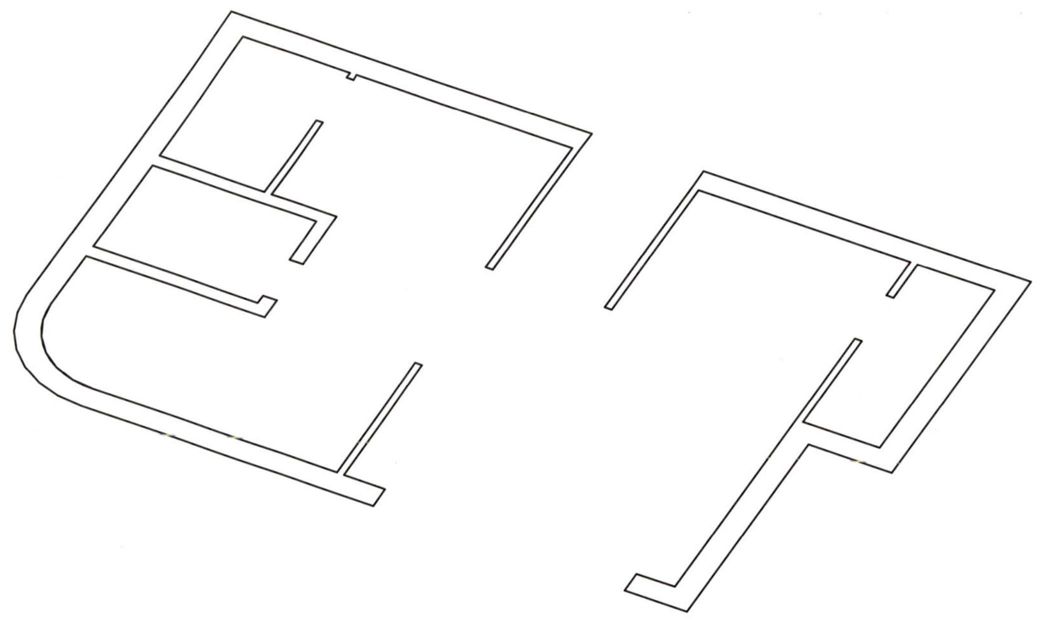

1. "Wall" 레이어를 제외한 모든 레이어를 off 시킨다.
2. 벽체를 Pedit를 이용하여 Polyline으로 만든다.

예제 14-2 내부 투시도

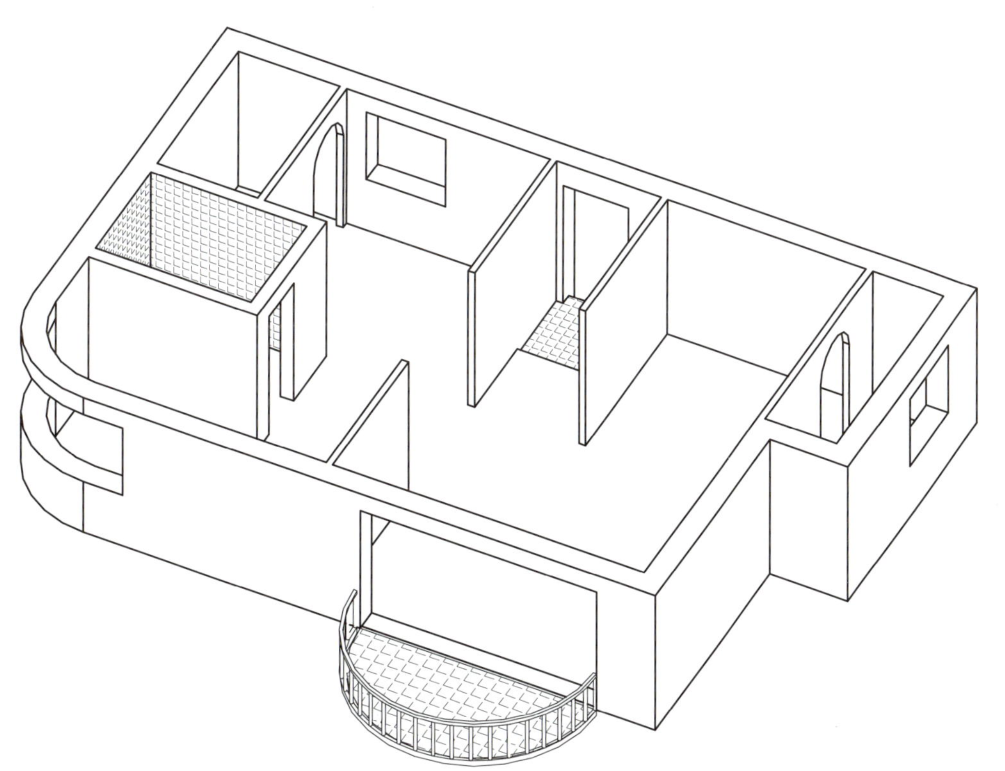

1. 벽을 Extrude시켜 벽체를 세운다(Height=2100)
2. Subtract로 창호가 들어갈 부분을 만든다.

예제 14-3 내부 투시도

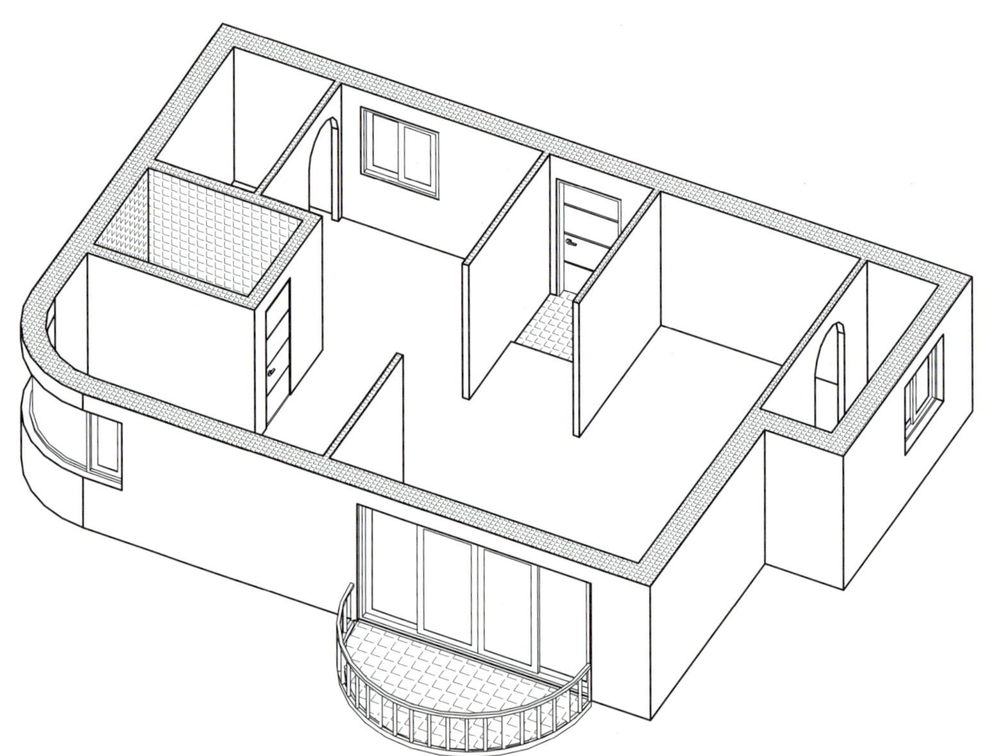

1. 창호를 넣는다.
2. 벽에 Hatch를 넣는다.

예제 14-4 내부 투시도

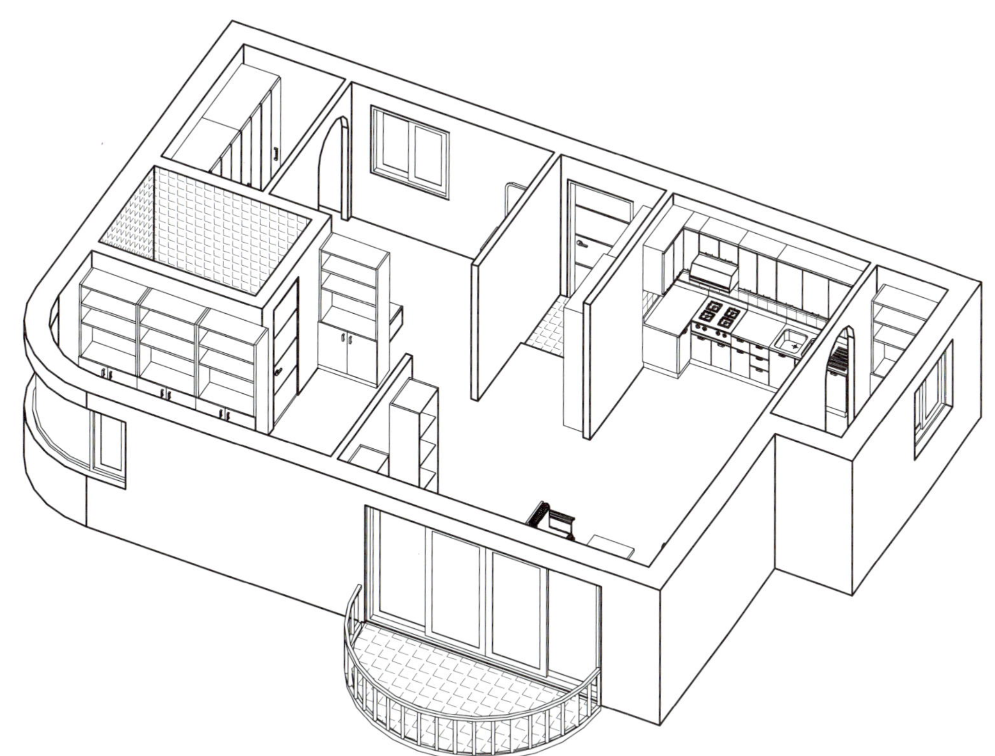

1. 가구를 배치한다.

외부 투시도

15 Week

- 외부 투시도 제작

예제 외부 투시도

예제 15-1 외부 투시도

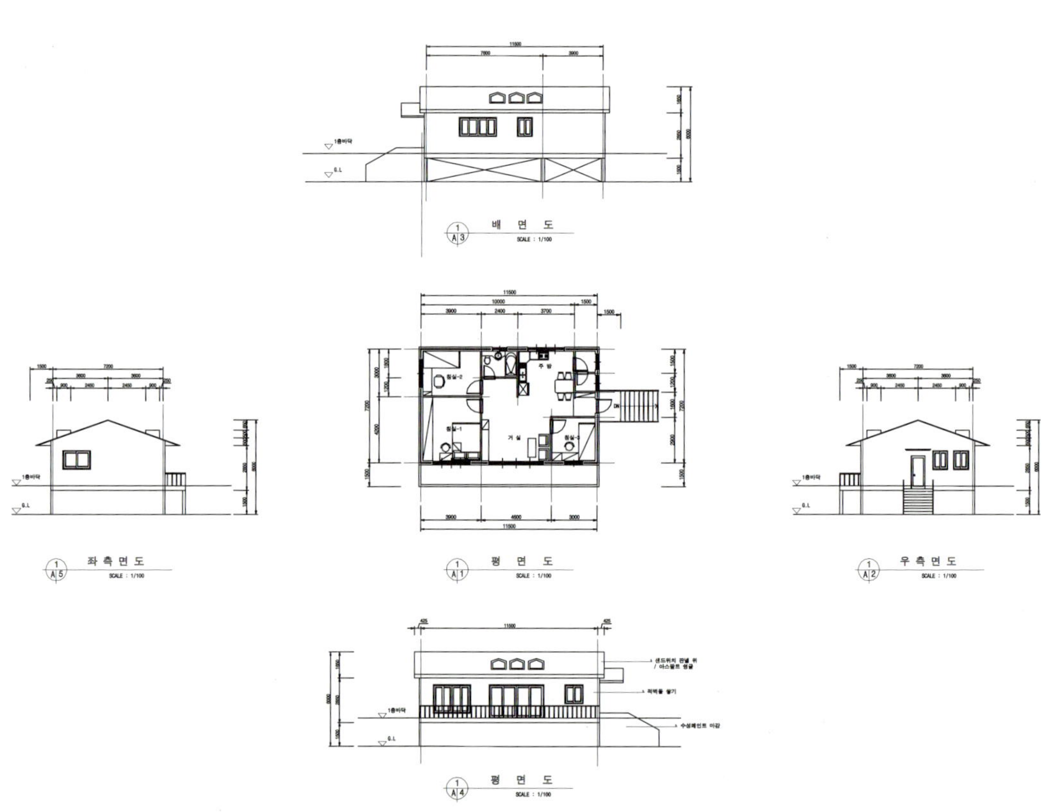

1. 각각의 입면도를 평면도 위치에 맞게 배치한다.

예제 15-2 외부 투시도

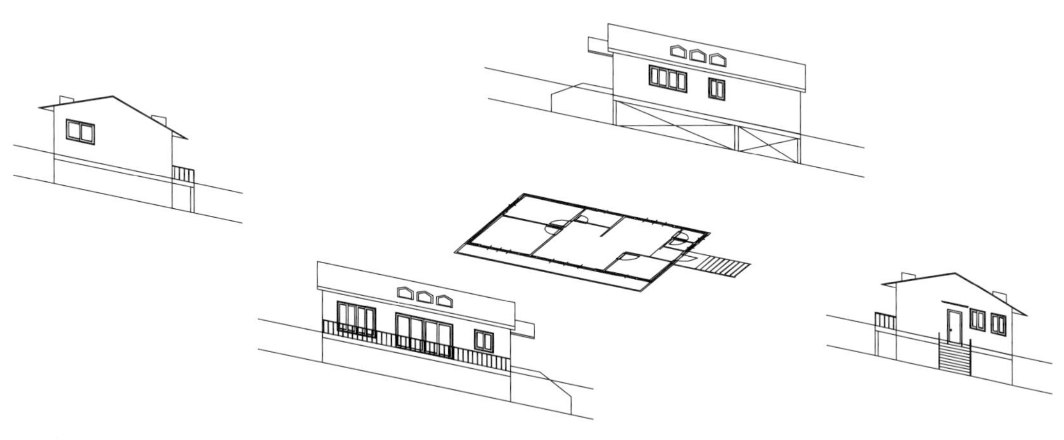

1. Rotate3D를 이용하여 각각의 입면을 세운다.
2. 평면도 위치에 맞게 배치한다.

예제 15-3 외부 투시도

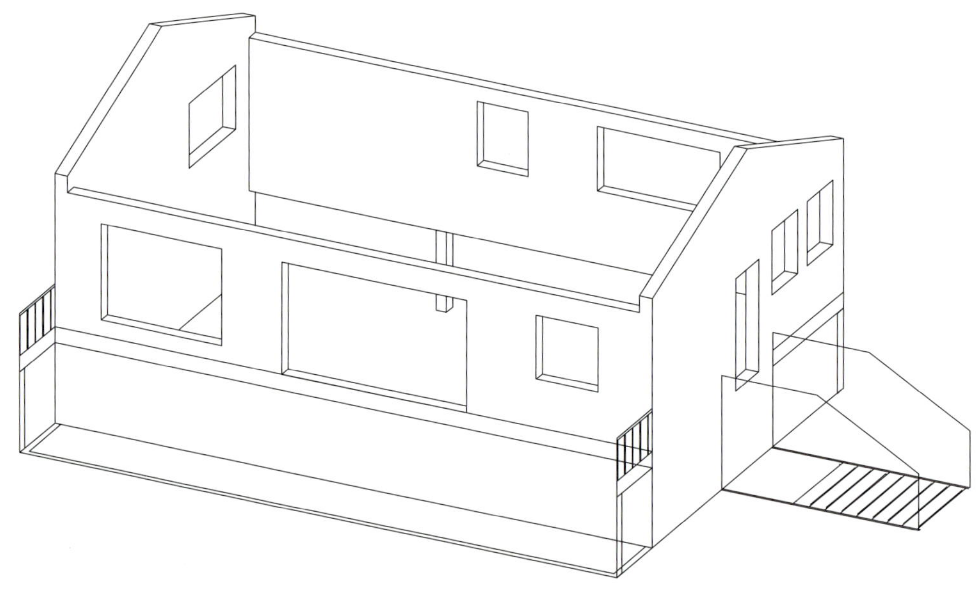

1. 각각의 입면을 벽두께 만큼 Extrude 시킨다.
2. Subtract로 창호가 들어갈 부분을 만든다.

예제 15-4 외부 투시도

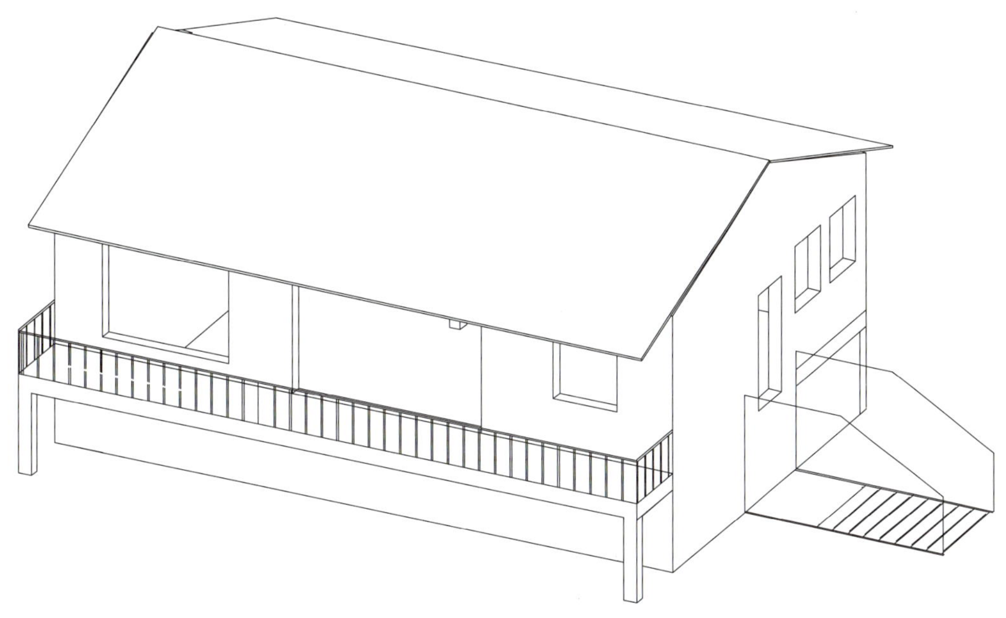

1. 지붕을 만든다.
2. 발코니를 도면에 맞게 정리한다.

예제 15-5 외부 투시도

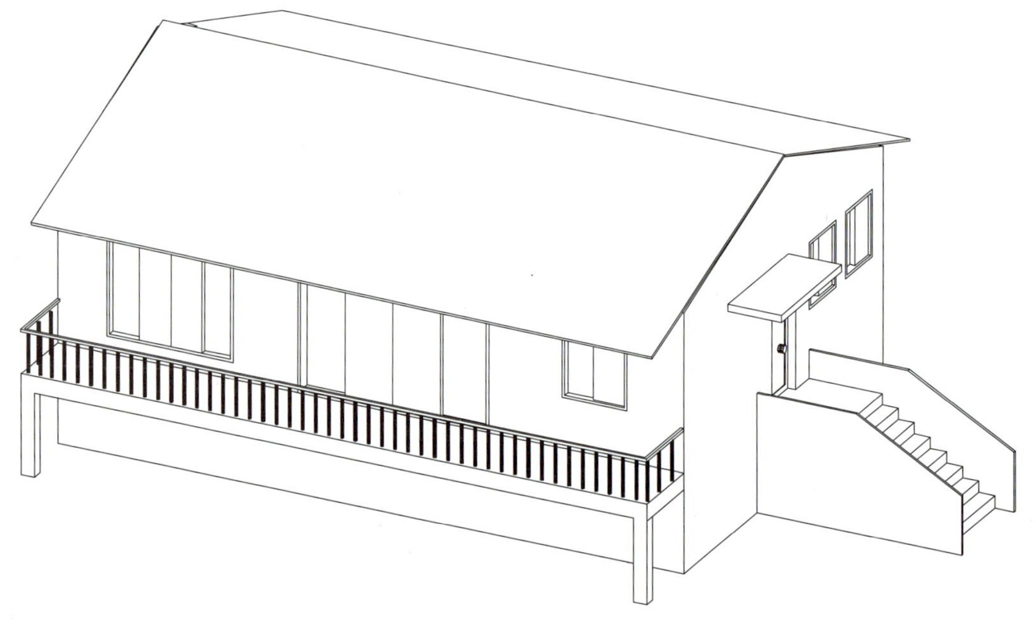

1. 창호을 만든다.
2. 현관과 현관부분 계단을 만든다.

예제 15-6 외부 투시도

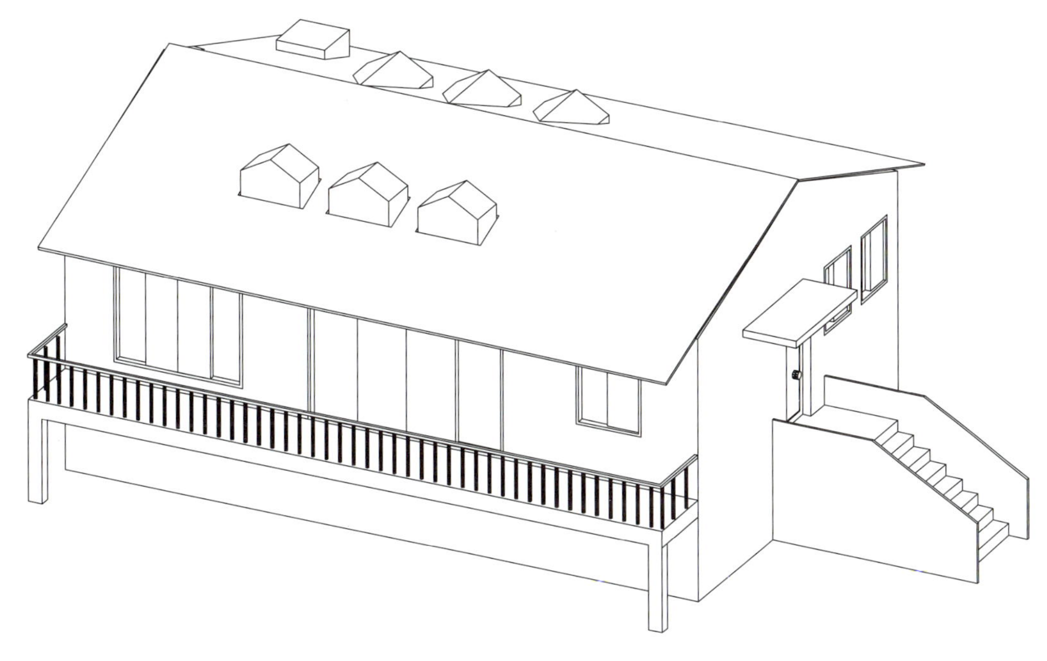

1. 지붕창과 굴뚝을 만든다.

도면 Layout

16 Week

- Mview
- Mspace
- Pspace

예제 panel 배치

1 Mview View ◯ Viewports ◯ New Viewports 다중창

Layout 영역에서 사용되는 명령어로 배치할 도면의 창을 만드는 명령어

Commend : Mview Enter↵

Option

- On/Off : Layout 공간에서 창의 on/off를 설정하는 옵션
- Fit : 창을 불러들일 때 Model 공간의 도면을 화면에 꽉차게 불러들이는 옵션
- Shadeplot : Plot할 때 Hide 상태로 출력할 창을 설정하는 옵션
- Lock : 창의 축척을 변경할 수 없도록 설정하는 옵션
- Object : 닫혀있는 Polyline형태의 객체를 사용하여 창을 생성하는 옵션
- Polygonal : Pline명령을 이용하여 다각형의 창을 생성하는 옵션
- Restore : Model 공간에서 저장한 뷰포트를 불러들여 배치하는 옵션
- 2/3/4 : 불러들이고자 하는 창의 개수를 설정하는 옵션

Specify corner of viewport or
[ON/OFF/Fit/Shadeplot/Lock/Object/Polygonal/Restore/2/3/4] 〈Fit〉:
← Mview창의 첫 번째 코너점 설정
Specify opposite corner : ← Mview창의 두 번째 코너점 설정
Regenerating model.

2 Mspace 모델 영역

Layout 영역에서 사용되는 명령어로 Layout 영역 내에서의 Model 영역으로 이동하는 명령어

각각의 Mview창에서 개별적인 편집이 가능
원하는 Mview창 위에서 더블클릭

Commend : Mspace Enter↵

3 Pspace 종이 영역

Layout 영역 내에서의 Model 영역으로부터 다시 Paper 영역으로 복귀하는 명령어

종이 영역 부분에서 더블클릭

Commend : Pspace Enter↵

부록

ToolBar

3D Orbit
CAD Standards
Dimension
✔ Draw
Draw Order
Inquiry
Insert
✔ Layers
Layouts
✔ Modify
Modify II
Object Snap
✔ Properties
Refedit
Reference
Render
Shade
Solids
Solids Editing
✔ Standard
✔ Styles
Surfaces
Text
UCS
UCS II
View
Viewports
Web
Workspaces
Zoom

Lock Location ▸
Customize...

1 Layers / Properties 물체의 특성 도구모음

도면층에 관련된 명령어 기능

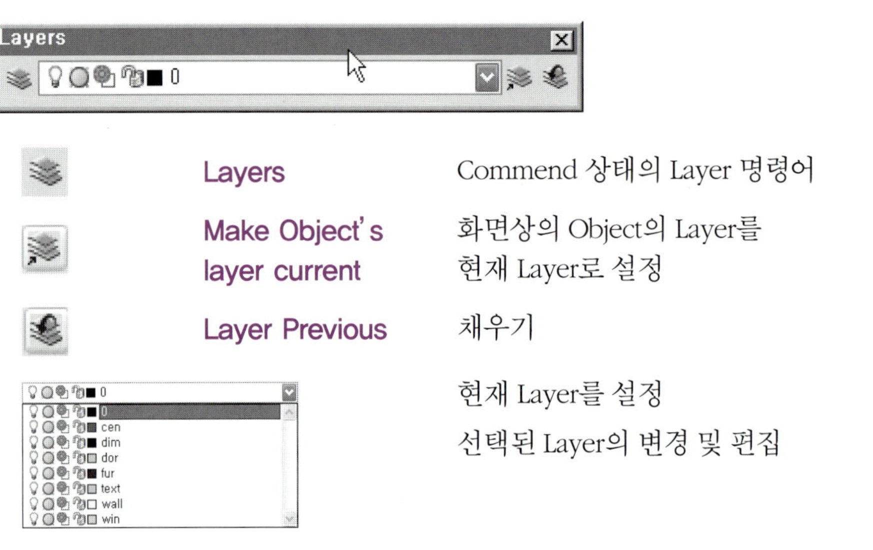

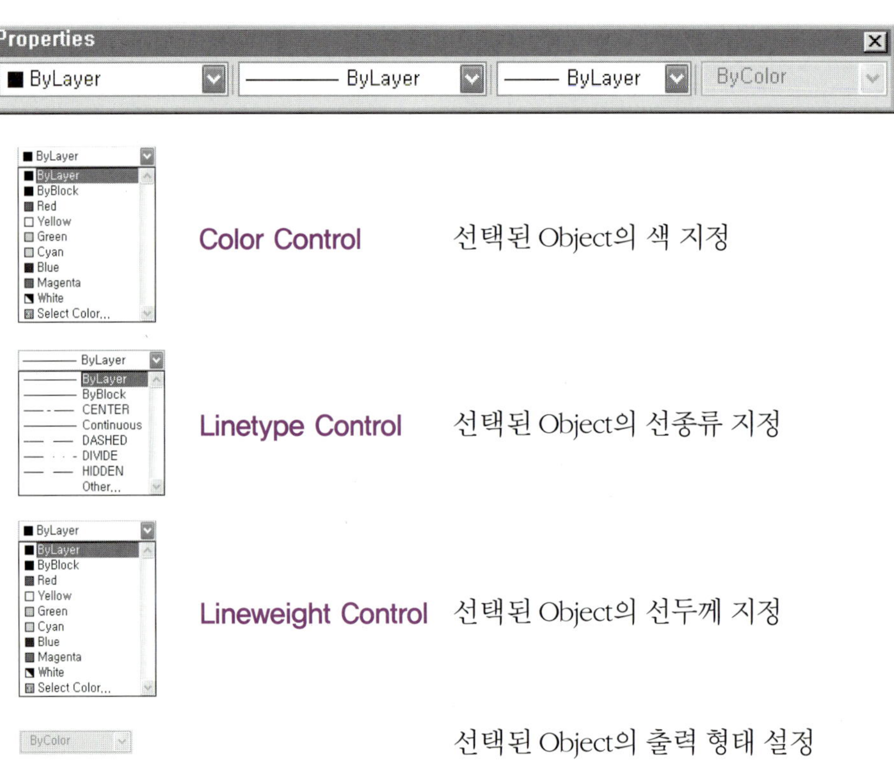

2 Standard Toolbar 표준 도구모음

저장, 열기, 출력 등의 기본적인 명령어 기능

New	새 도면 설정
Open	불러오기
Save	현재 이름으로 저장하기
Plot	출력하기
Print Preview	미리보기
Publish	채우기
Cut to Clipboard	선택된 Object를 클립보드에 오려두기
Copy to Clipboard	선택된 Object를 클립보드에 복사하기
Paste from Clipboard	클립보드로부터 Object 불러오기
Match Properties	선택하는 Object의 속성을 원본 Object의 속성으로 바꾸기
Block Editor	채우기
Undo	바로 전에 실행한 명령어 취소
Redo	바로 전에 실행한 Undo 명령어 복구
Pan Reatime	실시간 화면 이동
Zoom Reatime	실시간 화면 확대/축소
Zoom Window	Zoom 도구막대

	Zoom Previous	Zoom 이전
	Properties	Object의 특성 편집
	Autocad Design Center	Autocad Design Center
	Tool Palettes Window	채우기
	Sheet Set Manager	채우기
	Markup Set Manager	채우기
	QuickCalc	채우기
	Help	도움말

3 Draw 그리기 도구모음

그리기에 관련된 명령어 기능

	Line	선 그리기
	Construction Line	구성선 그리기
	Polyline	폴리선 그리기
	Polygon	다각형 그리기
	Rectangle	직사각형 그리기
	Arc	호 그리기
	Circle	원 그리기
	Revision Cloud	채우기
	Spline	스플라인 그리기
	Ellipse	타원 그리기
	Ellipse Arc	채우기
	Insert Block	블록 삽입하기
	Make Block	블록 만들기
	Point	점 그리기
	Hatch	영역 채우기
	radient	채우기
	Region	영역
	Table	채우기
A	Multiline Text	다중행 문자 기입하기

4 Modify 편집 도구모음

편집에 관련된 명령어 기능

	Erase	지우기
	Copy Object	복사하기
	Mirror	대칭 복사하기
	Offset	간격 띠우기
	Array	배열하기
	Move	이동하기
	Rotate	회전하기
	Scale	크리조절하기
	Stretch	신축
	Trim	자르기
	Extend	연장하기
	Break At Point	채우기
	Break	끊기
	Join	채우기
	Chamfer	모따기
	Fillet	모깍기
	Explode	분해하기

5 Modify II

편집2 도구모음

편집에 관련된 명령어 기능

Draworder	그리기 순서
Edit Hatch	영역채우기 편집
Edit Polyline	폴리선 편집
Edit Spline	스플라인 편집
Edit Attribute	속성 편집
Block Attribute Manager	채우기
Synchronize Attributes	채우기
Attribute Extraction	채우기

6 Dimension 치수 도구모음

치수에 관련된 명령어 기능

	Linear Dimension	선형 치수
	Aligned Dimension	정렬 치수
	Arc Length	채우기
	Ordinate Dimension	세로좌표 치수
	Radius Dimension	반지름 치수
	Jogged	채우기
	Diameter Dimension	지름 치수
	Angular Dimension	각도 치수
	Quick Dimension	신속 치수
	Baseline Dimension	기준선 치수
	Continue Dimension	연속 치수
	Quick Leader	신속 지시선
	Tolerance	공차
	Center Mark	중심 표시
	Dimension Edit	치수 편집
	Dimension Text Edit	치수문자 편집
	Dimension Update	치수 업데이트
ISO-25	Dim Style Control	치수 유형 설정
	Dimension Style	치수 유형

7 Zoom 화면확대/축소 도구모음

화면확대/축소에 관련된 명령어 기능

Zoom Window	줌 윈도우
Zoom Dynamic	줌 동적
Zoom Scale	줌 축척
Zoom Center	줌 중심
Zoom Object	채우기
Zoom In	줌 확대
Zoom Out	줌 축소
Zoom All	줌 전체
Zoom Extents	줌 범위

8 Object Snap 객체 스냅 도구모

특정 점을 찾는 명령어 기능

	Temporary Tracking Point	임시 추적점
	Snap From	시작점
	Snap to Endpoint	끝점
	Snap to Midpoint	중간점
	Snap to Intersection	교차점
	Snap to Apparent Intersect	가상 교차점
	Snap to Extension	연장선
	Snap to Center	원의 중심점
	Snap to Quadrant	원의 사분점
	Snap to Tangent	원의 접선점
	Snap to Perpendicular	직교점
	Snap to Parallel	평행
	Snap to Insert	삽입점
	Snap to Node	Point
	Snap to Nearest	근처점
	Snap to None	스냅 해제
	Object Snap Setting	객체 스냅 설정

9 Inquiry 조회명령 도구

조회에 관련된 명령어 기능

	Distance	거리값
	Area	면적
	Region Mass Properties	질량 특성/부피, 넓이
	List	데이터베이스 정보
	Locate Point	좌표값

10 Insert 삽입 도구모음

삽입에 관련된 명령어 기능

	Insert Block	블록 삽입
	Xnef Manager	외부참조
	Image Manager	그림파일 불로오기
	Import	포맷이 다른 파일 불러오기
	OLE Object	OLE 객체 불러오기

건축 · 인테리어인을 위한 **AutoCAD**

초판발행	2006년 8월 18일
2판인쇄	2009년 2월 23일
2판발행	2009년 2월 27일
저자	김기임
발행인	김호석
발행처	도서출판 대가
등록	제 311-47호
주소	서울시 마포구 상수동 6-1 대한실업빌딩 301호
전화	(02) 305-0210, (02) 306-0210
FAX	(02) 305-0224
이메일	dga1023@hanmail.net
홈페이지	www.bookdaega.com
정가	22,000원